正法眼藏

中国佛学经典宝藏

20

董 群 释译

星云大师总监修

人民东方出版传媒
東方出版社

图书在版编目（CIP）数据

正法眼藏 / 董群 释译 . —北京：东方出版社，2020.2
（中国佛学经典宝藏）
ISBN 978-7-5060-8593-9

Ⅰ. ①正⋯ Ⅱ. ①董⋯ Ⅲ. ①禅宗—语录—注释②禅宗—语录—译文 Ⅳ . ① B946.5

中国版本图书馆 CIP 数据核字（2015）第 249327 号

正法眼藏
（ZHENGFAYAN ZANG）

释 译 者：董　群
责任编辑：王梦楠　杨　灿
出　　版：东方出版社
发　　行：人民东方出版传媒有限公司
地　　址：北京市朝阳区西坝河北里 51 号
邮　　编：100028
印　　刷：北京大兴县新魏印刷厂
版　　次：2020 年 2 月第 1 版
印　　次：2020 年 2 月第 1 次印刷
开　　本：880 毫米 ×1230 毫米　1/32
印　　张：16.25
字　　数：260 千字
书　　号：ISBN 978-7-5060-8593-9
定　　价：88.00 元
发行电话：（010）85924663　85924644　85924641

总序

星云

自读首楞严，从此不尝人间糟糠味；

认识华严经，方知已是佛法富贵人。

诚然，佛教三藏十二部经有如暗夜之灯炬、苦海之宝筏，为人生带来光明与幸福，古德这首诗偈可说一语道尽行者阅藏慕道、顶戴感恩的心情！可惜佛教经典因为卷帙浩瀚、古文艰涩，常使忙碌的现代人有义理远隔、望而生畏之憾，因此多少年来，我一直想编纂一套白话佛典，以使法雨均沾，普利十方。

一九九一年，这个心愿总算有了眉目。是年，佛光山在中国大陆广州市召开“白话佛经编纂会议”，将该套丛书定名为《中国佛教经典宝藏》①。后来几经集思广

① 编者注：《中国佛教经典宝藏》丛书，大陆出版时改为《中国佛学经典宝藏》丛书。

益，大家决定其所呈现的风格应该具备下列四项要点：

一、启发思想：全套《中国佛教经典宝藏》共计百余册，依大乘、小乘、禅、净、密等性质编号排序，所选经典均具三点特色：

1. 历史意义的深远性
2. 中国文化的影响性
3. 人间佛教的理念性

二、通顺易懂：每册书均设有原典、注释、译文等单元，其中文句铺排力求流畅通顺，遣词用字力求深入浅出，期使读者能一目了然，契入妙谛。

三、文简意赅：以专章解析每部经的全貌，并且搜罗重要的章句，介绍该经的精神所在，俾使读者对每部经义都能透彻了解，并且免于以偏概全之谬误。

四、雅俗共赏：《中国佛教经典宝藏》虽是白话佛典，但亦兼具通俗文艺与学术价值，以达到雅俗共赏、三根普被的效果，所以每册书均以题解、源流、解说等章节，阐述经文的时代背景、影响价值及在佛教历史和思想演变上的地位角色。

兹值佛光山开山三十周年，诸方贤圣齐来庆祝，历经五载、集二百余人心血结晶的百余册《中国佛教经典宝藏》也于此时隆重推出，可谓意义非凡，论其成就，则有四点可与大家共同分享：

一、佛教史上的开创之举：民国以来的白话佛经翻译虽然很多，但都是法师或居士个人的开示讲稿或零星的研究心得，由于缺乏整体性的计划，读者也不易窥探佛法之堂奥。有鉴于此，《中国佛教经典宝藏》丛书突破窠臼，将古来经律论中之重要著作，做有系统的整理，为佛典翻译史写下新页！

二、杰出学者的集体创作：《中国佛教经典宝藏》丛书结合中国大陆北京、南京各地名校的百位教授、学者通力撰稿，其中博士学位者占百分之八十，其他均拥有硕士学位，在当今出版界各种读物中难得一见。

三、两岸佛学的交流互动：《中国佛教经典宝藏》撰述大部分由大陆饱学能文之教授负责，并搜录台湾教界大德和居士们的论著，借此衔接两岸佛学，使有互动的因缘。编审部分则由台湾和大陆学有专精之学者从事，不仅对中国大陆研究佛学风气具有带动启发之作用，对于台海两岸佛学交流更是帮助良多。

四、白话佛典的精华集萃：《中国佛教经典宝藏》将佛典里具有思想性、启发性、教育性、人间性的章节做重点式的集萃整理，有别于坊间一般“照本翻译”的白话佛典，使读者能充分享受“深入经藏，智慧如海”的法喜。

今《中国佛教经典宝藏》付梓在即，吾欣然为之作序，并借此感谢慈惠、依空等人百忙之中，指导编修；吉广舆等人奔走两岸，穿针引线；以及王志远、赖永海等大陆教授的辛勤撰述；刘国香、陈慧剑等台湾学者的周详审核；满济、永应等“宝藏小组”人员的汇编印行。他们的同心协力，使得这项伟大的事业得以不负众望，功竟圆成！

《中国佛教经典宝藏》虽说是大家精心擘划、全力以赴的巨作，但经义深邈，实难尽备；法海浩瀚，亦恐有遗珠之憾；加以时代之动乱，文化之激荡，学者教授于契合佛心，或有差距之处。凡此失漏必然甚多，星云谨以愚诚，祈求诸方大德不吝指正，是所至祷。

一九九六年五月十六日于佛光山

原版序

敲门处处有人应

慈惠

《中国佛教经典宝藏》是佛光山继《佛光大藏经》之后，推展人间佛教的百册丛书，以将传统《大藏经》精华化、白话化、现代化为宗旨，力求佛经宝藏再现今世，以通俗亲切的面貌，温渥现代人的心灵。

佛光山开山三十年以来，家师星云上人致力推展人间佛教，不遗余力，各种文化、教育事业蓬勃创办，全世界弘法度化之道场应机兴建，蔚为中国现代佛教之新气象。这一套白话精华大藏经，亦是大师弘教传法的深心悲愿之一。从开始构想、擘划到广州会议落实，无不出自大师高瞻远瞩之眼光，从逐年组稿到编辑出版，幸赖大师无限关注支持，乃有这一套现代白话之大藏经问世。

这是一套多层次、多角度、全方位反映传统佛教文化的丛书，取其精华，舍其艰涩，希望既能将《大藏经》

深睿的奥义妙法再现今世，也能为现代人提供学佛求法的方便舟筏。我们祈望《中国佛教经典宝藏》具有四种功用：

一、是传统佛典的精华书

中国佛教典籍汗牛充栋，一套《大藏经》就有九千余卷，穷年皓首都研读不完，无从赈济现代人的枯槁心灵。《宝藏》希望是一滴浓缩的法水，既不失《大藏经》的法味，又能有稍浸即润的方便，所以选择了取精用弘的摘引方式，以舍弃庞杂的枝节。由于执笔学者各有不同的取舍角度，其间难免有所缺失，谨请十方仁者鉴谅。

二、是深入浅出的工具书

现代人离古愈远，愈缺乏解读古籍的能力，往往视《大藏经》为艰涩难懂之天书，明知其中有汪洋浩瀚之生命智慧，亦只能望洋兴叹，欲渡无舟。《宝藏》希望是一艘现代化的舟筏，以通俗浅显的白话文字，提供读者遨游佛法义海的工具。应邀执笔的学者虽然多具佛学素养，但大陆对白话写作之领会角度不同，表达方式与台湾有相当差距，造成编写过程中对深厚佛学素养与流畅白话语言不易兼顾的困扰，两全为难。

三、是学佛入门的指引书

佛教经典有八万四千法门，门门可以深入，门门是无限宽广的证悟途径，可惜缺乏大众化的入门导览，不易寻觅捷径。《宝藏》希望是一支指引方向的路标，协助十方大众深入经藏，从先贤的智慧中汲取养分，成就无上的人生福泽。

四、是解深入密的参考书

佛陀遗教不仅是亚洲人民的精神归依，也是世界众生的心灵宝藏。可惜经文古奥，缺乏现代化传播，一旦庞大经藏沦为学术研究之训诂工具，佛教如何能扎根于民间？如何普济僧俗两众？我们希望《宝藏》是百粒芥子，稍稍显现一些须弥山的法相，使读者由浅入深，略窥三昧法要。各书对经藏之解读诠释角度或有不足，我们开拓白话经藏的心意却是虔诚的，若能引领读者进一步深研三藏教理，则是我们的衷心微愿。

大陆版序一

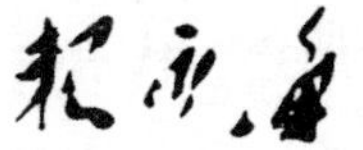

《中国佛教经典宝藏》是一套对主要佛教经典进行精选、注译、经义阐释、源流梳理、学术价值分析，并把它们翻译成现代白话文的大型佛学丛书，成书于二十世纪九十年代，由台湾佛光文化事业有限公司出版，星云大师担任总监修，由大陆的杜继文、方立天以及台湾的星云大师、圣严法师等两岸百余位知名学者、法师共同编撰完成。十几年来，这套丛书在两岸的学术界和佛教界产生了巨大的影响，对研究、弘扬作为中国传统文化重要组成部分的佛教文化，推动两岸的文化学术交流发挥了十分重要的作用。

《中国佛学经典宝藏》则是《中国佛教经典宝藏》的简体字修订版。之所以要出版这套丛书，主要基于以下的考虑：

首先，佛教有三藏十二部经、八万四千法门，典籍浩瀚，博大精深，即便是专业研究者，穷其一生之精力，恐也难阅尽所有经典，因此之故，有“精选”之举。

其次，佛教源于印度，汉传佛教的经论多译自梵语；加之，代有译人，版本众多，或随音，或意译，同一经文，往往表述各异。究竟哪一种版本更契合读者根机？哪一个注疏对读者理解经论大意更有助益？编撰者除了标明所依据版本外，对各部经论之版本和注疏源流也进行了系统的梳理。

再次，佛典名相繁复，义理艰深，即便识得其文其字，文字背后的义理，诚非一望便知。为此，注译者特地对诸多冷僻文字和艰涩名相，进行了力所能及的注解和阐析，并把所选经文全部翻译成现代汉语。希望这些注译，能成为修习者得月之手指、渡河之舟楫。

最后，研习经论，旨在借教悟宗、识义得意。为了将其思想义理和现当代价值揭示出来，编撰者对各部经论的篇章品目、思想脉络、义理蕴涵、学术价值等所做的发掘和剖析，真可谓殚精竭虑、苦心孤诣！当然，佛理幽深，欲入其堂奥、得其真义，诚非易事！我们不敢奢求对于各部经论的解读都能鞭辟入里，字字珠玑，但希望能对读者的理解经义有所启迪！

习近平主席最近指出：“佛教产生于古代印度，但传入中国后，经过长期演化，佛教同中国儒家文化和道家文化融合发展，最终形成了具有中国特色的佛教文化，给中国人的宗教信仰、哲学观念、文学艺术、礼仪习俗等留下了深刻影响。”如何去研究、传承和弘扬优秀佛教文化，是摆在我们面前的一个重要课题，人民东方出版传媒有限公司拟对繁体字版的《中国佛教经典宝藏》进行修订，并出版简体字版的《中国佛学经典宝藏》，随喜赞叹，寥寄数语，以叙因缘，是为序。

二〇一六年春于南京大学

大陆版序二

依空

身材高大、肤色白皙、擅长军事的亚利安人，在公元前四千五百多年从中亚攻入西北印度，把当地土著征服之后，为了彻底统治这里的人民，建立了牢不可破的种姓制度，创造了无数的神祇，主要有创造神梵天、破坏神湿婆、保护神毗婆奴。人们的祸福由梵天决定，为了取悦梵天大神，需要透过婆罗门来沟通，因为他们是从梵天的口舌之中生出，懂得梵天的语言——繁复深奥的梵文，婆罗门阶级是宗教祭祀师，负责教育，更掌控了神与人之间往来的话语权。四种姓中最重要的是刹帝利，举凡国家的政治、经济、军事、文化等等都由他们实际操作，属贵族阶级，由梵天的胸部生出。吠舍则是士农工商的平民百姓，由梵天的膝盖以上生出。首陀罗则是被踩在梵天脚下的土著。前三者可以轮回，纵然几世轮转都无法脱离原来种姓，称为再生族；首陀罗则连轮回的因缘都没有，为不生族，生生世世为首陀罗，子孙也倒霉跟着宿命，无法改变身份。相对于此，贱民比首陀罗更为卑微、低贱，连四种姓都无法跻身其中，只能从事挑粪、焚化尸体等最卑贱、龌龊的工作。

出身于高贵种姓释迦族的悉达多太子，为了打破种姓制度的桎梏，舍弃既有的优越族姓，主张一切众生皆平等，成正等觉，创立了佛教僧团。为了贯彻佛教的平等思想，佛陀不仅先度首陀罗身份的优婆离出家，后度释迦族的七王子，先入山门为师兄，树立僧团伦理制度。佛陀更严禁弟子们用贵族的语言——梵文宣讲佛法，而以人民容易理解的地方口语来演说法义，这就是巴利文经典的滥觞。佛陀认为真理不应该是属于少数贵族、知识分子的专利或装饰，而应该更贴近普罗大众，属于平民百姓共有共知。原来佛陀早就在推动佛法的普遍化、大众化、白话化的伟大工作。

佛教从西汉哀帝末年传入中国，历经东汉、魏晋南北朝、隋唐的漫长艰巨的译经过程，加上历代各宗派祖师的著作，积累了庞博浩瀚的汉传佛教典籍。这些经论义理深奥隐晦，加以书写的语言文字为千年以前的古汉文，增加现代人阅读的困难，只能望着汗牛充栋的三藏十二部扼腕慨叹，裹足不前。

如何让大众轻松深入佛法大海，直探佛陀本怀？佛光山开山宗长星云大师乃发起编纂《中国佛教经典宝藏》。一九九一年，先在大陆广州召开“白话佛经编纂会议”，订定一百本的经论种类、编写体例、字数等事项，礼聘中国社科院的王志远教授、南京大学的赖永海教授分别为中国大陆北方与南方的总联络人，邀请大陆各大学的佛教学者撰文，后来增加台湾部分的三十二本，是为一百三十二册的《中国佛教经典宝藏精选白话版》，于一九九七年，作为佛光山开山三十周年的献礼，隆重出版。

六七年间我个人参与最初的筹划，多次奔波往来于大陆与台湾，小心谨慎带回作者原稿，印刷出版、营销推广。看到它成为佛教徒家中的传家宝藏，有心了解佛学的莘莘学子的入门指南书，为星云大师监修此部宝藏的愿心深感赞叹，既上契佛陀“佛法不舍一众”的慈悲本怀，更下启人间佛教“普世益人”的平等精神。尤其可喜者，欣闻现大陆出版方东方出版社潘少平总裁、彭明哲副总编亲自担纲筹划，组织资深编辑精校精勘；更有旅美企业家鲁彼德先生事业有成之际，秉“十方来，十方去，共成十方事”之襟怀，促成简体字版《中国佛学经典宝藏》的刊行。今付梓在即，是为序，以表随喜祝贺之忱！

二〇一六年元月

目　录

卷一下　237

题解

“正法眼藏”一词，明确的出现是在宋代各种禅宗语录中，《联灯会要》卷一说，世尊释迦牟尼在灵山法会上，拈花示众，大家都不知其意，只有大迦叶破颜微笑，世尊于是说道：我有正法眼藏，涅槃妙心，实相无相，微妙法门，不立文字，教外别传，付嘱摩诃迦叶。这种说法的经典依据，或许可以从北本《涅槃经》中找到一些，该经卷二载：“我今所有无上正法，悉以付嘱摩诃迦叶。”①

正法眼藏，其大意是指佛所说的无上正法，在禅门中，这种无上正法就是教外别传、不立文字的禅法。就字面分析，“正法”指正确的教法，佛所说的教法；“眼”指智慧之眼。精通了佛所说的无上正法而具备的智慧眼，称“正法眼”；“藏”指佛法秘藏或佛教典籍。

用智慧之眼来洞照佛法秘藏，如此形成的体悟，是为禅悟。

大慧宗杲用“正法眼藏”来命名他在开示时所举的古尊宿机缘法语集子，成《正法眼藏》一书，共六卷。此书成立的因缘是南宋绍兴十一年（公元一一四一年），宗杲因与主战派（抗金）张九成关系很好，遭秦桧怀疑，被流放到衡阳（今属湖南省）。在衡阳期间，宗杲很少和外界联络，偶尔有少量僧人向他请教一些问题，宗杲推托不过，不得已，就说些古德的机缘法语。弟子冲密慧然随手记录下来，渐渐积成一大轴，冲密慧然等人就捧着卷轴来见宗杲，要求宗杲题个书名，说是要使之流传，使佛祖创立的正法眼藏不致灭绝。宗杲说，那就叫《正法眼藏》吧！这一年是绍兴十七年（公元一一四七年），此书不久就刊印行世。

这里选用的《正法眼藏》版本，为收于《卍字续藏经》第二编第二十三套第一册中的明代万历四十四年（公元一六一六年）的重刻本，此重刻本由普善庵僧人慧悦、居士徐弘泽等主持刻刊，并请曹洞宗第二十七代显圣寺僧人圆澄作了一篇《重刻正法眼藏序》，请居士李日华作了一篇《题刻大慧禅师正法眼藏》为序，附于书首，又在书首加了一篇宗杲本人的《答张子韶侍郎书》，合并刊出。重刻本内题三卷，每卷分上、下，《续藏经》收入时分为六卷。

《正法眼藏》的问世，是和两宋时期各种语录、灯录的流行分不开的。宗杲大量阅读了各家语录，特别是云门语录，宗杲所举，在相应的语录中多能找出。可以说，此书是禅史的简要概括，虽然看起来没有诸灯录般的系统性，却体现其融合各家的风格。

自达磨大师传佛心印，惠能祖师创立禅宗以来，禅家诸派众出，宗风各异，这一方面显示出禅宗的繁荣，但另一方面，禅门宗又存在着党己斥彼的现象，虽经圭峰宗密大力呼吁融合，但情况未见好转，这实际上也影响到禅宗的进一步发展。大慧宗杲有意改变这种状况，虽然他自已非常欣赏如同击石或闪电一般迅捷简洁的禅风，但他认为，这只适合于上根器人，而众生未必都是上根器者，因此禅风也不能一律，故应允许各异，不过他又有意淡化不同宗派之间的区分，像有的禅宗著作，比如《景德传灯录》，是分不同的宗派来叙述，宗杲则明确表示，他“集《正法眼藏》，不分门类，不问云门、临济、曹洞、沩仰、法眼宗”[②]。没有门户之见，只要是正确见解，这些见解有助于人们悟入禅道者，都将其收入。有的朋友看到《正法眼藏》之后，提出批评意见，说是你宗杲不把临济义玄门下好几个机锋上佳的禅僧收入，却把说义理、说禅教的老婆禅的南阳慧忠国师收入了，还收有大珠慧海禅师等，这些禅师都应该删除。宗杲指出，不能删，如果要删的话，你自己可以另外集一本专门接引大根器者的书。众生根器不同，自古以来的祖师们各立门户，施设不同，都有其道理，都是随顺众生根机而设，这就是宗杲的融合论的禅学观点。讲到融合的观点时，人们首先想到的是圭峰宗密、永明延寿，实际上具体推动这种融合事业的，大慧宗杲也是个十分重要的人物，这在禅宗史上是应该引起重视的。这是讲的《正法眼藏》中所体现出来的融合精神在禅宗发展过程中的历史地位。

《正法眼藏》也是一本高水准的禅宗指南，是人们学习禅宗思想的重要史料。之所以有这样的重要意义，一是因为它涉及面宽，上至西天祖师，中至达磨以降诸师，下至惠能及其所传青原、南岳二脉，及至五家七宗的重要人物，都涉及了，讨论的人物有二六〇位左右，重要者一百多人。比较一下在宗杲所处这一时期的前后所出现的一些灯录或语录等禅宗史著作，很少在这么小的篇幅之内却有这样宽的容纳性的。

以《祖堂集》为例，这部被视为最早的禅史类著作，集有二五六位禅师的法语和事迹，主要记载的线索却是雪峰义存一系。《景德传灯录》在禅宗史上的影响长期以来取代了《祖堂集》，它记录了一七〇一位僧人的法语，但它的时间跨度不如《正法眼藏》长，特别是宋代禅宗方面。它又严格按世系排列，以区别不同的宗风，在指导思想上和宗杲大不相同。《古尊宿语录》则以临济宗为主线。《正法眼藏》由于篇幅小，信息量大，以至于人们不用去翻大部头的禅史，就可以了解禅史全貌，圆澄和尚称颂它有“不涉程途，一览具足”[3]的功效，斯言诚不为过，你可以一轴在手而知禅世界。二是中心明确，每一则，或短或长，都集中表达某一种思想，形式是某位禅师的一段法语或一件事迹，也有在一则中集中表述几位不同时期的禅师对同一个问题的不同看法，这是一种简单的归纳。每一则的篇幅大都短小，有少至一语或数语者，重在把思想展示出来。对一些禅僧的重要思想，也不惜长篇举出。除了一些带有归纳性的例举，宗杲大多是“述而不作”的，间或稍加评点（以“妙喜曰”的形式出现），这些评点，对理解所举机缘，起到画龙点睛的作用，也是宗杲本人禅学观点的体现。这种编撰方式，更有利于人们把握古德的禅法。

《正法眼藏》还保存了许多不易查找的重要禅学资料。宗杲在《正法眼藏》中所举出的古尊宿法语和事迹，绝大多数在常见的一些禅宗史著作中可以找到，但宗杲所举，是最具禅学价值的部分，而不是一般的陈述。因此可以理解《正法眼藏》为“禅师重要言行录”。

对于不少学人来讲，看灯录，看禅师自己的语录，却要分清哪些是指示学人得悟的最有启发性部分，不是很容易的，而宗杲全部在这里提示出来，汇集在一起，对初学者是个极好的入门指导，已入门者也可以据此书进一步加深禅学修养。宗杲举出的一些长篇古德言语，现在有些已不易在其他史料中很方便地找到，宗杲保存的这些法语，成为今人研究这些禅师的宝贵资料，比如岩头全奯的法语，在第二则中长达近千字，德山宣鉴的法语（见第一五四则），全篇长达二八〇〇字，而多数的记载，一则只是百字左右。这说明宗杲对这些禅师的重视，也为我们认识这些禅师在禅宗史上的地位提供了重要意见。

《正法眼藏》共分六卷，这里选出了前二卷，即《正法眼藏》内题之卷第一上、下，共二二二则。这样节选的标准，即是宗杲的融合精神，诸宗诸派平等的精神，而这种精神在每一卷中都有同样的体现，所以在规定的字数范围内选择出前两卷，就基本可以了解《正法眼藏》的整体特征。全书涉及的二六〇位左右的人物，在前两卷中出现了一五〇位左右，而重要的一百多位禅师，在前两卷中也基本上出现过了。

《正法眼藏》共六五一则，在未选的后四卷中，还有四二九则，涉及各个时期、各个宗派的祖师、禅师及参学人等共二五〇位左右，其中重要的人物大致有：

西天祖师系：世尊释迦牟尼、大迦叶、阿难、提婆、十八祖伽耶舍多、二十七祖般若多罗。

达磨系：达磨、二祖慧可、四祖道信、五祖弘忍。

牛头禅系：牛头法融、牛头智岩、安国玄挺、天柱崇慧、径山道钦、鸟窠道林。

弘忍系：破灶堕、嵩山峻极、终南惟政。

神秀系：北宗神秀、降魔藏。

保唐系：保唐无住。

惠能系：六祖惠能、永嘉玄觉、南阳慧忠、南岳怀让、青原行思。

南岳系：马祖道一、百丈怀海、南泉普愿、归宗智常、大梅法常、五泄灵默、盘山宝积、麻谷宝彻、大珠慧海、汾州无业、鲁祖宝云、西堂智藏、杨岐甄叔、鹅湖大义、石巩慧藏、庞蕴居士。

百丈怀海系：沩山灵祐、黄檗希运、长庆大安、石霜性空。

南泉普愿系：赵州从谂、子湖利踪、长沙景岑。

黄檗希运系：临济义玄、睦州陈尊宿。

长庆大安系：大随法真。

青原系：石头希迁、药山惟俨、大颠宝通、长髭旷。

药山系：道吾宗智、云岩昙晟、渐源仲兴、洞山良价、夹山善会、投子大同、洛浦元安。

石头禅系：天皇道悟、龙潭崇信、德山宣鉴、岩头全豁、雪峰义存。

岩头全豁系：罗山道闲、瑞岩师彦。

雪峰义存系：云门文偃、玄沙师备、长庆慧棱、保福从展、鼓山神晏、镜清道怤。

玄沙师备系：罗汉桂琛。

沩仰宗系：沩山灵祐、仰山慧寂、香严智闲、南塔光涌、芭蕉慧清。

法眼宗系：清凉文益、天台德韶、永明延寿。

临济宗系：临济义玄、兴化存奖、三圣慧然、宝寿沼、豁上座、南院慧颙、风穴延沼、首山省念、汾阳善昭、叶县归省、谷隐蕴聪、广慧元琏、石霜楚圆、琅琊慧觉、大愚守芝、法华全举、道吾悟真、大宁道宽、姜山方、云峰文悦、翠岩可真。

曹洞宗系：洞山良价、曹山本寂、云居道膺、疏山匡仁。

云门宗系：云门文偃、香林澄远、洞山守初、智门光祚、雪窦重显、天衣义怀。

黄龙宗系：黄龙慧南、东林常总、宝峰克文、泐潭洪英、黄龙死心、泐潭文准。

杨岐宗系：杨岐方会、白云守端、保宁仁勇、五祖法演、太平慧勤、龙门清远。

有些人物的禅学思想，宗杲不止一次地分别提到，在后四卷中，被提及最多的当推六祖惠能，被举出十次，石头希迁、赵州从谂、雪峰义存、云门文偃等都被举出五次以上，上列禅宗人物的绝大多数被提及二次到五次之间，从这个人物出现的不同频度，也可以看出宗杲的禅学倾向。在所举人物中，有许多是有长篇法语的，像达磨、惠能、义玄、大珠慧海、药山惟俨、玄沙师备、石门慈照、白云守端、五祖法演、真净克文等人，这也反映了宗杲的禅学倾向。

《正法眼藏》作者宗杲的生平事迹，有必要做一简要介绍，这对人们深入理解此书是有帮助的。

宗杲（公元一〇八九——一一六三年），俗姓奚，宣州宁国（今安徽宁国西南）人。据《明高僧传》卷四载，宗杲是十二岁出家，十七岁受具，而《大慧普觉禅师塔铭》则载为十七岁出家，在本州的景德寺受具。宗杲刚出家的两年内，在景德寺苦读经典，特别好读禅宗语录，于中又尤重以险峻高古著称的云门文偃语录，在整部《正法眼藏》中，云门文偃被提及的次数达二十多次，足见他对云门宗的欣赏。宗杲的参学，首先参曹洞宗的各位耆宿，曾就学于芙蓉道楷的弟子瑞州微和尚，但他并不喜欢曹洞宗的细密禅风，改投黄龙宗门下，在湛堂文准会下学法，结交了一批名僧，但久未开悟。文准指出他的毛病，“病在意识领解，则为所知障”④。还持有知见情解，缺乏禅宗所需要的独特的妙悟。

文准临死之前，建议宗杲去投圆悟克勤。宗杲拜见了丞相张商英，请他为文准撰写塔铭。张商英非常欣赏宗杲，与宗杲朝夕交谈，称宗杲住的庵为“妙喜庵”，又推荐他到京师汴梁（今河南省开封市）去见克勤。张商英是在克勤门下开悟的居士，两人又是老乡，都是四川人，关系自然非同一般。宣和七年（公元一一二五年）四月，宗杲在京师天宁寺见到了克勤。

有一天，遇克勤开堂，宗杲去听讲，克勤举了一个“僧问云门：‘如何是诸佛出身处？’云门答：‘东山水上行’”的例子说，要是我却不这样答，而答“薰风自南来，殿阁生微凉”。宗杲一听，忽有所悟，而克勤却说，你能到这步也不容易了，“可惜死了不能得活，不疑言句，是为大病”⑤。参了死句，且没有怀疑精神。这一点也是宗杲后来特别重视的。

宗杲的彻悟经过是这样的，有一次，宗杲问克勤禅师说，你在五祖法演门下参问“有句无句，如藤倚树”时，法演如何回答的？克勤告诉他，法演这样答：“描也描不成，画也画不得。”克勤又问法演：“树倒藤枯时如何？”法演说：“相随来也。”宗杲听克勤叙述到这里，顿然大悟，说道："我明白了！"克勤自然大喜，又举了几个大德机缘来问宗杲，宗杲都酬对无滞。不过克勤觉得宗杲可能对公案参不透，这已显示出两人的分歧。

在克勤门下一个月后，克勤就把自己所著的《临济正宗记》送给宗杲，又让宗杲负责记录室的工作。随着时间推移，宗杲在京城的名声不断扩大，靖康元年（公元一一二六年），钦宗赐宗杲"佛日大师"号及紫色袈裟一套。

克勤后来回了四川，宗杲则随着京师在靖康二年（公元一一二七年）的陷落而逃难，先后到过今江苏、浙江、湖南、广东、福建等地。建炎四年（公元一一三〇年），宗杲在云门山开宗，学者云集。绍兴七年（公元一一三七年），宗杲应诏住杭州径山能仁院弘扬宗风，盛于一时。

宗杲的法席中，也有一些朝中人士，宗杲因此而致祸。绍兴十一年（公元一一四一年），秦桧猜疑宗杲和主战派官员张九成结为党派，遂放逐宗杲。宗杲先被流放到湖南衡阳，后到广东梅州，直到绍兴二十六年（公元一一五六年）才遇赦，恢复僧籍。《正法眼藏》是在衡阳时所集。

遇赦后，宗杲先住宁波阿育王寺一年多，后到径山。绍兴三十二年（公元一一六二年），孝宗赐宗杲“大慧禅师”称号，次年，宗杲就去世了。临终前，因僧请而遗有一偈：“生也只么，死也只么，有偈无偈，是甚么热？”[6]死后谥号“普觉”。去世时所居住的径山明月堂后称“妙喜庵”，其灵塔号为“宝光”。

宗杲的作品，有《大慧语录》《宗门武库》《正法眼藏》等，门人祖咏编有《大慧普觉禅师年谱》。

宗杲的禅学思想，首先体现出他对宏智正觉提倡的默照禅的批评。这项工作他在福建时就开始了，他称默照禅法为邪禅。默照禅的一个特点是静默坐禅，内心无喘，外息诸缘。宗杲并不反对坐禅，“虽然不许默照，却须人人面壁”[7]。宗杲把坐禅作为入门的方便，指出“借方便门以入道则可，守方便而不舍则为病”[8]。执着这种方便，把它作为终极目标，就成为禅病了，而宗杲认为，默照禅恰恰正是这种禅病。所以他告诉学道者，“若执寂静处便为究竟，则被默照邪禅之所摄持矣”[9]。

不过宗杲与天童正觉的个人私交却是很深的，他赞扬正觉“起曹洞于已坠之际，针膏肓于必死之时”。把他称作自己的知音，“个是天童老古锥，妙喜知音更有谁？”[10]

除了这个默照禅，当时还流行参究古德公案的禅风。宗杲称默照禅为“默病”，把这种抓个古人公案，绕路说禅的禅风称为“语病”。宗杲认为，禅的精神不在语言文字，而在于悟。当初在克勤门下得悟后，克勤担心他参不透公案，宗杲确实对克勤参究公案的方法起了怀疑，后来他把克勤评唱公案的《碧岩录》经版都烧掉了。在《正法眼藏》中，宗杲就是没把克勤收进去，这表明，他在这一时期认为克勤的禅法无助于学人悟入禅道。

宗杲提出了自己的禅法，即看话禅或话头禅。不必默照，也不必参究整个公案，只要把某个公案中某句关键性的话提出来作为话头，时时参究，久而久之，就能突然开悟。话头当然很多，宗杲提到的就有“庭前柏树子”“麻三斤”“干屎橛”“狗子无佛性”等，而他常参的，是“狗子无佛性”。他说：“僧问赵州：‘狗子还有佛性也无？’州云：‘无。’只这一字，便是断生死路头底刀子也。妄念起时，但举个‘无’字，举来举去，蓦地绝消息，便是归家稳坐处也。”⑪

参话头最重要的是要有怀疑精神，心里要有疑团，不疑不悟，小疑小悟，大疑大悟。疑团破处便是悟。

参破疑团须是要亲身去实行，别人帮你不得，禅重在亲证。不只是亲证，而且要不顾性命。

具体参话头的方法，是要时时“提撕”话头，除却一切妄念，没有颠倒之心、思量分别之心、贪生怕死之心、知见之心、喜静恶闹之心，只有一个话头，行也提撕，坐也提撕，喜怒哀乐时也提撕，待人接物时也提撕。提撕到心中就像放了一团热铁一样，保持住这种状态，就能顿然心地放光明。

宗杲禅学中还强调学人要立信、立志，有坚定的信仰、信心，坚强的意志、决心。没有信仰，就会有退转之心。没有意志和决心，也不会学到头。而一般的参禅者，特别是士大夫参禅，正是缺了这个“信”字，他们“多是半进半退，于世事上不如意，则火急要参禅。忽然世事遂意，则便罢参。为无决定信故也”[12]。这种心态不利于禅的发展，而实际上国人对佛教乃至其他宗教大多持这样的态度。

宗杲还是爱国主义思想深厚的禅僧，这一点在禅宗史上一直是后世的楷模。从这种心境出发，宗杲认为佛教也应该是救世的，儒学和佛学是可以统一的，佛教徒也应和儒生一样有忠义报国之心。

宗杲的嗣法弟子有八十四人，从其参学的士大夫则不知其数。宗杲在当时以其类于临济、德山的宗风，振奋了当时的禅界，其看话禅则在宋明年代流行不绝。

注释：

①《大正藏》第十二卷第三七七页。

②宗杲《答张子韶侍郎书》，见明刻本《正法眼藏》卷首，《续藏经》第二编第二十三套第一册第一页。

③圆澄《重刻正法眼藏序》，《续藏经》第二编第二十三套第一册第一页。

④普济《径山宗杲禅师》，《五灯会元》卷十九，中华书局一九八四年版第一二七二页。

⑤如惺《宗杲传》，《明僧传》卷五，《高僧传合集》本，上海古籍出版社一九九一年版第五八六页。

⑥同上，第五八七页。

⑦《大慧普觉禅师语录》卷四，《大正藏》第四十七卷第八二八页。

⑧《答曾侍郎》，《大慧普觉禅师语录》卷二十五，《大正藏》第四十七卷第九一九页。

⑨《示清净居士》，《大慧普觉禅师语录》卷十九，《大正藏》第四十七卷第八九一页。

⑩《大慧普觉禅师语录》卷十二，《大正藏》第四十七卷第八六〇页。

⑪《示妙心居士》，《大慧普觉禅师语录》卷

二十二，《大正藏》第四十七卷第九〇三页。

⑫《示妙证居士》，《大慧普觉禅师语录》卷十九，《大正藏》第四十七卷第八九四页。

经典

卷一上

1　琅琊慧觉

原典

琅邪和尚[①]问举和尚[②]："近离甚处[③]？"

举曰："两浙。"

"船来陆来？"

曰："船来。"

"船在甚么处？"

曰："步下。"

"不涉程途[④]一句，作么生道？"

举以坐具搣一搣，曰："杜撰长老[⑤]，如麻似粟[⑥]。"便拂袖而出。

琅邪问侍者："此是甚么人？"

曰："举上座。"

琅邪遂亲下旦过堂[7]，问："莫是举上座么？莫怪，适来相触忤。"

举便喝。复问："长老何时到汾阳[8]？"

曰："某时到。"

举曰："我在浙江早闻你名，元来见解只如此，何得名播寰宇？"

琅邪遂作礼曰："慧觉罪过。"

妙喜曰："宾则始终宾，主则始终主。二大士蓦札相逢，主宾互换[9]，直下发明临济[10]心髓。苟非彻证向上巴鼻[11]，具出常情正眼[12]，未免作得失论量。或者道：'举公前来，一一据实祗对，琅邪末后，不合作佛法道理，是杜撰处。'或者道：'琅邪被举公道个杜撰，心中疑惑，即时倒戈卸甲[13]，遂挽留举公，咨决此事，谓之坐参[14]。'一犬吠虚，千猱啀实[15]，盖由主法者智眼[16]不明，滥觞宗教，疑误后人。殊不知二大士，激扬若日月丽天，龙象蹴蹋，决非跛驴、盲者之事，井蛙、醯鸡[17]，又焉知宇宙之宽旷邪？

"予尝室中举此话问学者：'你还肯琅邪此语否？'

"曰：'不肯。'

"'何故不肯？'

“曰：‘不合作佛法道理。’

“予复举云门[18]问洞山[19]：‘近离甚处？’

“曰：‘查渡。’

“‘夏在甚处？’

“曰：‘湖南报慈。’

“‘几时离彼？’

“曰：‘八月二十五。’

“门云：‘放你三顿棒。’

“‘你还肯云门此语否？’

“曰：‘肯。’

“‘肯者云何？’

“曰：‘云门无佛法道理。’

“予曰：‘师家问处一般，学者答处无异，你为甚肯一不肯一？’

“学者伫思。予连棒打出，复召其僧：‘且来，且来！’其僧回首。予曰：‘你若作棒会，带累我，也是个瞎汉。’其僧便礼拜，曰：‘今日方知，琅邪与举公非常情可测。’予曰：‘你看遮瞎汉乱统。’又打喝出。

“予因罪居衡阳，杜门循省外，无所用心，间有衲子请益[20]，不得已，与之酬酢。禅者冲密慧然随手抄录，日月浸久，成一巨轴。冲密等持来乞名其题，欲昭示后来，使佛祖正法眼藏[21]不灭，予因目之曰《正法眼藏》，即以琅邪为篇首，故无尊宿前后次序，宗派殊异之分，但取彻证向上巴鼻，堪与人解黏去缚，具正眼而已。”

注释

①**琅邪和尚：**即琅邪（或作琅琊，指滁州琅琊山）慧觉禅师，为汾阳善昭弟子，南岳下第十世。慧觉说法时，也喜好举古德机缘。

②**举和尚：**即法华全举禅师，也是汾阳善昭的弟子，慧觉尊称他为师叔。

③**近离甚处：**表面上问人从何处来，实际也含有问对方的本来面目之意。

④**不涉程途：**不行路而能到目的地，不通过渐修而证得菩提。

⑤**杜撰长老：**没有真正悟道的禅僧，只知胡说乱道。

⑥**如麻似粟：**麻和粟都是普通、平常之物，没有奇特处。喻禅僧不过是平常之辈。

⑦**旦过堂：**禅院中供行脚僧歇宿用的房舍。

⑧**汾阳：**指汾阳善昭，首山省念法嗣南岳下第九世。

⑨**主宾互换：**临济义玄接引方法中有四宾主，宾指学生或不懂禅理者，主指老师或懂禅理者。一般的情

形，宾则始终宾，主则始终主，而慧觉、全举二位相见，宾位者又能反为主，主位者却反为宾。只有作家之间，才会有此宾主互换之机。

⑩**临济：**此处指临济义玄，也指义玄所立的临济宗。

⑪**向上巴鼻：**指本体境界。从末至本为向上。巴鼻又作巴臂，巴是把之意，鼻是呼吸之枢，把住鼻子，是抓住了根本之处。

⑫**正眼：**即正法眼，彻见真理的智慧之眼。

⑬**倒戈卸甲：**比喻在逞机锋中失利，承认自己对佛法的体悟不如对方，转而拜对方为师。

⑭**坐参：**禅僧在晚参之前在僧堂坐禅澄心，等待晚参。

⑮**一犬吠虚，千猱啀实：**本来是虚幻不实的，却执为实有。也喻真如非知解可得。

⑯**智眼：**智慧之眼，正法眼。参“正眼”条。

⑰**醯鸡：**一种小虫，也称蠛蠓，古人以为它由酒醋上的白霉变成。

⑱**云门：**指云门文偃，他是雪峰义存的法嗣，青原下第六世，云门宗创立者。

⑲**洞山：**指洞山守初禅师，是云门文偃的弟子，因云门的这段问话，于次日请益时开悟。

⑳**请益**：老师先已有所指示，学生又再加请示更多的佛理，谓之请益。禅林中于请益有特殊规则。

㉑**正法眼藏**：依所传佛祖的彻见真理的智慧之眼，透见万法。“正”是指的佛心之德，此心能彻见正法，是“正法眼”。此心含藏万法，因而称为“藏”。简而言之指禅宗。此是依禅门解法。依教门，则正法眼藏即是《法华经》的佛知见，《涅槃经》的无上正法。

译文

琅琊慧觉和尚问法华全举禅师：“你从哪儿来？”

全举答道：“从浙江来。”

“坐船来的，还是步行来的？”

“坐船来的。”

“船在什么地方呢？”

“在脚下。”

“不走路却能到达目的地，这句话怎么理解？”

全举抖一抖他的坐具说：“你这和尚像麻和粟一样，一点都没奇特处。”便拂袖而出。

琅琊和尚问侍者说：“他是谁呀？”

侍者回答道：“是全举上座。”

琅琊和尚赶忙下禅座，亲自来到供行脚僧住的地方找到全举和尚，忙问：“你不是全举上座吗？请别见怪，刚才有所得罪。”

全举大喝一声。问琅琊和尚道：“长老你是什么时候到汾阳的？”

琅琊和尚说：“我是某某时候到的。”

全举又问：“我在浙江早就听说您的大名，原来您也就这水平，怎么会声名远扬的呢？”

琅琊和尚连忙施礼，说道：“我慧觉真是罪过。”

妙喜说：“丛林中的参问，一般而言，是处宾位者则始终为宾，处主位者则始终为主。而这两位大士突然相逢，则能主宾互换，直接发明临济宗旨。如果不是彻底证得禅宗宗旨，具有超出常情的正法眼者，对这两位大士免不了要论得论失。有人就说：‘全举本来一一如实应对，琅琊后来就不应该往佛法道理方面理会，这是他的杜撰之处。’也有人说：‘琅琊被全举视为杜撰，心中很不理解，于是就倒戈卸甲，挽留全举，向全举请教其中的道理，这是琅琊向全举参学了。’这些看法，真是一犬吠虚，千猱啀实，把本来虚幻不实的事情执着为实有了。这都是因为当初主持佛法的人眼睛不亮，他开宗立教，必然要祸害后人。岂不知两位大士，举扬宗眼如同日月当空照耀，如同龙腾象行，绝不是那种跛脚驴子、瞎眼汉所行之事，因此，井底青蛙、醯鸡之类又怎么能知道宇宙之宽广呢？

“我曾举出这则机缘问来访学者：‘你是否同意琅琊的这段话？’

“来访学者说：‘不同意。’

“‘为什么？’

“‘他不应该将此作为佛法道理。’

“我又举了一个云门文偃的例子。云门曾问洞山守初禅师：‘最近你去什么地方啦？’

“‘查渡。’

“‘夏天在什么地方过的？’

“‘湖南报慈。’

“‘什么时候离开那儿的？’

“‘八月二十五。’

“云门说：‘我打你三顿棒！’

“我问：‘你是否赞同云门的问话？’

“‘我同意。’

“‘同意他哪一点？’

“‘同意云门没有佛法道理。’

“我说：‘老师问得一样，学生回答也一样，你为什么同意一师而又不同意另一师的说法？’

“来访学者沉思不语。我几棒将他打出去，又召唤他：‘过来，过来！’他回转身来。我对他讲：‘你要是觉得我刚才打你了，那真是连累我了，你就是个瞎子。’

他连忙向我礼拜，说道：‘我现在才明白，对琅琊和全举两位大师，不是常情可以领会的。’我说：‘你这个瞎子又胡说什么？’连打带喝，将他赶出。

“我因为犯罪而迁住衡阳期间，除了闭门自省外，别无他事。有时也有些禅僧来请益，我不得不应酬一下。禅僧冲密慧然随手把我的所言和所举机缘记录下来，久而久之，竟成一大册。冲密等僧带着稿子来求我题书名，想将此书昭示后人，使佛祖所传的正法眼藏不致湮灭，因此，我就题此书名为《正法眼藏》。书中以琅琊和尚为首篇，没有尊宿的前后次序，也没有宗派的差别之分，只取那些彻证真性的机缘，使之能够解除人们的黏缚而能具足正法眼。”

2 岩头全豁

原典

岩头①和尚示众②云：“夫大统纲宗中，事须识句③，若不识句，难作个话会。甚么是句？百不思时，唤作正句④，亦云居顶，亦云得住，亦云历历，亦云惺惺，亦云的的⑤，亦云佛未生时⑥，亦云得地，亦云与么时，将与么时等破一切是非，才与么，便不与么，便转⑦辘辘地。若也看不过，才被人刺着，眼眨瞪地，恰似杀不死底羊相似。不见古人道‘沉昏不好，须转得始得’？触着便转，才与么，便不与么，是句亦刬，非句亦刬，自然转辘辘，自然目前露裸裸地，饱齁齁地。不解却，不解咬，不见道‘却物为上，逐物为下’？瞥起微情，早落地上。若是咬，猪狗眼赫赤。若有人问：‘如何是禅？’向伊道：‘合取屎孔着。’却有些子气息，便知深浅，硬纠纠地。汝识取遮个狸奴面孔[8]，与么时不要故搡伊，不要称量伊。

“于中有一般汉，撞着物，不解转，刺着局漉漉地。遮般底，椎杀万个，亦无罪过。若是本色[9]底，拨着便上，咬人火急。却似刺猬子相似，未触着时，自弄毛羽，可怜生；才有人拨着，便嗔斗咶地[10]，有甚么近处？若也未得，与么荡荡地，唤作依句修行，有则便须等破，与么时，一物不存。信知从来学得一切言句，隘在胸中，有甚么用处？不见道‘辟观辟句’？外不放入，内不放出，截断两头，自然光烯烯地，不与一物作对，便是无诤三昧[11]。

“兄弟，若欲得易会，但向根本明取，欲出不出，便须转，一口咬断后，不用寻伊去住底，远近但放却，自然露裸裸地，不用思搭着，昏昏地，才有所重，便成窠臼。古人唤作‘贴体衣病’[12]，最难治。是我向前行脚时，参着一两处尊宿，只教日夜管带[13]，坐得骨臀生胝，口里水漉漉地。初向然灯佛肚里，黑漆漆地，道'我坐禅守取'。与么时，犹有欲在，不见道'无依无欲，便是能仁'？古人道：'置毒药，安乳中，乃至醍醐[14]亦能杀人。'遮个不是汝习学得底，遮个不是汝去住底，不是汝色里底。莫错认门头户口，赚汝腊月三十日，赤哄哄地无益当。莫造作捏怪，但知着衣吃饭，屙屎送尿，随分遣时。莫乱统，诈称道者有一片衣，不敢将出晒，恐人见，怕失道者名。图人赞叹作恁么？不中心行！

"兄弟，亦不要信他绳床[15]上老榾柮，屙漉漉地将为好诳謼人，别造地狱着汝在。信知古风大好，不见道'有即是无，无即是有'？与么送出来时，便知深浅。遮个是古格。于中有一般汉，信彩吐出来，有甚么碑记？但知唤作禅道，但知唤作一句子，软嫩嫩地，真是无孔铁锤[16]，聚得一万个，有甚么用处？若是有筋骨底，不用多。诸处行脚，也须带眼始得，莫被人谩。不见道'依法生解，犹落魔界'？夫唱教须一一从自己胸襟间吐得出来，与人为榜样。今时还有与么汉么？第一，切须识取左右句，遮个是出头处。识取去底，识取住底。遮个是两头句[17]，亦是左右句，亦唤作是非句。才生便咬，自然无事。

"兄弟，见与么说，还会么？莫终日哄哄地，亦无了期。欲得易会，但知于声色前，不被万境惑乱，自然露裸裸地，自然无事。送向声色前荡荡地，恰似一团火焰相似，触着便烧，更有甚么事？不见道‘非是尘不侵自，是我无心时’？热珍重！”

注释

①**岩头：**即岩头全奯禅师，是德山宣鉴法嗣，与雪峰义存是同学，为青原下第五世。

②**示众：**于禅林中，禅师为门弟大众等开示宗要，称为示众。

③**句：**解释事法所含之义理者称为句。

④**正句：**正确的句语。

⑤**的的：**有鲜明、明亮之意。禅宗中常有“西来的的意”之说，指禅法的根本宗旨；有“的的大意”之说，指禅法的根本精神。

⑥**佛未生时：**佛没有出世时的境地。喻指虽然安住于佛的境地，却又无念在心，不执着于此境，这乃是真正的佛的世界。

⑦**转：**通过各种因缘而表现出来，生起现行。

⑧**狸奴面孔：**也称狸首，狸奴指猫。猫脸，有形体不完整之意。

⑨**本色：**即本色衲僧，指真正的禅僧。

⑩**嗔斗咶地：**怒火中烧，十分愤怒。

⑪**无诤三昧：**不与他人他物起争论的境界，也是没有烦恼的境界。

⑫**贴体衣病：**喻指根本性的疾病，对禅法的宗旨不领会的禅病。

⑬**管带：**也称管取，体会禅的本意。

⑭**醍醐：**在乳、酪、生酥、熟酥和醍醐五者之中，醍醐是味道最好的乳制品，常用来喻指佛性、涅槃等义。

⑮**绳床：**禅师所坐的用绳绷成的椅子。

⑯**无孔铁锤：**没有孔的铁锤（铁锤是一种古代兵器），喻混沌，根性迟钝。

⑰**两头句：**相互对待的两种表述，每一种都是片面的，必须截断，而成中道。去住、左右、是非句，意义相同，均指两头句。

译文

岩头全豁禅师开示说："一般说来，统会禅宗纲要，必须认识到什么是'句'（即要懂得佛法意义），如果不懂得'句'，那就难说了。那么什么是'句'呢？一物不思量的时候，称为'正句'，即正确的句语；也叫'居顶'，即居于顶位；也叫'得住'，即得到十住之位；也叫'历历'，即清楚明白；也叫'惺惺'，即聪明机警，不生昏住；也叫‘的的’，即无比光明；也叫‘佛未生时’，即佛的超越之境，众生的本来面目；也叫‘得地’，即得到十地之境；也叫才这样时，就以这个‘这样时’破一切是非，才这样时，却又不这样，到这种境界，就能辘辘地转。如果看不透这个‘句’，那么，只要一被人家刺着，只会瞪着双眼，恰似那杀不死的羊。古人不是说‘昏沉沉的，这样不好，要能转得起来才叫得’吗？一碰着就能转（一经点拨就能开悟），才这样却又不这样，是句也铲除，不是句也铲除，这样，自然就能辘辘地转，自然就能赤裸裸地使本性显露在眼前，自然吃得饱齁齁的。有的人不懂得什么叫‘却’，即离却物的缠绕，也不懂什么叫‘咬’，即截断情见，不是有‘离却物缠为上，追逐物缠是下’的说法吗？只要生起一丁点的情念，早就跌落在地了。如果要咬，就要如猪似狗那样，红了眼地咬。如果有人问起：‘怎么样才是禅？’对他说：‘闭上你的屎门子吧！’这还有点活气，可以看出他的深浅来，硬邦邦的。你如果能够认得这个猫脸，这时候，就不要故意称量，不要去思量他。

“有一些人，被什么东西撞着了，却不知道转回来，一被刺着，就湿漉漉地拉了一裤子，又软又湿。这些人，杀他一万个都没罪。要是真正的禅僧，一被碰着

（一有情见），就上去咬断。如果像刺猬一样，没碰着，就梳自己的毛刺，怪可爱的；一碰着就怒气冲天，这有什么益处？你如果没有开悟，就这样空荡荡的，称为依照‘句’而修行，必须破除这种状况，这样而能不执着一丝情见。把过去学到的一切言句塞在心中，有什么用处？难道没有听说‘反对观心，避开言句’的说法吗？只要外不让放入，内不让放出，两头截断，自然能够明明地放光，不与任何一物作对，称为无诤三昧。

“兄弟，你若想比较方便地得到这样的无诤境界，只要向你自己的根本之处去体会，体会到将出而又不出的境地，就需要转，一口咬断之后，就再也不用去管它了，不论是远是近，只要放下，你的根本之处自然就能显露出来，不必去思量它。如果你思量得昏昏沉沉，一有执着，便成障碍。古人把这种情形称为‘贴体衣病’，此病最难治了。以前我行脚时，曾参过一两个尊宿，但他们教我日夜坐禅来体会本意，坐得我屁股都生老皮了，嘴里湿漉漉的一个劲地淌口水，肚子里一片漆黑，对着燃灯佛，说是要‘坐禅守心’。这实际上还存有欲念，难道没听说过‘无依傍，无欲念，就是释迦’吗？古人说：‘把毒药放在牛奶中，放在醍醐中，一样能杀人。’这种禅定法门不是你所追求的，不是你的本色里的，不要认错了门。如果去坐禅，真是被骗了，骗你骗到腊月三十，还在那里闹哄哄地忙，有什么好处？不要造作修行，怪模怪样的，只知道穿衣吃饭，拉屎撒尿，随意打发时光就行。不要乱来，装模作样地说自己有件衣服，却又不敢拿出来晒，怕被别人看见，怕丢自己的面子。你贪图别人的称赞干什么？这种人没有开悟。

“兄弟，你也不要相信那些坐在绳椅上的家伙们湿漉漉地拉出的东西，他们都喜欢骗人，造个地狱，要你进去。以前的禅风确实是很好的，不是有‘有就是无，无就是有’这样的话吗？这样的环境下培养出来的人，就能知道禅法深浅了。这是以往的风格。现在有些禅僧，吐出来的蛇信子，没有任何特色，只知道把它叫作禅，叫作一句话，软绵绵的，笨得像个没有孔的铁锤子。这样的人，就算有一万个，又有什么用处？如果是有筋有骨的禅僧，不用多。你们到各地去行脚参学，也应该带着智慧的法眼，这样就不会受别人的欺瞒。不是有‘依佛法来理解，尚且落入魔界’这种说法吗？举扬佛法，必须一一从自己的心胸中流淌出来，以此来为他人树立榜样。如今有这样的人吗？第一，确实应该把左右两边的言句体会清楚，这是你的觉悟与否的关键之处。也要把那边和这边的言句体会清楚。这个两头句，也是左右句，也叫是非句。不论哪一句，才一出现，就要一口咬断，就自然是个无事人了。

“兄弟，我这样讲，你能明白吧？不要整天闹哄哄，这样下去，没有了毕大事的时候。如果想到比较方便地觉悟，就要懂得不被声色诸境所迷惑的原则，这样，真心自然能显露，自然无事无修。即使把你置在声色面前，心中也坦荡荡地无执着，声色也奈何你不得，就像一团火一样，一碰就烧掉了，还有什么事？不是有这样的说法，‘不是外尘不侵犯我，而是我对它不起执心’吗？各位保重吧！”

3 真净克文

原典

真净[①]和尚示众云：“佛法两字，直是难得。人有底不信自己佛事，唯凭少许古人影响相似般若[②]所知境界，定相法门，动即背觉合尘，黏将去，脱不得。或学者来，如印印泥[③]，递相印授，不唯自误，亦乃误他。洞山门下无佛法与人，只有一口剑，凡是来者，一一斩断，使伊性命不存，见闻俱泯，却向父母未生前[④]与伊相见。见伊拟近前，便与斩断。然则刚刀虽利，不斩无罪之人[⑤]。莫有无罪底么？也好与三十拄杖！”

注释

①**真净**：即真净克文，是黄龙慧南的弟子，弘法道场在隆兴（今江西南昌）的宝峰，故又称其为宝峰克文。

②**相似般若**：虚妄的知识、相似性的知识。

③**如印印泥**：宗门三印（印空、印水、印泥）之一，原指文采印于泥上，完整地显现出来，喻指由平等一如的本体而显现的差别相。

④**父母未生前**：指众生的本来面目。

⑤**刚刀虽利，不斩无罪之人**：指斩断罪人（未觉悟者）的情执，觉悟者不受刀斩。

译文

真净克文和尚开示说："佛法这两个字，实在是很难真正体会到它的真谛的。有的人不相信自己内心的佛，所了解的，只是依照很少的、从古人那里得来的类似于般若的知识中的一些东西，以此作为常住不变的佛法本性，心念一动，就违背正觉而与尘境相合，粘在一起，怎么也解脱不开。有的参学者来了，当老师的就像在泥印上印文采一样，希望把自己的禅法完整地传授给他，岂不知这样的传授不只是误了自己，也把别人给耽误了。洞山门下没有佛法给别人，只有一口宝剑，凡是来参学者，一一把他们斩断，使他连性命都保不住，一切见闻知觉，全都泯灭，转向父母未生之前的本来面目来和他相见。看到他想要走近你时，把他一剑挥断。但是钢刀虽然锋利，却不斩没有罪的人。你们当中是否也有无罪的？我要打你三十大棒。”

4 佛眼清远

原典

佛眼和尚[①]示众云："千说万说，不若亲面一见，纵不说亦自分明。王子宝刀喻，众盲摸象[②]喻，禅学中隔江招手事，望州亭相见事，迥绝无人处、深山岩崖处事，此皆亲面而见之，不在说也。"

注释

①**佛眼和尚：** 即清远禅师，杨岐宗五祖法演弟子，为当时禅门三佛（佛眼、佛鉴、佛果）之一，南岳下第十四世。

②**众盲摸象：** 盲人摸象时，各摸到象的一部分身体，因而各执异说。喻执着于经论文句中的一个方面，不知佛法的全面。

译文

佛眼清远和尚开示僧众说:“说千言,说万语,不如你亲自去见一见,这样即使是不说,你也能自己体会出来。王子宝刀的故事,盲人摸象的故事,还有禅门中隔着江招手的故事,在望州亭相见的故事,迥绝无人、深山悬崖的故事,都是有人亲眼看到的,而不是光靠嘴说出来的。”

5 云门文偃

原典

云门[①]和尚拈起拂子[②]云:“遮里得个入处,去捏怪[③]也,日本国里说禅[④],三十三天有个人出来唤云:‘咄!咄!特舍儿,担枷过状[⑤]。’”

妙喜曰:“遮老汉,克由叵耐[⑥],冒姓佃官田,更不纳苗税。”

注释

①**云门:**即云门文偃。见第一则注⑱。

②**拂子:**禅师说法时常用的器具,其本来的功用是掸尘土、驱蚊蝇用的。

③**捏怪**：作怪，怪异荒诞。

④**日本国里说禅**：喻禅不可说，禅非知解。说禅离禅远。

⑤**担枷过状**：戴着枷锁递状纸，喻坐禅说禅都是造罪，自带枷锁。

⑥**叵耐**：可恨。

译文

云门文偃提起拂子说：“从这里就能得到入禅的门路，如果怪模怪样地说禅，那就说到日本国里去了，这时候三十三天的忉利天中就会有个人出来喊你：‘咔！咔！你这个家伙快戴着枷锁把你的状子递过来吧！’”

妙喜和尚评论道：“这个老东西实在可恨，冒名顶替租种官府田地，却省得交税了。”

6 拭眼归宗

原典

拭眼归宗和尚[①]示众云：“从上古德不是无知解[②]，他高尚之士不同常流。今时不能自成自立，虚度时光。诸子，莫错用心，无人替汝，亦无汝用心处。莫就他觅，从前只是依他解，发言皆滞，光不透脱，只为目前有物。”

僧问：“如何是玄旨？”

曰：“无人能会。”

僧云：“向[3]者如何？”

曰：“有向即乖。”

僧云：“不向者如何？”

曰：“谁求玄旨？”

又曰：“去，无汝用心处。”

僧云：“岂无方便[4]门，令学人得入？”

曰：“观音妙智力，能救世间苦。”

僧云：“如何是观音妙智力？”

师敲鼎盖三下，曰：“子还闻否？”

僧云：“闻。”

曰：“我何不闻？”

僧无语，宗以棒趁下。

注释

①**拭眼归宗和尚：**即智常禅师，为马祖道一法嗣，弘法道场在庐山归宗寺，南岳下第二世。归宗眼有重瞳，以药拭之，满目皆赤，号赤眼禅师，也称拭眼禅师。

②**知解**：执着于虚幻的事法，对它们强作区分对立的知识见解，被认为是与禅的精神相违的。

③**向**：此处指趋向解脱境。

④**方便**：根据学人的不同根器而施以灵活多变的不同教学方法，这些方法称为方便。

译文

拭眼归宗和尚这样开示众僧说："以前的大德，并不是没有知解，而是他们作为上根之人，自然就与平常之辈不一般。现如今有许多人不能自己成就自己，在虚度光阴。各位，不要错用了心思，没有人会帮你，也没有可以让你动心思量的地方。不要在外面找，过去你们都是在外面求知求解，所以话一说出口就显得愚笨，不能悟得透彻，这都是因为你们眼前被遮住了。"

有学僧问："什么是玄妙宗旨？"

智常说："没有人理解这东西。"

有学僧说："怎么样求解脱？"

智常答："如果要求解脱，就违反了禅的本质。"

学僧又说："那不求解脱又怎么样呢？"

智常反问："究竟谁想追求这个玄妙宗旨？"

又说："走开，没有你用心量度的地方。"

僧人又问："难道就没有方便法门，让我们得以进入解脱境？”

智常说：“观音菩萨的神妙智慧的力量，就可以拯救人世间的苦难。”

学僧问：“那么这种观音神妙智慧力量又是什么呢？”

智常禅师敲了三下鼎盖，问道：“你听到了吗？”

学僧说：“听到了。”

智常则说：“我怎么没听到？”

僧人再也无话可说了，归宗用棒子把这个学僧赶了出去。

7　罗山道闲

原典

罗山和尚①初入院②时，上堂③，才揽衣欲坐，即云：“珍重！”便下座。良久却回，云：“未识底近前来。”时有僧才出礼拜，山云：“也大苦。”僧礼拜，起云：“某甲咨和尚。”山便喝出。

僧问：“如何是奇特④一句？”

山云：“道甚么？”良久，云：“若是上士⑤，脚才跨门，便委得。若也觌面相呈⑥，犹是钝汉，口喃喃地，不消一镬。会么？不是禅，不是道，不是佛，不是法。是甚么？灵锋宝剑，常露现前，亦能杀人⑦，亦能活人⑧。若能操持，一任操持。若也出场定当，须是个汉始得，机机相副，法法无根，互为宾主。虽然如此，切忌承当。何故？你若野干鸣⑨，我即师子吼⑩。我若野干鸣，你亦师子吼。你若师子吼，我亦师子吼。临时布取意句有主宰。所以道，意中句，句中意；意中不停句，句中不停意。意句不同伦，合作么生会？意能划句，句能划意，意句交驰，是为可畏。意句不明，事理不通，只是个无孔铁锤，古人唤作流俗阿师⑪。似遮般底，如稻、麻、竹、苇，有甚么用处？此个门中须是个汉，眼卓朔地，点着便转辘辘地，岂是你清浊可羡，凡圣能诠？有恁么汉，上士相逢，如击石火，如爆龟纹，迅速如风，捷辩如电。快着精彩⑫，一人半人，事褫言句，动逾万亿，低头学禅，卒不可得。所以道，恁么则易，不恁么则难。亦云恁么则难，不恁么则易。

“诸人作么生？大须细意。

“兄弟，夫行脚也须带眼，莫被遮般底罩却，教你直须冥然去，须得绵绵去，苦哉！被遮般底无辜枷着，有甚么出期？遮个如水上葫芦子，有人按得么？常露现前，滔滔地自由自在，未曾有一法解盖得伊，未曾有一法解等得伊。拨着便露，触着便转辘辘地，盖声盖色。

展即周流无滞，常露目前，岂是兀兀[13]底？出则无无不是，入则个个归源，声前迥迥地，岂堕有无？所以道，声前一句，非圣不传[14]，未曾亲近，如隔大千。声前一思，大家具知。遮个作么生会？寻常道：声前有路，从汝洞明，句后不来，犹亏一半。纤毫不透，如隔铁围。奇特相逢，将何诘对？

“大凡唱教，须会目前生死、意句、杀活，方可褒扬杀人刀、活人剑。上古之机锋[15]，亦是今时之枢要，摧魔破执，不得不无。直露真诠，须知已有的、能破的，大用无亏，圆通现前，魔难措手。若也未得如此，一切四威仪中，合作么生明显？还见伊面孔么？遮里寻常道：面门一思，常时无间。诸人还得恁么也无？若实未明，且须自立，露裸裸地，不与万法为邻，一切法盖伊不得。所以古人道，目前无法，意在目前，不是目前法，非耳目之所到。第一须得本智现前，本地风光[16]，常露裸裸地，自由自在，出入无滞，方可违时，乃至龙神擎花无路，外道潜觑不见，有踪不是，泯形实去。

“兄弟，透顶透底始得，莫只遮边那边逴得些子言句，到处插语，指东画西，举古举今。遮般底，椎杀一万个有甚么罪过？明朝后日，锢鏴人家男女打汝鬼骨臀有日在，知么？宗门深奥，酌度胸襟。粗餐易饱，细嚼难饥。根本差殊，良由自错。虚劳一报，空腹高心。

过是阿谁？食人言语，拣择是非，只占己长，终无是处。无事。珍重！”

注释

①**罗山和尚**：即罗山道闲禅师，为岩头全奯法嗣，青原下第六世，弘法道场在福建罗山。

②**入院**：禅师到任主持寺院。

③**上堂**：禅师上法堂登法座为大家说法。

④**奇特**：指佛不思议法，未曾有法。

⑤**上士**：上根利智的人，悟性高的人。

⑥**觌面相呈**：当面出示、当场开示。

⑦**杀人**：指截断学人妄念情见。

⑧**活人**：指复活学人心中真性。

⑨**野干鸣**：野干，梵音“悉伽罗”，一种狐。野干鸣比喻修行未到家而妄说真理。在本段中也指宾位。

⑩**师子吼**：即狮子吼，悟佛道者宣说佛理。在本段中也指主位。

⑪**流俗阿师**：平庸之辈，根性迟钝的人。

⑫**快着精彩**：赶快振作精神。

⑬**兀兀**：原意指昏沉沉，禅家有时也用来指谓无事无修的自由境界。

⑭**声前一句，非圣不传**：未发出声音的一句，即

佛祖的正法眼藏，涅槃妙心，是以往诸佛诸祖难以传授的，只有自己亲证。

⑮**机锋：**禅机锋芒，是禅机微妙幽玄之处。

⑯**本地风光：**喻众生本有佛性。

译文

罗山道闲和尚刚入寺院任主持时，第一次上法堂为大家说法，才撩起袈裟准备坐下来，即对大家说："再会！"就走下法座。过了一会儿，又回来说："没有认识本性的，到前面来。"于是有一位僧人上前来向罗山行礼，罗山说："真痛苦啊！"僧人行完礼后，对罗山说："本人想向您请教一些问题。"罗山大喝一声，叫他出去。

有位僧人问罗山："什么是禅门中的奇妙特别之事呢？"

罗山反问："你说什么？"沉默一会儿，罗山说："如果是上根器的人，脚刚跨进门，就全明白了。如果老师当面向你呈现机锋，你还是个不明白的笨货，嘴里嘟嘟哝哝不知说些什么东西，这样的人根本就经不起我一镢头。懂了没有？禅也不是，道也不是，佛也不是，法也不是，究竟是什么？灵利锋快的宝剑，常常在面前显现，既能斩断妄执，也可复活真性。你如果会用这把剑，尽管用。如果想出来辨明学人的深浅，也应当是个人物才行，要做到机锋相应，一招一式不露破绽，宾主角色互为融通。但是，即使能做到这一步，也千万不要这样。为什么？因为你如果在宾位像野狐狸叫，我则在主位做狮子吼。我如果在宾位像野狐狸叫，你也应该在主位做狮子吼。你要是做狮子吼了，我也做狮子吼。这些主宾关系的转换融通，都是要临时根据对方的情况而决定，这样你想表达的意义和所说的话才站得住脚跟。所以说，意义当中要包含语言，语言也要有意义；意义不能排斥语言，语言也不能排斥意义。意义和语言要是不统一，这算怎么回事呢？意义否定语言，语言也否定意义，这样的意义和语言互相来往，也太可怕了。意义和语言的关系分不清楚，等于是分不清事物的本体之理和现象之事的关系，这样的人只是个没有孔眼的铁锤子，对禅一窍不通，古代人把这种人称为平庸的家伙。像这样的人，像地上长的稻子、麻、竹子、芦苇一样没有悟性，有什么用处呢？在我禅门中，必须是个眼明心亮的好汉才能承当得起，要一被点化，就能轱辘辘地转，哪是你们这些人能分得清这种清浊，辨得清凡圣的？要有这样的人物，都是上根器人，他们相逢时，言语机锋来往，像击石生火一样迅捷，像以火烤龟，龟纹爆裂一样峻烈，像狂风一样快速，像雷电一般的迅速。

人人赶快振奋起精神！你如果不借语言文句，光靠行为动作来表达，你做再多的动作，成万上亿的动作，这样是学不到禅的。所以说，这样就容易，不这样就困难。也可以说，这样就困难，不这样就容易。

“你们是怎么想的？好好考虑考虑吧！

“弟兄们，行脚参禅也要多带一只眼睛去，不要被那帮家伙蒙住了，搞得你昏沉沉、软绵绵的没脾气，痛苦啊！被那些家伙无缘无故地套住，什么时候能出头呢？禅这种东西，就像水上的葫芦，你按能按得下去吗？它时常显露在你面前，无边无际，自由自在，还没有什么东西能把它掩盖得住，但也没有一种方法可以让你不加努力就能得到它。一碰着，它就显露出来，一动它，就轱辘辘地转起来，超越眼所见色，耳所闻声。它展现出来时，能毫无障碍地自由流淌，时常显露在你面前，哪里是像你们这样昏昏沉沉的？它显现出来时，并不与本体相符；复归本性时，无不归于真源，离开外在的声色远远的，哪里能堕入或有或无的边见？所以说，没有用声音语言表述出来的那句话，即佛祖的正法眼藏，涅槃妙心，不是过去的诸佛诸祖能够传授得了的，要靠自己亲自证得，如果不能亲证，则离本源千山万水。仔细体会这个没有说出来的一句，你们都会明白的。怎么理解这一点？

我们平常老说这样的话：声音面前就有入门路，从中可以体会大道；对语言文句不重视，那么离觉悟还差一半路。而只要有丝毫的不悟之处，最终的结果就与真性如同隔着铁围墙一般。当你面对禅的本性时，究竟怎么办呢？

“凡是弘传佛法，必须懂得众生当前的生死状况、意义和言语的状况、妄执的有无状况，这样才可以举起杀灭情识之刀，复活真性之剑。过去古德的禅机锋芒，也可以用来作为现今接引学人的主要方法，摧毁邪魔，破除妄执，都用到它。直接揭示真性时，必须了解众生目前已有的觉悟状况以及破除妄执的前景，这样就可以充分利用各种接引手段，使真性显现，魔法没有下手处。要是达不到这样的境界，那你在平常的行、住、坐、卧之中，如何随时指示心性？见过真性一面没有？我常说：要时时思量这个真性。你们能这样做吗？如果确实还没有明心见性，那就应该自作主宰，让真性完全显现出来，不执着任何一法，这样，万法也奈何你不得。所以古人说，你面前不存在一法，因为你的智慧在你面前。不是你面前真的不存一法，而是你的耳目感官感觉不到。第一件事，是要使得你的本有智慧显现出来，这样你的本有佛性才能明白地显露，并且自由自在，进出无阻碍。这样才能不受时空限制，甚至龙象拿花没有路，外道偷看看不着，虽有踪影却不是，泯灭身影离去了。

“兄弟，要悟得透天透地才行，彻底觉悟，不要只是这边学些别人的话，那边学些别人的话，到处插话，指手画脚，谈古说今。这样的人，打死他一万个也没有什么罪过，不然将来人家还要揍你这鬼骨头屁股，你知不知道？禅门之中十分深邃玄奥，你们要好好考虑考虑。狼吞虎咽虽然容易吃饱，但只能对付一时；细嚼慢咽倒是不容易饿。要吃老树叶，本是你自已的错。空虚劳碌，肚里空空心气高，是谁的错？拾人牙慧，论是论非，占自己的地方，把本有的智慧都掩住了，最终一场空。不要多事。各位保重吧！”

8　琅琊慧觉

原典

琅邪觉[①]和尚上堂，有僧出来画一圆相，琅邪拈拄杖。僧拟议[②]，琅邪便打，云："道！"

僧云："不道。"

"为甚么不道？"

僧云："三世诸佛不出于此。"

琅邪又打，寻时趁出，乃云："教中道，以手指比丘，犯波逸提罪。山僧[③]今日入地狱如箭射[④]。"

注释

①**琅邪觉：**即慧觉禅师，见第一则注①。

②**拟议：**迟疑，考虑。

③**山僧：**禅僧自谓语。

④**入地狱如箭射：**指迅速堕入地狱之中。

译文

琅琊慧觉和尚上堂时，有一位僧人出来画了一个圆的形象，琅琊就提起棒子。那位僧人略有迟疑，琅琊一棍子打过去，说："讲！"

僧人说："不讲！"

"为什么不讲？"

僧人说："过去、现在、未来三世诸佛不会在这里出现的！"

琅琊又打他，后来把他赶出去。琅琊说："经教中讲，用手指着比丘，就犯了波逸提罪，如果不忏悔，会入地狱的，本人今天就准备像射出的箭一样速入地狱了。"

9 雪峰义存

原典

雪峰山畔有一僧，卓庵多年，不剃头。自作一柄木杓，去溪边舀水吃，时有僧问："如何是祖师西来意[1]？"庵主云："溪深杓柄长。"僧归举似雪峰[2]。峰云："也甚奇怪，虽然如是，须是老僧勘[3]过始得。"

峰一日同侍者将剃刀去访他，才相见，便问："道得即不剃汝头。"庵主便将水洗头，峰便与剃却。

注释

①**祖师西来意：**达磨祖师从西方到中土来的目的是什么？喻指禅的本质是什么。是禅门中学人常问的一句话。

②**雪峰：**即雪峰义存禅师，是德山宣鉴法嗣，青原下第五世，弘法道场在福建闽侯雪峰山。

③**勘：**勘验，禅师检验学人是否开悟。

译文

雪峰山旁边有一位僧人，茅庵倒是建起了好几年，但就是没有把头剃了。他自己做了一把木杓，常到小溪边去舀水喝。有一次，一位僧人问他："达磨祖师为什么到东土来？"他说："溪流深深，杓把长长。"这位僧人回去就把这事对雪峰义存说了。雪峰讲："这倒很奇怪，即使是这样，还得由我老和尚检验以后才行。"

有一天，雪峰带了随从，拿了一把剃刀，去看这位僧人，刚一见面，雪峰就举着剃刀对他说："你要是讲得出这是什么，我就不剃你的头。"僧人连忙打水洗头，雪峰把他的头发给剃光了。

10 云居道简

原典

云居简[①]和尚，僧问："路逢猛虎时如何？"

曰："千人万人不逢，偏汝便逢？"

问："孤峰独宿时如何？"

曰："闭着七间僧堂[②]不宿，阿谁教汝孤峰独宿？"

注释

①**云居简：**云居道简，曹洞宗僧人，云居道膺法嗣，青原下第六世。

②**僧堂：**指禅林中僧众日常修禅起卧之堂舍。

译文

云居道简和尚，有僧人问他说："路上遇着猛虎时该怎么办呢？"

云居说："成千上万的人都遇不着，偏偏让你遇着了？"

又问："在孤独的山峰上一个人住时该怎么办？"

云居说："你七间房子空在那儿不去住，谁要你一个人住到孤峰上去的？"

11　晦堂祖心

原典

晦堂和尚①示众云："知幻即离，不作方便。离幻即觉，亦无渐次，释迦老子千门万户一时击开。灵利汉才闻举着，撩起便行。更若踟蹰，君往西秦，我之东鲁。"

注释

①**晦堂和尚：**晦堂祖心，黄龙慧南法嗣，南岳下第十二世。

译文

晦堂祖心和尚开示众人说："知道事法是空幻的，那就离开它，也不要任何方便法门。离开空幻之物，就是觉悟。这种觉悟不是渐进分阶段的，释迦牟尼老祖宗的佛法中的方方面面，一下子全部觉悟到。凡是聪明的人，只要一听到开示，就马上撩起袈裟走人。你要是有迟疑，那么你到西秦国，而我却到东鲁国来了。"

12　赵州从谂

原典

僧问赵州[①]："学人乍入丛林，乞师指示。"

州云："吃粥了也未？"

云："吃粥了也。"

州云："洗钵盂去。"其僧因此大悟。

云门云："且道有指示、无指示？若言有，赵州向伊道个甚么？若言无，遮僧为甚悟去？"

云峰悦[②]和尚云："云门不识好恶，恁么说话，大似为蛇画足。云峰则不然，遮僧恁么悟去，入地狱如箭射。"

妙喜曰："云门老汉大似阿修罗王撬动三有大城诸

烦恼海。”随后喝云：“寐语[3]作甚么？”复云：“云峰虽善背手抽金镞，翻身控角弓，争奈蹉过云门何？”

注释

①**赵州：** 赵州从谂，南泉普愿法嗣，南岳下第三世。

②**云峰悦：** 云峰文悦禅师，临济宗僧人，大愚守芝法嗣，南岳下第十一世。

③**寐语：** 说梦话，胡说。

译文

有一位僧人对赵州从谂说：“学生刚入禅门，请老师帮我指点指点。”

赵州问：“你早上喝粥了吗？”

“喝过了。”

“去洗钵盂吧！”僧人因此而大悟。

云门文偃问道：“你们说赵州这是指示他了，还是没有指示？如果说有指示，赵州对他说什么了？如果说没有指示，这僧人为什么就开悟了呢？”

云峰文悦和尚则说：“云门真是不知好歹，这样讲话，等于是画蛇添足。我云峰就不这样说，我认为，这个僧人就这么开悟了，将像飞箭一般速入地狱。”

妙喜和尚说：“云门和尚这老东西真像阿修罗王撬动了三有城中的众多烦恼海。”随后就大喝一声说：“胡说些什么？”又说：“云峰文悦虽然善于反手抽箭，转身运弓，但对云门却奈何不得。”

13 黄龙慧南

原典

黄龙南[①]和尚示众，举：“大珠[②]和尚云：‘身、口、意清净，是名佛出世；身、口不清净，是名佛灭度。’也好个消息！古人一期方便，与你诸人开个入路。既得个入路，又须得个出路。登山须到顶，入海须到底。登山不到顶，不知宇宙之宽广；入海不到底，不知沧溟之浅深。既知宽广，又知浅深，一蹋蹋翻四大海，一掴掴倒须弥山，撒手到家人不识，雀噪鸦鸣柏树间。”

注释

①**黄龙南：**即黄龙慧南禅师，临济宗支派黄龙宗创始人，石霜楚圆法嗣，南岳下第十一世。

②**大珠：**大珠慧海禅师，马祖道一法嗣，南岳下第二世。

译文

黄龙慧南和尚开示众人时，举大珠慧海的例子说："大珠曾讲：'身、口、意三业清净，就叫佛出世；身、口、意三业不清净，就叫佛灭度。'讲得多好！古人一时为你指示方便路，给你开通悟道的入路。有了这个进入的路，还应该有一个出来的路。登山就要登到顶，入海也要入到底。登山不登到顶峰，就体会不到宇宙是多么宽广；入海不入到底，就不知道沧海的深浅。既然懂得宽广，又了解了深浅，就可以一脚踢翻须弥山四周的大海，一巴掌打倒须弥山，空手回家，没人知晓，另有麻雀和乌鸦在柏树林中鸣叫。"

14　保福从展

原典

僧问保福①："雪峰平生有何言句，得似羚羊挂角②时？"

福曰："不可，我作雪峰弟子不得。"

注释

①**保福**：即保福从展禅师，雪峰义存的嗣法弟子，青原下第六世。弘法道场在福建漳州的保福禅院。

②**羚羊挂角**：据传羚羊晚上睡觉时，把自己的角挂在树上，脚不落地，使猎狗找不到它。比喻禅师启发学人在领悟禅法时不依语言文字、知识见解之类。

译文

有一位僧人问保福从展禅师："雪峰义存平常说些什么，而能像羚羊睡觉时把角挂在树上一样毫无踪迹？"

这时保福回答说："别这么说，我也不是雪峰的弟子！"

15　真净克文

原典

真净和尚①示众，举："三圣②问雪峰：'透网金鳞③以何为食？'峰云：'待汝出得网来，即向汝道。'三圣云：'一千五百人善知识话头也不识，俊哉！俊哉！快活！快活！恰似一只鹞子，莫惊着。'

“报宁[④]即不然，‘透网金鳞以何为食’？‘待你出得网来，即向你道。’待他道‘一千五百人善知识话头也不识’，但拽拄杖打出三门外，复云：‘也好快活！恰似一只虎，莫动着。’

“诸禅德，且道报宁快活何似三圣快活？莫有快活底汉么？出来定当看。”良久，喝一喝，云：“把手搜不住！”

注释

①**真净和尚：**即真净克文禅师，见第三则注①。

②**三圣：**三圣慧然，临济义玄法嗣，南岳下第五世。

③**透网金鳞：**又称“三圣金鳞”，公案名。冲透捕网的鱼，究竟吃什么？喻挣脱束缚而得解脱之境。

④**报宁：**真净克文自谓，克文曾住金陵报宁寺。

译文

真净克文和尚开示时举了这样的例子：“三圣慧然禅师问雪峰义存说：‘冲透捕网的鱼，吃什么呢？’雪峰说：‘等你冲出网后我再跟你讲。’三圣说：‘一千五百个精通佛法的禅师所说的话，你们都不知道。漂亮！漂亮！痛快！痛快！就像一只鹞子，不要惊动它。’

“报宁我却不这样讲，‘冲透捕网的鱼究竟吃什么’？‘等你冲出捕网后我再对你讲。’等他讲到‘一千五百个精通佛法的禅师所说的话，你们都不知道’时，我就拖出棒子来，把他打出山门外，再说上一句：‘痛快！痛快！就像一只老虎，别动它！’

“各位禅德，你们说，我报宁的痛快比起三圣的痛快究竟怎么样？你们谁痛快？出来试试看。”过一会，喝一声，说：“搜也搜不到！”

16 庞蕴

原典

庞居士[①]曰：“但愿空诸所有，慎勿实诸所无。”

注释

①**庞居士：**即庞蕴居士，字道玄，衡阳（今属湖南）人，马祖道一法嗣。

译文

庞蕴居士说：“只希望空掉一切的存在之有，千万不要把虚无当作实有。”

17　乌臼

原典

乌臼和尚[①]见玄、绍二上座来，便问："二禅伯近离甚么处？"

僧云："江西。"臼便打。

僧云："久向和尚有此机要。"

臼云："你既不会，第二个近前来。"

僧拟议，臼又打，云："同坑无异土，参堂[②]去！"

注释

①**乌臼和尚：**马祖道一法嗣。

②**参堂：**入僧堂参见首座、大众，并坐禅。

译文

乌臼和尚看到玄、绍两位禅僧来参问，就问："二位禅伯最近到哪里处过了？"

（玄）禅僧回答说："江西。"乌臼就打。

这位禅僧说："早就知道你有这种禅机了。"

乌臼说："既然你不会禅，第二个再上来。"

第二位（绍）禅僧有些迟疑，乌臼又打他，说："一个坑里没有两种土，到法堂上参禅去！"

18 赵州从谂

原典

赵州和尚一日在东司[①]上见文远[②]过，遂唤云："文远！"远应诺。州云："东司上不可与你说佛法。"

注释

①**东司**：指禅林东序之僧所用之厕所，至后世，成为厕所之通称。

②**文远**：赵州从谂门下的一位侍者。

译文

赵州从谂和尚有一天在厕所里看见他的仆从文远和尚走过，就喊道："文远！"文远答应他。赵州说："厕所里不好对你讲说佛法。"

19 慈明楚圆

原典

慈明和尚[1]示众云："无明实性即佛性，幻化空身即法身。诸仁者，若也信得去，不妨省力，可谓善财入弥勒楼阁，无边法门悉皆周遍，得大无碍，悟法无生，是谓无生法忍。无边刹境，自他不隔于毫端；十世古今，始终不离于当念。且问诸人，阿那个是当念？只如诸人无明之性，即是汝本觉妙明之性，盖为不了生死根源，执妄为实，随妄所转，致堕轮回，受种种苦。若能回光返照，自悟本来真性，不生不灭。故曰，无明实性即佛性，幻化空身即法身。只如四大、五蕴不净之身，都无实义，如梦如幻，如影如响。从无量劫来，流浪生死，贪爱所使，无暂休息，出此入彼，积骨如毗富罗山，饮乳如四大海水，何故？为无智慧，不能了知五蕴本空，都无所实，逐妄受生，贪欲所拘，不得自在故。

"所以世尊云：'诸苦所因，贪欲为本。若灭贪欲，无所依止。'汝等若能了知幻身虚假，本来空寂，诸见不生，无我、人、众生、寿者，诸法皆如，故曰幻化空身即法身，法身觉了无一物，唯听法说法。虚玄大道，无着真宗，故曰本源，自性天真。

“佛又曰：‘五阴浮云空去来，三毒水泡虚出没。’若如是者，是为度一切苦厄，乃至无量无边烦恼、知解悉皆清净，是为清净法身。若到遮个田地，便能出此入彼，舍身受身，地狱天堂，此界他方，纵横自在，任意浮沉，应物舒光，随机逗教，唤作千百亿化身。

“与么说话，可谓无梦说梦，和泥合水[②]，撒屎撒尿，不识好恶。”乃呵呵大笑，云：“若向衲僧门下，十万八千未梦见他汗臭气在，虽然如是事，不得一向但以假名字引导于众生。”喝一喝。

注释

①**慈明和尚：**即慈明楚圆禅师，汾阳善昭法嗣，南岳下第十世，弘法道场在石霜山（位于湖南浏阳西南），故常称其为石霜楚圆，弟子中最著名者为黄龙慧南和杨岐方会。

②**和泥合水：**指用语言、文字等方式接引学人。虽然它本质上讲和禅的精神有违，但对于中下根器者来说，也不失为一种随宜通融、应机接物的方便法门。

译文

慈明楚圆禅师开示众人说：“众生的无明无知之性，就是佛性；虚幻变化的空无之身，就是法身。各位仁人，你们只要相信这一点，就很省力，真可以说是善财童子进入弥勒菩萨的楼阁中，圆满普遍地得到其中无边无际的佛法，毫无障碍的佛法，觉悟到佛法无生无灭，称为‘无生法忍’，即无生的智慧。因此，在无边无际的佛土中，我这里和他那方，空间相差不到一毫毛之隔；十世之前和今天，时间相距也只是当前一闪念之际。请问各位，哪个是当前一闪念？就像大家的无明本性，实际上是你们的本来觉性、神妙光明之性一样，都是因为不知道生死的本源是什么，因而执着虚妄之物为真实存在，并跟着你的妄执转，终于堕入生死轮回之中，遭受各种各样的苦难。你如果能回光返照，观照自心，自己体悟自心本来具足的真实本性，就能进入不生不灭的境地。所以说，无明无知之性就是佛性，虚幻空无之身，就是佛的法身。像由四大、五蕴和合而成的不干不净的肉体之身，都是不真实的，如做梦，如幻觉，如影子，如声响。从无量劫以来，一直流浪于生死之间，受贪欲痴爱的支使，没有片刻的安宁之时，出了这个形体，又进入那个色身，白骨堆成像王舍城的毗富罗山那么高，喝的乳汁也如四大海水那么多，为什么呢？因为没有智慧，不能体悟五蕴本来空幻不实的道理，追逐虚妄之物，又被贪欲所控制，不能自由自在。

“所以世尊释迦牟尼就说：‘各种痛苦的原因，都根于人的贪欲。如果灭除贪欲，痛苦就没有了产生的基础。'你们如果能明白妄幻色身虚假不实，本来空寂的道理，各种妄念就不会产生，就不会有自我、人、众生、寿命等执着之见，一切存在之法都是真如的体现，所以说，虚幻变化的空无之身就是佛的法身，觉悟了这个法身，就会感到空无一物，只有你们听法的人和我说法的人。这个虚寂玄妙的佛法大道，是没有妄执的真实之宗，因而称为'本源'，即世界的真实本性，本来源头，这种本源从其本性上讲具有天然真实的性质。

"佛又说：'色、受、想、行、识五蕴如同天上的浮云，来去皆空。贪、嗔、痴三毒如同水泡，出没皆虚。'如果能这样体会，就是解脱一切苦难了，甚至无边无际、无数无量的烦恼和知识见解，都消除干净了，这就叫'清净法身'。要是能达到这种境界，就能任意离开这个载体，或进入那个载体；舍弃这个色身，或接受那个色身。不管是地狱还是天堂，这个世界或那个世界，都能纵横自在，随意上浮下沉，应对万物，舒放内心光明，随众生的根机条件而弘扬教义。这就叫作几百几千几亿的佛的化身。

"我这样讲，实际上可以说是没有梦而说梦，倒水和稀泥，拉屎撒尿，真是不知道好歹。"于是，慈明就哈哈大笑地说："要是就那些禅僧而言，何止十万八千人还闻不到这种臭汗味道呢？不过，即使是这样，也不可以一味地依赖语言文字来接引学人。”说完又大喝一声。

20 保宁仁勇

原典

保宁勇[①]和尚示众，举："夜夜抱佛眠，朝朝还共起。起坐镇相随，语默同居止。分毫不相离，如身影相似。却识佛去处，只遮语声是。

"大众，傅大士[②]此之一颂，古今不坠一切人知。向此瞥地者亦多，错会者不少。玄沙和尚[③]云：'大小傅大士只认得个昭昭灵灵[④]。'洞山聪[⑤]和尚云：'你且道衲僧家[⑥]日里还曾睡也无？'此二尊宿[⑦]两转语[⑧]，谁言世上无仙客？须信壶中别有天。保宁亦有一颂：'要眠时即眠，要起时即起。水洗面皮光，啜茶湿却嘴。大海红尘生，平地波涛起。呵呵阿呵呵，啰哩哩啰哩。'"

僧问："如何是保宁境？"

云："主山头倒卓。"

"如何是境中人？"

云："鼻孔无半边。"

"如何是保宁家风？"

云："硬糊饼、烂䬪饦。"

"忽遇客来将何祇待[9]？"

云："粗餐易饱，细嚼难饥。"

注释

①**保宁勇**：即保宁仁勇禅师，为杨岐方会法嗣，南岳下第十二世。

②**傅大士**：本名傅翕，字玄风，号善慧。南朝梁代禅宗著名之尊宿。

③**玄沙和尚**：玄沙师备禅师，云门文偃法嗣，青原下第六世。

④**昭昭灵灵**：指众生本有的灵明之心。

⑤**洞山聪**：洞山晓聪禅师，云门宗僧人，文殊应真禅师法嗣，青原下第九世。

⑥**衲僧家**：指禅僧。

⑦**尊宿**：对年高德重者之尊称。

⑧**转语**：使人从迷执中翻转为悟的话语。

⑨**祇待**：即祇对，有应付、对付之意。

译文

保宁仁勇和尚开示众人时，举了傅大士的一首偈："每天夜里抱佛睡，每天早上同起床。睡觉起床在一起，就像有语和无语。有语无语不相离，就像影子不离身。若要知道佛住处，刚才讲的就是佛。"

保宁说："各位，傅大士的这一首偈颂，自古至今没有人能理解。以前研究这首偈颂的人也很多，但不少人都体会错了。玄沙师备和尚说：'大小傅大士们，都只认得一个昭昭灵灵的心。'洞山晓聪和尚也说：'你倒是讲讲僧人们白天还睡觉吗？'这两位老和尚的话一出，谁还能讲这个世上没有神仙？应该相信小壶当中别有洞天。保宁我也有一首颂：'要睡你就去睡，要起你就起床。清水洗脸脸放光，喝茶喝得满嘴湿。大海当中有红尘，平地之上起波涛。呵呵啊呵呵，啰哩哩啰哩。'"

有僧人问："什么是保宁禅法的境界？"

保宁说："主山的山头倒过来了。"

又问："什么是保宁禅法境界中的人？"

保宁说："鼻子没有了半边。"

又问："什么是保宁禅法的宗旨？"

保宁说："硬邦邦的麦饼、烂汤饼。"

又问："要是忽然遇到僧人来参问时，你如何对付？"

保宁说："狼吞虎咽地吃饭虽然可以图他一时饱，但细嚼慢咽就更耐饥。"

21　赵州从谂

原典

严阳尊者[①]问赵州："一物不将来时如何？"

州云："放下着[②]。"

严云："既是一物不将来，又放下个甚么？"

州云："放不下，便担取去。"

黄龙南和尚颂云："一物不将来，两肩担不起。言下忽知非，心中无限喜。毒恶既忘怀，蛇虎为知己。光阴几百年，清风犹未已。"

注释

①**严阳尊者：**严阳善信，赵州从谂法嗣，南岳下第四世。

②**放下着：**放下手中之物，喻指放下一切邪念、妄执，以达到解脱之境。

译文

严阳善信问赵州从谂："一样东西也不拿来时怎么办？"

赵州说："放下吧！"

严阳问："既然是一样东西都不拿来，那又放下个什么东西呀？"

赵州说："放不下来，那你就挑个担子把它挑走吧！"

黄龙慧南为赵州这段话专门作了一首偈颂："一物不拿来，双肩挑不动。一听知道错，心里真欢喜。已忘恶和毒，蛇虎成知己。时光几百年，清风仍在吹。"

22　法华全举

原典

法华举和尚示众云："释迦不出世，达磨[①]不西来。佛法遍天下，谈玄口不开。"

妙喜曰："作贼人心虚。"

注释

①**达磨：** 即菩提达磨，或菩提达摩，中国禅宗初祖。

译文

法华全举和尚开示众人说："释迦牟尼不曾出世，菩提达磨没来中土。佛法充满天地之间，谈论玄妙，口不张开。"

妙喜和尚说："做贼的人心里总是发虚。"

23　定慧超信

原典

定慧信[①]和尚问僧："忠国师[②]'无情说法'[③]，南方尊宿如何商量？"

僧云："诸方皆云：'六根互用。'"

信云："教中道'无眼、耳、鼻、舌、身、意'，将甚么互用？"

僧拟议，信劈脊便打。

生法师云："敲空作响，击木无声。"[④]云门以拄杖空中敲云："阿耶耶。"又敲板头云："作声么？"僧云：“作声。”云门云：“遮俗汉。”又敲板头云：“唤甚么作声？”

注释

①**定慧信：**即定慧超信，琅琊慧觉法嗣，南岳下第十一世。

②**忠国师：**即南阳慧忠，为六祖惠能旁出法嗣。

③**无情说法：**没有情识的山川、草木等也在说法，含佛性不但遍一切有情，也遍一切无情之义。

④**敲空作响，击木无声：**无声即有声，有声即无声，所以敲打虚空能出响声，敲木头则没有声音。为东晋僧人竺道生所说。

译文

定慧超信和尚问僧众道：“对南阳慧忠国师的‘无情识者也能说佛法’的观点，南方的高僧们是怎么个看法？”

僧人说：“他们都讲：‘眼、耳、鼻、舌、身、意这六根互相作用。’”

超信问：“教门中讲‘没有眼、耳、鼻、舌、身、意’，你拿什么互相发生作用？”

僧人迟疑了一会，超信照着他的脊梁骨就打过去。

道生法师曾讲："敲打虚空能产生声响，击打木段却没有声音。"云门文偃就用拄杖子敲敲空中，说："啊呀呀！"又敲敲床椽，问："有声音吗？"僧人说："有。"云门骂道："你这个俗气的家伙。"又敲敲床椽，问："你把什么称为声音？"

24 玄沙师备

原典

玄沙[①]和尚问僧："甚处来？"

僧云："瑞岩[②]来。"

沙云："瑞岩有甚么言句？"

云："和尚寻常唤'主人翁'[③]，自应云'诺''惺惺着。他后莫受人谩[④]'。"

沙云："一等弄精魂[⑤]，犹较些子[⑥]。"

注释

①**玄沙：**玄沙师备，雪峰义存法嗣，青原下第六世。

②**瑞岩：**瑞岩师进，岩头全豁再传法嗣，青原下第七世。

③**主人翁**：指众生的自心。

④**谩**：徒然，徒劳无益。

⑤**弄精魂**：故弄玄虚，虚妄的行为。

⑥**较些子**：马马虎虎，稍好一些。

译文

玄沙师备和尚问僧人："从什么地方来？"

僧人答："从瑞岩师进处来。"

玄沙又问："瑞岩说了些什么？"

僧人答："他常喊自己'主人翁'，又自答'诺''机灵着点，不要被别人骗了'。"

玄沙说："虽然都说是故弄玄虚，但这个瑞岩还稍好一些。"

25 黄龙悟新

原典

黄龙新[①]和尚示众云："清珠下于浊水，浊水不得不清。念佛投于乱心，乱心不得不佛。佛既不乱，浊水自清。浊水既清，功归何所？"良久，云："几度黑风翻大海，未曾闻道钓舟倾。"

注释

①**黄龙新：**即黄龙死心悟新禅师，黄龙慧南再传法嗣，南岳下第十三世。

译文

黄龙死心悟新和尚开示众人说：“清净明珠放到污浊水中，污浊之水自然清净。念佛法门施于杂乱之心，杂乱之心自然成佛。佛既然不是乱心，污浊之水当然自己清净。污浊之水既然清净，这个功劳是谁的呢？”沉默一会，说：“狂风几次掀大海，没有钓鱼船吹翻。”

26 荐福承古

原典

荐福古[①]和尚示众，举：“百丈恒[②]和尚有时上堂，众才集，云：‘吃茶！’便下座。有时上堂，众才集，云：‘珍重！’便下座。有时上堂，众才集，云：‘歇！’便下座。往往多用此时节因缘[③]，众人罔测津涯。后来又自作一颂，颂此‘三转因缘’，云：‘百丈有三诀：吃茶、珍重、歇。直下便承当，敢保君未彻。’

"大众，只如恒和尚作此一颂，且道见处如何？还知得失否？要会么？据他三度上堂时节，恰似个好人，后来作此一颂，恰如面上雕两行字。若是通人达士，举起便知，后学初机，难为拣辨。老僧与汝从头注出：'百丈有三诀'，贼身已露；'吃茶、珍重、歇'，赃物出来；'直下便承当，敢保君未彻'，大似抱赃判事④。然虽如此，诸仁者若具择法眼，方能证明，如或邪正不分，可谓颟顸佛性⑤，更须博问贤良，可惜虚生浪死⑥。"

注释

①**荐福古：**荐福承古，为云门文偃法嗣，青原下第七世。

②**百丈恒：**即百丈道恒禅师，法眼宗清凉文益禅师法嗣，属青原下第八世。

③**时节因缘：**时节到来，因缘和合的机会。

④**抱赃判事：**抱着赃物还要求判官判他清白。喻禅师接引学人时多以语言知解，却还认为自己是不落言诠的，要别人知道这一点。

⑤**颟顸佛性：**指糊涂，不明事理。

⑥**虚生浪死：**虚度人生，糊涂而死。

译文

荐福承古和尚开示众人时，举了百丈道恒和尚的例子：“道恒和尚上堂时，有时大家才到齐，他就说：‘喝茶去吧！’就走下法座。有时大家到齐后，他却说：‘各位保重吧！’就下法座走了。有时大家刚到齐，他就说：‘都回去歇着吧！’就下法座。道恒常常运用这样的方法来接引学人，但大家却并不理解其中的意义。后来道恒又作一首偈颂来赞颂他的这个三转法门：‘百丈有三句口诀：喝茶、保重和休歇。只要当下能领会，否则见解不彻底。’

“各位，道恒的这首偈颂，究竟写得怎么样？你们可曾领悟其中的得失之处？想不想知道？从道恒三次上堂所示来看，他还算是个好人，但他后来写的那首偈颂，却像在脸上刻了两行字一样。如果是得道之士，一见这种机缘就能领会，但学得晚的，根机浅的，却很难分辨得清。老僧我为你们从头说起：‘百丈有三句口诀’一句，如同盗贼的形象已经暴露了；‘喝茶、保重和休歇’一句，如同盗贼所偷的赃物也暴露出来了；‘只要当下能领会，否则见解不彻底’一句，则如同盗贼抱着赃物却喊冤叫屈。但是，即使这样，各位如果具备智慧法眼，就会体证，要是不分是非好坏，那真是不明事理的糊涂虫了，这种人更应该多向有道之人请教，不要虚度人生，糊涂而死。”

27 归宗自宝

原典

归宗宝[①]和尚赞初祖达磨并序

师真[②]徒邈，三界无着。拟欲安排，知君大错。虚劳指点，何处扪摸？要识师真，乾坤廓落。

师相兮世所希，师眉兮阵云垂，师眼兮电光辉，师鼻兮耸须弥。师口门无齿兮过在谁？拟涉流沙兮何不自知？非彼此丈夫兮传法与阿谁？更住少林[③]兮懡㦬[④]却西归。遇衲僧兮好与一顿椎。虽然如是兮不会莫针锥。

琅邪觉和尚睹此赞，乃述颂云：“师眼兮深，师鼻兮大，师耳兮穿，师舌兮快，师身兮墨，师心兮戴。手携只履返流沙，熊耳[⑤]石塔今犹在。”只将此颂验尽天下衲僧。

妙喜曰：“戴此一字，不得动着，动着则祸生。”

注释

①**归宗宝：**洞山自宝，宋代云门宗僧人，五祖师戒

法嗣，青原下第九世。他先住洞山，后住归宗。《宗门武库》第一一九则载其事迹。

②**真**：人像画，这里也指真性。

③**少林**：少林寺，在河南嵩山。

④**𢤱㦬**：耻辱、惭愧的意思。

⑤**熊耳**：熊耳峰，在河南卢氏县以南，山的两峰对峙如同熊耳。达磨墓塔建于此山。

译文

归宗自宝和尚赞初祖菩提达磨并序

大师的形象空幻遥远，对三界没有执着。如果想有所体认，那您犯了大错。虚妄劳累地指这点那，什么地方能够摸得着？如果要认识大师的真实形象，只有到广阔的宇宙中去。

大师的相貌啊，世间稀有。大师的眉毛啊，像祥云垂挂。大师的慧眼啊，像闪电的光辉。大师的鼻梁啊，像高耸的须弥山。大师嘴里没有了牙齿，究竟是谁的过错？想西渡沙漠区啊，自己怎么不知晓？没有这些大丈夫啊，向谁传法？又住在少林啊，却又西归，令我们惭愧。遇到学僧啊，给他一顿棒。即使如此啊，不会禅的人不能随便给人下针锥。

琅琊慧觉和尚看了这首赞就作了一首颂：“大师的

眼睛深，鼻子大，耳朵穿，舌头快，身子黑，大师的心儿戴。手拿一只鞋，西渡沙漠归。熊耳峰中大师墓，至今犹存在。”琅琊慧觉以这首颂把天下的僧人勘验。

妙喜和尚说：“这个‘戴’字，不能去动它，一动它就会生祸。”

28　真净克文

原典

真净和尚示众，举：“三圣云：‘我逢人即出，出则不为人。’兴化①云：‘我逢人即不出，出则便为人。’看遮两个老古锥②窃得临济些子活计，各自分疆列界，气冲宇宙，使明眼衲僧③只得好笑。诸禅师，且道笑作甚么？还知落处么？若知，一任七颠八倒；若不知，且向三圣、兴化葛藤④里咬嚼。”

注释

①**兴化：**即兴化存奖，为临济义玄法嗣，南岳下第五世。

②**老古锥：**机锋锐利的老禅师。

③**明眼衲僧：**根性慧利的、聪明的禅僧。

④**葛藤：**指别人的言语机锋，如果执着于此，只能像被藤缠住一样难以解脱。

译文

真净克文和尚开示众人，举三圣慧然和兴化存奖的例子："三圣说：'我遇到人就出来，出来后却不为他指示。'兴化存奖说：'我遇到人就不出来，一旦出来就要为他人指示。'你看这两个机锋锐利的老禅师，偷来一些临济义玄的东西，各自分列疆界地盘，气势直冲宇宙，聪明的禅僧见此只得好笑。各位，你们说他们笑什么？还知道其中的缘由吗？要是知道，就可以任你颠倒自在；要是不知道，那么只会嚼三圣和兴化的言语。"

29　赵州从谂

原典

赵州和尚到云居①，居云："老老大大，何不觅个住处②去？"

州云："作么生③是某住处？"

居云："山前有个古寺基。"

州云："和尚自住取。"

次到茱萸[④]，萸亦云："老老大大，何不觅个住处去？"

州云："甚么处是某住处？"

萸云："老老大大，住处也不知。"

州云："三十年弄马骑，今日被驴子扑。"

注释

①**云居：**即云居道膺，洞山良价禅师法嗣，青原下第五世。

②**觅个住处：**喻站稳脚跟，守住自己的本性。

③**作么生：**禅林用语。又作怎么生、似么生、作么作生。作么，即"何"；生，为接尾词。相当于"如何了""怎么样"。本为宋代俗语，禅宗多用于公案之感叹或疑问之词。

④**茱萸：**即鄂州茱萸和尚，南泉普愿禅师法嗣，南岳下第三世。

译文

赵州从谂和尚到云居道膺那儿去，云居对他说："你老大一个人了，为什么不找个地方住下来？"

赵州问："怎么样的地方是我的住处呢？"

云居说："山前有一处古寺的房基。"

赵州说："你去住吧！"

赵州又到鄂州茱萸和尚那儿去，茱萸和尚也对赵州说："你老大一个人，为什么不找个地方住下来呢？"

赵州问："什么地方是我的住处呢？"

茱萸说："你老大一个人，连住的地方都不知道。"

赵州说："我骑了三十年的马，今天却被驴子掀了个跟头。"

30 洞山良价

原典

洞山云："须知有佛向上事①。"

僧问："如何是佛向上事？"

山云："非佛。"

云门云："名不得，状不得，所以言非。"

注释

①**佛向上事：**佛法的至要、精微之处。

译文

洞山良价和尚说："应该懂得佛法的至要之处。"

有僧问洞山："什么是佛法的至要之处呢？"

洞山说："不是佛。"

云门文偃说："无法概括，无法形容，所以讲'不是'。"

31　慈明楚圆

原典

僧问慈明和尚："如何是佛①？"

云："水出高源。"

又问："行脚不逢人时如何？"

云："钓丝绞水。"

注释

①**如何是佛：**禅门常问之语，指问佛法或诸佛的本质是什么。

译文

僧人问慈明石霜楚圆和尚："什么是佛？"

慈明回答说："流水出于高原上。"

僧人又问："僧人行脚时遇不着人又该怎么做？"

慈明说："钓鱼线绞着水。"

32　保宁仁勇

原典

保宁勇和尚示众云："有手脚，无背面，明眼人，看不见。天左旋，地右转。"拍膝云："西风一阵来，落叶两三片。"

僧问："如何是佛法大意？"①

云："镬汤无冷处。"

注释

①**如何是佛法大意：**禅门中常用问语，指问佛法的根本之处是什么。

译文

保宁仁勇和尚开示众人说："有手也有脚，却没有正面和反面之分，即使是眼明心亮的人，也看不见。天往左面转，地向右边旋。"他拍着膝盖继续说："吹来一阵西风，吹落树叶两三片。"

有僧问他："什么是佛法大意？"

保宁回答说："锅中的汤没法冷。"

33　大沩真如

原典

大沩真如[①]和尚举："雪峰尝谓玄沙曰：'有个南际长老问，无有答不得者。'际一日到雪峰，峰令访玄沙。沙问曰：'古人道此事唯我能知。长老作么生？'际曰：'须知有不求知者。'沙曰：'山头老汉，吃许多辛苦作么？'

"玄沙恁么道，大沩恁么举，不得动着。何故？如击涂毒鼓，远近闻皆丧。"

注释

①**大沩真如**：大沩慕哲真如禅师，翠岩可真法嗣，南岳下第十二世。

译文

大沩真如和尚举古德机缘："雪峰义存曾经对玄沙师备说：'有位叫南际的老和尚，问他问题，他没有答不出来的。'南际和尚有一天到雪峰那里去，雪峰叫他去拜访玄沙师备。玄沙问：'古人说：这件事情只有我知道。你认为怎么样？'南际回答说：'你要晓得也有人并不追求这种知。'玄沙说：'你这个山中老汉，吃那么多辛苦又为什么呢？'

"玄沙这样说，大沩真如我这样举例，都不得去动它们。为什么？比如敲击涂了毒药的鼓，远近的人听了都将丧命。"

34 沩山灵祐

原典

沩山[①]问仰山[②]："甚么来？"

仰山云："田中来。"

沩云："田中有多少人？"仰插锹叉手而立。

沩云："今日南山大有人刈茅。"仰拽锹而去。

雪窦[3]云："诸方咸谓'插锹话'奇特，大似随邪逐恶。据雪窦见处，仰山被沩山一问，直得草绳自缚，去死十分。"

妙喜曰："仁者见之谓之仁，智者见之谓之智。百姓日用而不知，故君子之道鲜矣。"

注释

①**沩山：**沩山灵祐禅师，沩仰宗创始人之一，百丈怀海禅师法嗣，南岳下第三世，弘法道场在潭州的沩山（今湖南宁乡县之西）。

②**仰山：**仰山慧寂，沩山灵祐法嗣，沩仰宗创始人之一，弘法道场在袁州的仰山（今江西宜春市之南）。

③**雪窦：**雪窦重显，云门宗僧人，智门光祚禅师法嗣，青原下第九世。

译文

沩山灵祐问仰山慧寂说："从哪里来？"

仰山说："从田里来。"

沩山又问："田里有多少人？"仰山把铁锹插在地上，两手交叉，站在那里。

沩山说："今天在南山上割茅草的人很多嘛。"仰山听后，拔起铁锹走了。

雪窦重显说："大家都认为这段'插铁锹的话'奇妙特别，很像见邪而邪、见恶而恶的应机方式。但是我雪窦认为，仰山被沩山一问之后，以至于自己用草绳缚自己，离死也不远了。"

妙喜和尚说："有仁德者所见，是仁；有智慧者所见，是智。老百姓忙于日常应用之事而不知道这些，所以君子之道十分少见啊！"

35 黄龙慧南

原典

黄龙南和尚示众，举："僧问乾峰[①]：'十方薄伽梵[②]，一路涅槃门。未审路头[③]在甚么处？'峰以拄杖画云：'在遮里。'

"僧请益云门，门拈起扇子云：'扇子踍跳上三十三天，筑着帝释鼻孔。东海鲤鱼打一棒，雨似盆倾。会么？会么？'

“乾峰一期指路，曲为初机。云门乃通其变，故使后人不倦。汝等诸人，须穷二老之意，莫逐二老之言。得意则返正道以归家[④]，寻言则荡邪途而转远。”

注释

①**乾峰：**越州乾峰，唐末曹洞宗僧，洞山良价法嗣，青原下第五世。

②**薄伽梵：**即世尊。

③**路头：**入门的门径，觉悟之门。

④**归家：**喻禅僧通过明心见性而得觉悟。

译文

黄龙慧南和尚开示众人，举古德因缘：“有僧问越州乾峰和尚道：‘十方世界诸世尊，一路指向涅槃门。不知道路的入口在什么地方？’乾峰用拄杖画一画说：‘在这里。’

“有僧向云门文偃请教同样的问题，云门夹起扇子说：‘扇子跳上三十三天，敲帝释天的鼻孔。东海里的鲤鱼打一棒子，大雨倾盆下起来。懂吗？懂吗？’

“乾峰和尚一时指路，指示初发心的浅根器人，而云门文偃则加以变通，所以能使后来的学人不知疲倦。

你们必须穷究二位老宿的禅意，不要泥于二位老宿的言语。得其意就能返回到正道上来，回归家园；泥于言则将在邪道上游荡，离家愈来愈远。”

36　大愚守芝

原典

大愚[1]一日辞归宗，宗问："甚处去？"

愚云："诸方学五味禅[2]去。"

宗云："诸方有五味禅，我遮里只有一味禅[3]。"

愚便问："如何是和尚一味禅？"

宗蓦口便打，愚忽然大悟，云："嗄，我会也。"

宗云："道！道！"

愚拟开口，宗又打，趁出。

灌溪[4]初参临济，才入门，济蓦胸擒住。灌溪便云："领！领！"济便托开。

注释

①**大愚：** 即大愚守芝禅师，是汾阳善昭法嗣，南岳下第十世。

②**五味禅：** 即由浅至深的外道禅、凡夫禅、小乘禅、大乘禅和最上乘禅。

③**一味禅**：不分阶段，不须渐进的顿悟禅法。

④**灌溪**：灌溪志闲，临济义玄法嗣，南岳下第五世。

译文

大愚守芝和尚有一天辞别归宗智常禅师，归宗就问他："哪里去？"

大愚说："到各地去学五味禅法去。"

归宗说："各地有五味禅法，而我这里只有一味禅法。"

大愚便问："什么是您的一味禅法呢？"

归宗劈口就打，大愚忽然大悟，说："啊！我明白了。"

归宗说："你讲！你讲！"

大愚刚准备说，归宗又一阵打，把他赶了出去。

灌溪志闲禅师第一次参访临济义玄时，刚进门，临济一把抓住他的胸口。灌溪忙说："明白！明白！"临济义玄才将他推开。

37　真净克文

原典

真净和尚示众云："佛法不顺人情，诸方长老大开口，尽道：'我会禅、会道。'且道，伊会也未？无端向屎坑里坐，谩神諕鬼。似遮般底，打杀千万个与狗子吃，有甚么过？又有一般禅和子[1]，大开着眼，被伊狐魅，殊不自知，蓦头着屎浇亦不厌恶。大众，彼此丈夫争受恁么？自己合作么生？”

注释

①**禅和子：**参禅者。

译文

真净克文和尚开示众人说：“佛法并不随顺人们的世俗之情，各地的老和尚都张开大口说道：‘我懂得禅，我懂得道。’你们说说看，你们懂吗？无缘无故地坐在屎坑里，骗神唬鬼。像这样的人，打死一千个、一万个喂狗，有什么罪过？还有一类参禅的人，睁着大眼，被他们迷惑住，都不知道；忽然头顶被屎浇，也不讨厌。各位，大家都是大丈夫，怎么能这么忍受？你们自己又是怎么想的？”

38 睦州

原典

僧问睦州和尚[1]：“如何是展演之言？”

州云：“量才补职。”

又问："如何是不展演之言？"

州云："伏惟尚飨。"

注释

①**睦州和尚：**即陈道明，黄檗希运法嗣，南岳下第四世。

译文

有僧问睦州和尚："什么是可以引申演化的语言？"

睦州说："根据才能而给以不同的官职。"

僧人又问："什么是不可以引申演化的语言？"

睦州说："下对上的敬辞要用'伏惟'开篇，俯伏思维。祭文结尾要用'尚飨'，请享用吧！"

39　雪峰义存

原典

雪峰和尚到投子[①]，投子指庵前一片石谓峰云："三世诸佛总在里许。"

峰云："须知有不在里许者。"

投子云："不快漆桶。"[②]

投子与峰游龙眠，路有两条，峰问："那个是龙眠路？"

投子以杖指之。峰云："东去？西去？"

投子云："不快漆桶。"

峰问："一椎便就时如何？"

投子云："不是性燥汉。"

云："不假一椎时如何？"

投子云："不快漆桶。"

又问："此间还有人参也无？"

投子将镬头抛向面前。峰云："恁么则当处掘去也。"

投子云："不快漆桶。"

注释

①**投子：**即投子大同禅师，丹霞天然禅师再传法嗣，青原下第四世。

②**不快漆桶：**心中一片漆黑的不悟者。

译文

雪峰义存和尚到投子大同禅师处，投子指着庙前的一块石头对雪峰说："三世中的诸佛，都在这块石头里。”

雪峰说：“要知道有些东西并不在其中。”

投子说：“你这个不开悟的黑漆桶。”

投子和雪峰一起到龙眠去游玩，通向龙眠的路有两条，雪峰问：“哪一条是通向龙眠的路？”

投子用拄杖指指那条通往龙眠的道路，雪峰又问：“向东走还是向西走？”

投子说：“你这个不开悟的黑漆桶。”

雪峰问：“打一棒子就能使人开悟时该怎么做？”

投子说：“这样不是性情急躁的汉子。”

雪峰又问：“不使用这一棒时又怎么样呢？”

投子说：“你这个不开悟的黑漆桶。”

雪峰又问：“这里还有人参禅吗？”

投子将镢头扔在雪峰面前。雪峰说：“这样的话我就在这里挖地啦！”

投子说：“你这个不开悟的黑漆桶。”

40 琅琊慧觉

原典

琅邪觉和尚示众云：“主宾互换，坐断乾坤；料拣[1]双施，谁人举目？释迦圣主，示灭双林；达磨大师，真归熊耳。琅邪门下还有具眼衲子、真正道流么？若无，应病与药[2]，诊候临时。”

僧问：“德山棒[3]，临济喝[4]，去此二途，请师别道。”

琅邪云：“千钧之弩，不为鼷鼠而发机。”

僧便喝，琅邪云：“作家！”[5]僧拟议，琅邪便打。

注释

①**料拣：**临济义玄的接引方法，为四料拣，即夺人不夺境、夺境不夺人、人境俱夺、人境俱不夺。“料拣”一词的本义是度量、判定。

②**应病与药：**对症下药，喻根据学人的不同状况而施以相应的接引方法。

③**德山棒：**德山宣鉴接引学人以施棒著称。德山宣鉴，龙潭崇信禅师法嗣，青原下第四世。

④**临济喝：**临济义玄接引学人以行喝著称，有时一喝如金刚王宝剑，一刀斩断学人烦恼，有时一喝如金狮子，以智慧使人猛醒，有时一喝如用竹竿探草，测试学人悟性高低，有时一喝则没什么意义，不作不喝用。

⑤**作家：**禅宗中的高手，根性慧利，机用超群。

译文

琅琊慧觉和尚开示众人说："主位和宾位相互对换，就能截断乾坤；运用四料拣法，谁能够像临济宗师一样扬眉瞬目？圣主释迦牟尼，在双林入灭；禅宗达磨大师，身躯归葬熊耳峰。我琅琊门下，还有具有慧眼的真正的学道之人吗？如果没有，我就根据你们的疾病而开药方，随时随机为你们看病。"

有一个僧人问："德山施棒，临济行喝，离开这两种方法，请禅师您再另外指示。"

琅琊说："千钧之力的强弩，并不为一些小鼷鼠而发射。"

僧人一听便喝，琅琊说："真是高手。"僧人略一迟疑，琅琊就打他。

41　大宁道宽

原典

大宁宽[①]和尚示众云："佛法无事，人自迷源，祖佛出来，大家整顿，故有教流沙界，道播四方，尽皆舍短从长，穷究本性。本性若达，一切皆通，信手拈来，千般受用。且道，恁么说话，还合得祖宗门下事么？”良久，云：“啼得血流无用处，不如缄口过残春。”

注释

①**大宁宽**：大宁道宽，石霜楚圆法嗣，南岳下第十一世。

译文

大宁道宽和尚开示众人说：“佛法本来没有事，只是人们自己迷失本源，所以佛祖出来加以整顿，才有教门流传各界，佛道远播四方。教门、佛道都能去除人们的短处，发扬人们的长处，穷究人们的本性。如果能体达本性，一切都通畅，信手拿来，就可享受无数益处。你们倒是说说看，我这样讲话，符合不符合禅宗门下的宗旨？”大宁沉默一会，说：“杜鹃啼鸣得满嘴流血又有什么用处？还不如闭嘴度过残春。”

42 归宗智常

原典

江州刺史李渤问归宗：“教中所言‘须弥纳芥子’，

渤即不疑，‘芥子纳须弥’，莫是妄谈否？”

宗曰：“人传使君读万卷书籍，还是否？”

李曰：“然。”

宗曰：“摩顶至踵如椰子大，万卷书向何处着？”李俯首而已。

李异日又问云：“大藏教明得个甚么边事？”

宗举拳示之，云：“还会么？”

李云：“不会。”

宗云：“遮个措大①，空读万卷书，拳头也不识。”

注释

①**措大**：骂人语。

译文

江州刺史李渤问归宗智常和尚道：“经教中讲的‘须弥山容纳芥子’，我没有疑虑，但‘芥子容纳须弥山’，该不是虚妄之谈吧？”

归宗说：“人们都在传说您读了万卷书，是真的吗？”

李渤说：“当然是真的。”

归宗说：“您从头到脚，也就椰子那么大，万卷书放在什么地方呢？”

李渤一听，点头不已。

过些日子，李渤又问归宗智常说：“那么多佛经，究竟讲些什么道理？”

归宗举起拳头给他看，问道：“懂吗？”

李渤说：“不懂。”

归宗骂他说：“你这个笨货，白读了万卷书，连个拳头都不认得。”

43 清平令遵

原典

僧问清平和尚[①]：“如何是大乘？”

曰：“井索。”

“如何是小乘？”

曰：“钱索。”

“如何是有漏？”

曰：“笊篱。”

“如何是无漏？”

曰：“木杓。”

法云圆通[②]和尚曰：“大乘、小乘，井索、钱索；有漏、无漏，笊篱、木杓。”

法昌遇[3]和尚垂语云："我要一个不会禅底做国师。"

妙喜曰："且道是醍醐句？是毒药句？"

注释

①**清平和尚：** 清平令遵，唐代禅僧，翠微无学法嗣，青原下第四世。

②**法云圆通：** 即法秀圆通，宋代云门宗僧人，天衣义怀法嗣，青原下第十一世。

③**法昌遇：** 法昌倚遇禅师，宋代云门宗僧人，北禅智贤法嗣，青原下第十世。

译文

有僧问清平令遵和尚说："什么是大乘？"

清平答道："井绳。"

又问："什么是小乘？"

清平答道："穿钱的绳子。"

又问："什么是有漏法（即具有烦恼，能导致生死流转的一切法）？"

清平答道："笊篱（即漏杓）。"

又问："什么是无漏法？"

清平答道："木杓。"

法云圆通和尚说："大乘、小乘，井绳、穿钱绳；有漏法、无漏法，笊篱、木杓。"

法昌倚遇和尚垂示说："我要一个不会禅的人做国师。"

妙喜和尚就讲："你们倒是说说看，这句话是醍醐还是毒药？"

44 真净克文

原典

真净和尚示众云："天地与我同根，万物与我一体，脚头脚尾，横三竖四。北俱卢洲火发，烧着帝释眉毛。东海龙王忍痛不禁，轰一个霹雳，直得倾湫倒岳，云暗长空。十字街头①，廖胡子醉中惊觉起来，拊掌呵呵大笑，云：'筠云城中，近来少贼。'"乃拈拄杖云："贼！贼！"

注释

①**十字街头：**烦闹人多的地方，喻尘世，禅宗要求不离世间而觉，这种觉悟应在尘俗的十字街头中成就。

译文

真净克文和尚开示众人说："天地和我同一根源，万物与我同一本体。脚头脚尾，横三竖四。北俱卢洲起火，烧着了帝释天中帝释的眉毛。东海龙王痛得忍不住了，轰出一个霹雳来，震得池水倾出，山岳倒塌，万里长空，云层低暗。十字街头，有位叫廖胡子的人从酒醉状态中醒过来，拍着巴掌呵呵大笑道：'筠云城里，近来的盗贼少多了。'"于是真净克文夹起拄杖子说："贼！贼！"

45　玄沙师备

原典

玄沙[①]因误服药，遍身红烂。僧问："如何是坚固法身？"

沙云："脓滴滴地。"

怀和尚[②]颂云："滴滴通身是烂脓，钓鱼船上显家风。时人只看丝纶上，不见芦花对蓼红。"

端和尚[③]云："曾有人问法华：'如何是清净法身？'只答他道：'屎臭薰天。'又云：'莲花叶上化生儿。'且道，与古人是同是别？法华亦有颂云：'屎臭薰天亦偶然，法华争敢为君宣？鼻中若有通天窍，一任横行不着穿。'"

注释

①**玄沙**：玄沙师备禅师，雪峰义存法嗣，青原下第六世。

②**怀和尚**：即天衣义怀，宋代云门宗僧人，雪窦重显法嗣，青原下第十世。

③**端和尚**：即白云守端，宋代杨岐派僧人，杨岐方会法嗣，南岳下第十二世。

译文

玄沙师备和尚因为吃错了药，浑身红肿溃烂。有一位僧人问他："什么是坚固不坏的法身？"

玄沙说："脓液滴滴。"

天衣义怀和尚颂这一因缘道："浑身滴滴是烂脓，钓鱼船上现宗风。常人只见钓鱼线，不见芦花白、水蓼红。"

白云守端和尚说："曾经有人问法华说：'什么是清净法身？'法华只回答他道：'屎臭熏天。'又说：'莲叶上化生出小孩。'你们说，这和古人是相同的还是不同的？法华自己也有一则颂文：'屎臭熏天也是偶然，法华怎敢为君说法？鼻中如有通天孔窍，任你横行无须穿鼻。’”

46　疏山匡仁

原典

疏山[1]示众云：“老僧咸通年已前会得法身边事[2]，咸通年已后会得法身向上事[3]。”

云门问：“承闻和尚咸通年已前会得法身边事，咸通年已后会得法身向上事，是否？”

山云：“是。”

门云：“如何是法身边事？”

山云：“枯桩。”

门云：“如何是法身向上事？”

山云：“非枯桩。”

门云：“还许学人说道理也无？”

山云：“许你说。”

门云：“‘枯桩’岂不是明法身边事？‘非枯桩’岂不是明法身向上事？”

山云：“是。”

门云：“法身还该一切否？”

山云：“作么生不该？”

门指净瓶云：“法身还该遮个么？”

山云：“阇梨莫向净瓶边会。”

门便礼拜。

妙喜曰：“云门礼拜不是好心。”

注释

①**疏山**：即疏山匡仁，洞山良价法嗣，青原下第五世。

②**法身边事**：法身外边的事，最高本体以外的事。

③**法身向上事**：法身之内的事，最高本体自身。

译文

疏山匡仁和尚开示众人说：“老僧我在咸通年（公元八六〇—八七四年）以前就明白了法身外边的事法，咸通年之后则明白了法身之内的事法。”

云门文偃就问疏山匡仁说：“我有幸听说您在咸通年以前明白了法身外边的事法，而在咸通年之后明白了法身之内的事法，是这样吗？”

疏山说：“是的。”

云门问道：“什么是法身外边的事法呢？”

疏山答道：“枯桩树。”

云门又问："什么是法身之内的事法呢？"

疏山说："不是枯桩树。"

云门问："您还允许我讲佛法道理吗？"

疏山说："允许你讲。"

云门就说："'枯桩树'不是指的法身外边的事法吗？'不是枯桩树'岂不是指的法身之内的事法？"

疏山说："是的。"

云门问道："法身是不是包括一切？"

疏山说："为什么不包括？"

云门指一指尿瓶说："法身还包括这个吗？"

疏山说："你这位老师可不要用尿瓶来理解呀！"

云门就向疏山行礼。

妙喜和尚说："云门行礼，可没有安好心。"

47 五祖法演

原典

五祖演①和尚示众云："祖师②道：'吾本来兹土，传法救迷情。一花开五叶，结果自然成。'达磨大师信脚来，信口道，后代儿孙多成计较。要会开花结果处么？郑州梨，青州枣，万物无过出处好。"

又，僧问："如何是佛？"

云：“肥从口入。”

问：“祖意、教意③，是同是别？”

云：“人贫智短，马瘦毛长。”

注释

①**五祖演：**即五祖法演禅师，白云守端法嗣，南岳下第十三世。

②**祖师：**指达磨。

③**祖意、教意：**指禅门和教家各自的宗旨。

译文

五祖法演和尚开示众人说：“达磨祖师说过：‘我到这片国土来，传法挽救迷执者。一花开出五瓣叶，自然结果而成宗。’达磨大师随脚走来，随口而说，后辈子孙却千般计较。要理解‘开花’‘结果’之处吗？郑州的梨子，青州的枣，万物都有其出处。”

有僧人问：“什么是佛？”

法演说：“肥胖都是从口进入的。”

又问：“禅教两家是相同的还是有区别的？”

法演说：“人穷智短，马瘦毛长。”

48 慈明楚圆

原典

慈明和尚《牧童歌》[①]:

牧牛童，实快活，跣足披蓑双角撮，横眠牛上向天歌，人问如何牛未渴。回面观，平田阔，四方放去休拦遏，八面无拘任意游，要收只在索头拨。小牛儿，顺摩捋，角力未充难提掇，且从放在小平坡，虑上高峰四蹄脱。日已高，休吃草，捏定鼻头无少老，一时牵向圈中眠，和泥看伊东西倒。笑呵呵，好不好？又将横笛顺风吹，震动五湖山海岛。倒骑牛，脱布袄，知音休向途中讨。若问牧童何处居？鞭指东西无一宝。

注释

①《牧童歌》，载于《慈明禅师语录》、《古尊宿语录》卷十一。

译文

慈明石霜楚圆和尚有一首《牧童歌》:

牧牛童，真快活，光着双脚披蓑衣，头发扎成两只角，横着躺在牛背上，放开歌喉朝天唱。有人问他牛怎样，他说牛儿并不渴。回头看，田地阔，随牛四面八方走，不要故意去阻拦，无拘无束任意游，如要收住拉牛索。小牛儿，任捋摸，体力未壮难奔波，那就放在平坡上，哪知它也想攀高，撒开四蹄奔高峰。日已高，别吃了，大小牛儿一齐牵，牵向牛圈睡觉去，牧童和泥看牛睡，睡得东倒又西歪。笑呵呵，妙不妙？又要顺风横吹笛，震得山河都动摇。倒骑牛，脱衣衫，知音别在途中找。要问牧童居何处？牧童扬起手中鞭，指东指西无定所。

49　归宗智常

原典

归宗和尚刬草次，有讲僧来参，忽有一蛇过，宗以锄断之。僧云："久响归宗，元来是个粗行沙门。"宗按锄顾视僧曰："你粗我粗？"

后来雪峰问德山："古人斩蛇意旨如何？"德山便打，雪峰便走，德山召云："布衲。"雪峰回首，德山云："他后悟去，方知老汉彻底老婆心①。"

注释

①**老婆心：**指用心良苦，以多用语言接引，唯恐学人不悟，一片慈悲心。但这种过多运用语言的方法与禅的精神是相违的。

译文

归宗智常和尚铲草时，有一位讲经僧来参拜归宗，忽然有一条蛇游过来，归宗便一锄斩断。那位僧人说："我早就崇拜归宗，原来他是个行为粗俗的和尚。"归宗按住锄头看着讲经僧说："究竟是你粗俗还是我粗俗？"

后来雪峰义存问德山宣鉴和尚说："古人斩蛇究竟是什么意思？"德山就打他，雪峰扭头便走，德山喊他："出家人！"雪峰便回头看，德山说："将来你开悟后，才会懂得我的慈悲心肠。"

50　琅琊慧觉

原典

琅邪觉和尚示众云："有句[①]无句[②]，如藤倚树，树倒藤枯，恰好吃棒。你且道，过在甚么处？"良久，云："不是僧繇[③]手，徒说会丹青。"

注释

①**有句**：肯定句，表示正面的肯定态度，为四句分别中的第一句。

②**无句**：否定句，表示反面的否定态度，为四句分别中的第二句。

③**僧繇**：姓张，南朝画家，擅长佛教题材的绘画。

译文

琅琊慧觉和尚开示众人说："肯定的语言和否定的语言，就像藤条依靠树，树一旦倒了，藤也枯死了，那只好等着吃棒打吧！你倒是说说看，究竟错在什么地方？"沉默一会儿，说："不是像僧繇这样的绘画高手，你说你会作画，也是白说。"

51 黄龙慧南

原典

黄龙南和尚示众云："江南之地，春寒秋热，近日以来，滴水滴冻。"

僧问："滴水滴冻时如何？"

曰："未是衲僧分上事①。"

僧云：“如何是衲僧分上事？”

曰：“滴水滴冻。”

注释

①**衲僧分上事：**禅僧应做的最要紧的本职工作，指明心见性，顿悟成佛之事。

译文

黄龙慧南和尚开示众人说：“江南地方，春天寒冷，秋天却热，最近以来的天气，真是滴水滴冻。”

有僧人问黄龙：“滴水滴冻时该怎么样？”

黄龙说：“这不是禅僧所要做的最要紧的事。”

僧人问：“那什么是最要紧的事呢？”

黄龙说：“滴水滴冻。”

52 南泉普愿

原典

南泉①、鲁祖②、杉山③、归宗四人离马祖④处，各谋住庵，于中路相别次，南泉插下拄杖，云：“道得也被遮个碍，道不得也被遮个碍。”宗拽拄杖打泉一下，云：“也只是遮个，王老师[5]说甚么碍与不碍？”鲁云：“只此一句语，大播天下。”

注释

①**南泉**：即南泉普愿，唐禅僧，马祖道一法嗣，南岳下第二世。

②**鲁祖**：唐代禅僧，鲁祖宝云，马祖道一法嗣，南岳下第二世。

③**杉山**：唐代禅僧，杉山智坚禅师，马祖道一法嗣，南岳下第二世。

④**马祖**：马祖道一，唐代禅僧，南岳怀让法嗣。

⑤**王老师**：指南泉普愿，俗姓王。

译文

南泉普愿、鲁祖宝云、杉山智坚和归宗智常四人离开马祖道一，各自寻找居住的寺庙，走到半道时准备分手，南泉把拄杖子插在地上说：“说出来也被这个阻碍住，说不出来也被这个阻碍住。”归宗一把拔掉拄杖子打南泉一下说：“不就是这个东西吗，王老师你讲什么阻碍不阻碍的？”鲁祖说：“仅仅这一句话，将来必定广泛传播于天下。”

53　洞山晓聪

原典

洞山聪和尚尝自负柴上山，路逢一僧，问："山上有柴，何故将上去？"①

聪便放柴于地，云："会么？"

僧云："不会。"

聪云："我要烧。"

注释

①**山上有柴，何故将上去：**含有你自有清净佛性，为什么在外面寻觅之意。

译文

洞山晓聪和尚曾经自己背了一捆柴上山，路上遇到一个僧人，僧问："山上有柴火，为什么还要把柴搬上山去？"

晓聪就把柴放在地上，说道："懂吗？"

僧人说："我不懂。"

晓聪说："我要拿去烧。"

54 严阳善信

原典

僧问严阳尊者："如何是佛？"

曰："土块。"

"如何是法？"

曰："地动也。"

"如何是僧？"

曰："吃粥吃饭①。"

"如何是新兴水？"②

曰："前面江里。"

注释

①**吃粥吃饭：** 指平常心，禅僧保持平常心，无修为修。

②**如何是新兴水：** 指问严阳善信禅法的特征是什么。新兴位于洪州（今江西南昌）境内，是严阳的弘法道场。

译文

有僧问严阳善信和尚："什么是佛？"

严阳说："土块。"

"什么是法？"

严阳说："大地震动。"

"什么是僧？"

严阳说："喝粥、吃饭。"

"什么是新兴地方的水？"

严阳说："前面江里的水就是。"

55　百丈道恒

原典

百丈恒和尚侍立法眼[①]次，因请益："外道问佛，不问有言，不问无言。"叙语未终，法眼曰："住！住！汝拟向世尊良久处会去。"恒于此大悟。

注释

①**法眼：** 法眼文益，法眼宗创始人，罗汉桂琛法嗣，青原下第八世。

译文

百丈道恒和尚在法眼文益门下做随侍僧时，曾向法眼问这样的问题：“外道向佛世尊请教，不问有言说，也不问无言说。”话还没有讲完，法眼打断他说：“停！停！你要向佛世尊沉默不语处去领会。”道恒因此而大悟。

56 杨岐方会

原典

杨岐[1]和尚为慈明忌日设斋，众集至真前，以两手握拳安头上[2]，以坐具[3]画一画，打一圆相，便烧香，退身三步，作女人拜[4]。

首座云：“休捏怪。”

曰：“首座作么生？”

座云：“和尚体[5]捏怪。”

曰：“兔子吃牛奶。”

第二座近前打一圆相，便烧香，亦退身三步，作女人拜。杨岐近前作听势，第二座拟议，杨岐打一掌，曰：“遮漆桶也乱做。”

妙喜曰：“杨岐老汉大似溺却一船麻，却来戽斗里扫。”

注释

①**杨岐：** 杨岐方会，禅宗杨岐宗创始人，石霜楚圆法嗣，南岳下第十一世，弘法道场在袁州杨岐山（今江西宜春）。

②**以两手握拳安头上：** 喻头上长角，堕为畜生。

③**坐具：** 禅僧随身所带的用具，坐禅或礼拜时垫在身下，格式有定制。

④**女人拜：** 女子所行礼拜样式，在此有堕入女人不净身之意。

⑤体，当为“休”之误。

译文

杨岐方会和尚在慈明石霜楚圆的忌日里设斋追思，僧众到齐后，聚集在慈明的遗像前，杨岐以两手握拳，放在头上，又用坐垫在空中画一画，画出一个圆形，这才烧香，后退三步，又像女人一样施礼。

首座对杨岐说：“你不要作怪。”

杨岐问道：“首座你怎么讲？”

首座说：“我讲你不要作怪。”

杨岐说：“真是兔子吃牛奶。”

第二座也走上前来，画一个圆形，就烧香，后退三步，学女人施礼。杨岐就上前做出听的样子，第二座刚想说话，杨岐一巴掌打过去，骂道：“你这个黑漆桶也跟着乱做。”

妙喜和尚说：“杨岐这个老头子就像尿湿了一船麻，却去扫厍斗。”

57 临济义玄

原典

临济辞黄檗[①]，檗问：“甚么处去？”

济云：“不是河南，便是河北。”

檗便打，济约住棒，遂与一掌，檗呵呵大笑，唤侍者：“将先师禅板[②]、拂子来。”

济召侍者：“将火来。”

檗云：“汝但将去，已后坐却天下人舌头[③]去在。”

注释

①**黄檗：**黄檗希运，百丈怀海法嗣，南岳下第三世。

②**禅板：**坐禅时用来靠身或搁手的木板。

③**坐却天下人舌头**：截断天下人的言语、思维，使其不生妄想，无法以语言文字来悟道。

译文

临济义玄向黄檗希运道别时，黄檗问他："到什么地方去？"

临济回答说："不是到河南，就是到河北。"

黄檗举棒就打，临济抓住棒子，给了黄檗一巴掌，黄檗呵呵大笑，忙喊随侍僧道："把以前老禅师的禅板和拂子拿给我。"

临济也喊随侍僧说："给我把火拿过来。"

黄檗说："你尽管去吧！以后你一定会截断天下人的舌头。"

58 香严智闲

原典

香严[①]初开堂，沩山令人送拄杖并书到。香严接了，云："苍天！苍天！"

僧便问："和尚为甚如此？"

曰："只为冬行春令。"

注释

①**香严：** 香严智闲，沩山灵祐法嗣，南岳下第四世。

译文

香严智闲刚开堂说法时，沩山灵祐派人给他送来一根拄杖和一封信。香严接过拄杖和信，叹道："天哪！天哪！"

那位送东西来的僧人问："您为什么这样说？"

香严答道："只因为还在冬天就实行春天的节令了。"

59 黄龙慧南

原典

黄龙南和尚示众云："青萝夤缘，直上寒松之顶；白云淡泞，出没太虚之中。万法本闲，唯人自闹。[①]闹个甚么？咄！"下座。

注释

①**万法本闲，唯人自闹：** 喻万法本性空幻，是迷执之人认虚为实，忙忙碌碌。

译文

黄龙慧南和尚开示众人说："青萝攀附上升，一直攀上寒松之顶；白云淡淡，在天空中出没。万法本来清闲无事，只是人们自己在闹腾。闹什么闹？呸！"走下法座。

60　天衣义怀

原典

天衣怀[①]和尚示众云："青萝夤缘，直上寒松之顶；白云淡泞，出没太虚之中。何似'南山起云，北山下雨'[②]？若也会得，甜爪[③]彻蒂甜；若也不会，苦瓠连根苦。"

注释

①**天衣怀：**天衣义怀，见第四十五则注②。

②**南山起云，北山下雨：**南北没有分别，南山就是北山，南山起云，也就是北山起云，起云以后就下雨。

③爪，为"瓜"之误。

译文

天衣义怀和尚开示众人说："青萝攀援上升，直上寒松之顶；白云淡淡，在天空中出没。这句话与'南山上起云，北山上下雨'有什么相似之处吗？如果能悟得透，那么甜瓜连瓜蒂都甜；如果悟不透，那么苦瓠子连根都苦。"

61　慈明楚圆

原典

慈明和尚示众，以拄杖击绳床一下，云："大众，还会么？不见道'一击忘所知，更不假修持，诸方达道者，咸言上上机'？香严恁么悟去，分明悟得如来禅[①]，祖师禅[②]未梦见在。且道，祖师禅有甚长处？若向言中取，则误赚[③]后人。直饶棒下承当，辜负先圣。万法本闲，唯人自闹。所以山僧居福严[④]，只见福严境界，宴起早眠。有时，云生碧嶂，月落寒潭。音声鸟飞，鸣般若台前；娑罗花香，散祝融峰畔。把瘦筇坐盘陀石，与五湖衲子时话玄微，灰头土面。住兴化，只见兴化家风，迎来送去，门连城市，车马骈阗，渔唱潇湘，猿啼岳麓，丝竹歌谣，时时入耳。复与四海高人日谈禅道，岁月都忘。且道，居深山，住城郭，还有优劣也无？试道看。”良久，云：“是处是慈氏，无门无善财。”

注释

①**如来禅：**乃宗密所分“五味禅”中之“最上乘禅”。系顿悟自心本来清净无有烦恼，具无漏智性，此种清净心与佛无异，故称之为如来清净禅。但自中唐以后，如来禅仅停滞于名相义解，并没有达到达磨所传不立文字、以心传心的传法。本文之如来禅乃指滞于名相义解之如来禅而言。

②**祖师禅：**特指禅宗初祖菩提达磨传来，而至六祖惠能以下五家七宗之禅。系主张教外别传，不立文字，不依言语，直接由师父传给弟子，祖祖相传，以心印心，见性成佛，故称祖师禅。

③**赚：**诳骗。

④**福严：**湖南衡山掷钵峰下的福严寺，初名般若寺或般若台，天台慧思和南岳怀让都住过此寺。

译文

慈明石霜楚圆开示众人时，以拄杖敲一下绳床，说道："各位，还明白吗？难道没有听到过'拄杖一敲就忘掉自己所知道的东西，更不要假借修持，各地体达禅道的人，都说自己是上上根机'这样的说法？香严智闲这样悟道，明明只是悟了个如来禅，没有梦见祖师禅。你们说，祖师禅究竟有什么长处呢？如果在语言中求取，则耽误后来人，欺骗后来人了。即使是棒下开悟，也辜负了先圣。万法本自清闲，只是人们自己闹腾。所以山僧我在福严寺住的时候，只见福严境界，晚起身，早早睡。有时候，白云在碧岩间生起，明月远落寒潭中。妙声鸟和鸣，盘绕在般若台前；娑罗树的花香，散落在祝融峰边。手握瘦筇竹杖，坐在盘陀石上，和五湖四海来的禅僧不时地谈玄说妙，都是灰头土脸的。我住在兴化时，看到兴化的宗风，只是迎来送往，寺门连着城市，车水马龙，湘江之中唱渔歌，岳麓山里啼猿声，丝竹伴歌谣，时时入耳中。又与五湖四海来的高手日日谈禅论道，连岁月都忘掉了。你们说，住在深山中和住在城市中，有优劣之分吗？说说看。"沉默一会，慈明又说："这里就是慈氏菩萨处，没有门径，也没有善财童子。"

62 荐福承古

原典

荐福古和尚示众云："三世诸佛仰望不及，天下祖师结舌有分[①]。知有者，善自保任[②]；未知有者，不休何待？"

又示众云："剑去久矣，徒劳刻舟[③]，珍重！"

注释

①**结舌有分：**"有分"指"根"（感官机能）、"境"（感知对象）和"识"（感知主体）三者相互联系，各自实现自身的作用。舌有舌的作用，不是用来论祖论师的，在祖师面前，无话可说。

②**保任：**禅悟之后的保持，维护。

③**徒劳刻舟：**以"刻舟求剑"之喻说明有求有修都是白费气力。

译文

荐福承古和尚开示众人说："三世中诸佛，你仰望不到；普天下的祖师，你谈论不及。知道这一点，就善于维持保护；如果不知道，还是到一边歇着去吧！还能做什么呢？”

荐福又指示众人说：“剑已掉下河去很久了，还在船上刻记号干什么呢？保重吧！”

63 保宁仁勇

原典

保宁勇和尚云：“一是一，二是二[①]，三是三，四是四，数目甚分明，上下依资次。依资次，有何事？”以拄杖画一画，云：“大众，一时乱却六十甲子了也。”

注释

①**一是一，二是二：** 比喻禅法本来就是清楚明白的。

译文

保宁仁勇和尚说：“一就是一，二就是二，三就是三，四就是四，数字十分清楚明白，上下依次相资。依次相资，还有什么事可做？”保宁用拄杖画一画，说道：“各位，你们把六十甲子都搞乱了。”

64　玄沙师备

原典

玄沙和尚云：“深山悬崖，千年万年，人迹不到处，还有佛法也无？若道有，唤甚么作佛法？若道无，佛法却有不到处。”

又示众云：“诸方老宿尽道接物利生①，忽遇三种病人②来，作么生接？患盲者，拈椎竖拂他又不见；患聋者，语言三昧他又不闻；患哑者，教伊说又说不得。且作么生接？若接此人不得，佛法无灵验。”

有僧请益云门，门云：“汝礼拜着。”僧礼拜起，门以拄杖便挃，僧退后，门云：“你不是患盲。”复唤僧：“近前。”僧近前，门云：“你不是患聋。”乃竖起拄杖，云：“还会么？”僧云：“不会。”门云：“你不是患哑。”其僧于此有省。

汾阳昭和尚颂云：“权生聋、瞽、哑瘴痳，要显吾宗验作家。金刚截铁如泥碎，透金才动失玄沙。”

佛眼和尚颂云：“玄沙三种病人，有理不在高声，引得香严老子，却来树上悬身③。”

注释

①**接物利生**：接引学人，造福众生。

②**三种病人**：瞎子、聋子和哑巴，代表禅界三种恶劣的学风。瞎子一类，表面上仿效其他禅师的奇特的语言动作，实际上并不知道其中的含义；聋子一类，只知道拾捡他人余唾，自己毫无新的创造；哑巴一类，不能把自己的体会以适当的方式表达出来。

③**树上悬身**：即香严上树，禅门公案之一，见《五灯会元》卷九。

译文

玄沙师备和尚说："在深山中、悬崖下，千年万年中不见人烟的地方，还能有佛法存在吗？如果说有，把什么称作佛法呢？如果说没有，那么难道佛法也有不能到达的地方？"

玄沙又开示众人说："各地的老和尚都讲要接引学人，造福众生，要是忽然遇到这样三种病人时，将如何接引？对盲人，你捏棒竖拂子，他都看不见；对聋子，你讲话他又听不到；对哑巴，你叫他讲话，他又讲不来。对这些病人，你怎么接引？如果你无法接引，那么就是佛法有不灵验的地方。"

有僧人向云门文偃请教，云门说："你先给我行个礼吧！"僧人行完礼，一起身，云门的拄杖就捣过来了，僧人连忙后退，云门说："你不是个瞎子。"云门又喊僧人："你过来。"僧人就到云门面前来，云门说："你不是个聋子。"云门又竖起拄杖说："明白吗？"僧人说："我不明白。"云门对他说："你不是哑巴。"僧人因此而有省悟。

汾阳善昭和尚赞颂道："权且以聋、盲、哑等病人，显示禅宗如何验高手。金刚斩铁碎如泥块，网中鱼动就失玄沙。"

佛眼龙门清远禅师也唱颂道："玄沙三种病人法，有理不在声音高，致使香严老和尚，爬上树去把身悬。"

65 大宁道宽

原典

大宁宽和尚示众云："少林妙诀，古佛[①]家风，应用随机，卷舒自在。如拳作掌，开合有时；似水成沤，起灭无定。动静俱显，语默全彰。万用自然，不劳心力。到遮里，唤作顺水放船，是人去得。且道，逆风举棹，谁是知音？"良久，云："弄潮须是弄潮人。"

注释

①**古佛**：古代的佛或高僧，有时也作为对现时代高僧的尊称。

译文

大宁道宽和尚开示众人说："少林妙旨，古德宗风，随众生根机而运用，卷起舒开，自由自在。如同拳掌，有开有合；如同水上泡沫，何时生灭，没有定时。动静都能显现，有语无语都能彰显。各种运用，自然到来，不须劳心费力。到这个地步，就称为这个人可以顺水行船。你们说，逆风举桨，谁能胜任？"沉默一会，大宁说："弄潮还得是弄潮儿。"

66　大随法真

原典

僧问大隋[1]和尚："如何是大隋一面事？"曰："东西南北。"

妙喜曰："且道，答遮僧话？不答遮僧话？"

注释

①**大隋：**“隋”当为“随”字。大随法真，长庆大安法嗣，南岳下第四世。

译文

有僧人问大随法真和尚说：“什么是您大随这面的事呢？”大随回答说：“东西南北。”

妙喜和尚说：“你们说，大随回答了这僧人的问题，还是没有回答？”

67　南阳慧忠

原典

忠国师问紫璘供奉[①]：“甚处来？”云：“城南来。”国师云：“城南草作何色？”云：“作黄色。”

国师乃问童子：“城南草作何色？”童子云：“作黄色。”

国师云：“只遮童子亦可帘前赐紫[②]，对御谈玄。”

注释

①**供奉：**管理佛教事务的一种官职，由学德兼优的

僧人担任。

②**赐紫**：赐紫衣，即由朝廷赏赐紫色袈裟。

译文

南阳慧忠国师问一位叫紫璘的供奉："你从哪里来？"紫璘说："从城南来。"南阳又问："城南的草是什么颜色的？"紫璘说："黄色。"

南阳就问一个小孩："城南的草是什么颜色？"小孩说："黄色。"

南阳说："就是这个小孩也可以受皇帝所赐的紫色袈裟，和皇上谈玄说妙。"

68 汾潭洪英

原典

汾潭英[①]和尚开堂日，僧礼拜起，便垂下袈裟角，云："脱衣卸甲时如何？"曰："喜得狼烟息，弓梢壁上悬。"

僧却揽上袈裟，云："重整戈甲时如何？"曰："不到乌江畔，知君未肯休。"

僧便喝，英曰："惊杀我。"僧拍一拍，英曰："也是死中得活。”僧礼拜，英曰：“将谓是收燕破赵之才，元来只是贩私盐贼。”

僧问：“如何是佛？”曰：“眉分八字，眼似流星。”僧云：“如何是祖师西来意？”曰：“一棒一条痕。”僧云：“大众证明，学人礼谢。”英呵呵大笑。僧拜起，以左手画一圆相，英以拂子穿向右边。僧以右手画一圆相，英以拂子穿向左边。僧以两手画圆相托呈，英以拂子画一画，云：“三十年来，未曾逢沩仰子孙，今日却遇着个蹋土墼汉，还更有问话者么？”

良久无人，遂云：“问也无穷，答也无尽，问答去来，于道转远。何故？况为此事，直饶棒头荐得，不是丈夫，喝下承当，未为达士[②]，那堪更向言中取？则句里驰求，语路尖新，机锋捷疾，如斯见解，尽是埋没宗旨，玷污先贤，于吾祖道何曾梦见？只如我佛如来临般涅槃，乃云：‘吾有正法眼藏，涅槃妙心，付嘱摩诃大迦叶。’迦叶遂付阿难，洎商那和修、毱多大士诸祖相继，至于达磨西来，直指人心[③]，见性成佛[④]，不立文字语言。岂不是先圣方便之道？自是当人不信，却自迷头认影[⑤]，奔逐狂途，致使伶俜流浪生死。禅德，若能一念回光返照，向自己脚跟下褫剥究竟将来，可谓洞门豁开，楼阁重重，十方普现，海会齐彰，便乃凡圣贤愚、山河大地，以海印三昧[⑥]一印印定，更无纤毫透漏。

“山僧如是举唱[7]，若是众中有本色衲僧[8]闻之，实谓掩耳而归，笑破他口。大众且道，本色衲僧门下一句作么生道？”良久，云：“天际雪埋千尺石，洞门冰折几株松。”

注释

①**沩潭英：** 沩潭洪英，宋代临济宗僧人，黄龙慧南法嗣，南岳下第十二世。

②**达士：** 达道之士、觉悟之人。

③**直指人心：** 直接指明人的自性，而不通过语言文字。

④**见性成佛：** 发现并证得自心本有佛性，就与佛无异。

⑤**迷头认影：** 愚痴者迷失了自己的真性，认假象为真。

⑥**海印三昧：** 出自《华严经》，指一切法在一心中印现，如同大海能影现一切景象。禅宗借此喻以真心映现万法，万法不出一心。

⑦**举唱：** 宣说、宣示。

⑧**本色衲僧：** 真正的禅僧。

译文

泐潭洪英和尚开堂说法那一天，有位僧人行完礼起身时，垂下一只袈裟角对泐潭说：“脱战袍卸盔甲时怎么样呢？”泐潭说：“幸好硝烟已熄灭，弓箭可以墙头悬。”

僧人听后，却又撩起袈裟角问泐潭说：“重整刀枪战袍时，又怎么样呢？”泐潭说：“不到乌江边，知你不罢休。”

僧人一听就大喝一声，泐潭洪英说：“吓死我了。”僧人又拍了一拍，泐潭说：“也只是死中求活罢了。”僧人连忙施礼，泐潭说：“我还以为你是个收燕国破赵国的大才，却原来只是个贩卖私盐的贼。”

一位僧人问道：“什么是佛？”泐潭说：“眉毛八字分，两眼像流星。”又问：“什么是祖师西来东土的旨意？”泐潭说：“一棒打出一条伤痕。”僧人说：“大伙儿为我做证，学生我要向泐潭行礼了！”泐潭洪英哈哈大笑。僧人礼拜起身后，用左手在空中画个圆形，洪英用拂子把它穿起来拨向右边。僧人又以右手画一个圆形，洪英又用拂子将它挑向左边。僧人用两双手画圆形，托着呈给洪英，洪英用拂子画一画，说道：“我三十年来都没有遇着过沩山和仰山的子孙了，今天倒是遇到一个做土砖头的家伙。你们还有要出来问话的吗？”

过了一会儿，没有人出来，泐潭就说：“无穷地问，无尽地答，问答来往，离开禅的宗旨就越来越远了。为什么？这件事，即使是棒打之下开悟，都算不上大丈夫，猛喝之后悟道，都不是真正的觉悟之人，更何况是向言语中求道？如此看来，在言语中追求，尽管你语言尖利清新，机锋敏捷迅疾，这些见解都会埋没禅家宗旨，玷污禅门古德，什么时候梦见过禅宗祖师和禅门宗旨？你看我佛如来临涅槃时说：‘我有正法眼藏，涅槃妙心，付嘱给摩诃迦叶。’迦叶又付给阿难，到商那和修、毱多等诸祖相继传承，而到达磨。达磨西来，直接指明人的本性，使人发明本心佛性而成佛，不立语言文字。语言文字难道不是先古圣贤的方便法门？只是人们不信它是方便，反而迷失自性，而只认自己的影子，在邪道上奔跑，以至于最终孤苦伶仃地在生死之间流浪。各位参禅者，你们只要一闪念之间能够回光返照自心本性，在自己脚根底下寻求究竟之道，就能使洞门豁然打开，重重楼阁，十方世界，普遍显现聚集，这时就可以把凡夫、圣人、贤士、愚民以及山河大地用海印三昧之心印全部印定在一心之中，没有一丝一毫能透露出去。

“山僧我这样讲，你们中间如果有真正悟道的禅僧的话，他听了之后，真要捂着耳朵跑回去，笑破他的嘴的。各位，你们说怎么理解‘真正悟道的禅僧’这句话？”沉默一会，他说：“天边大雪埋掉千尺巨石，洞口严冰压断几株松枝。”

69　禾山无殷

原典

禾山[①]示众云：“习学谓之闻，绝学谓之邻。过此二者，是谓真过[②]。”

僧问：“如何是真过？”

曰：“解打鼓[③]。”

“如何是真谛？”

曰：“解打鼓。”

“即心即佛[④]即不问，如何是非心非佛[⑤]？”

曰：“解打鼓。”

“向上人[⑥]来如何接？”

曰：“解打鼓。”

注释

①**禾山：**禾山无殷，石霜庆诸禅师再传法嗣，青原

下第六世。

②**真过**：超越学和无学状态的禅悟之境。

③**解打鼓**：禾山三打鼓，公案名，禾山常以“解打鼓”一语接引学人，以截断学人思路。

④**即心即佛**：马祖道一的禅学观点，众生心就是佛心，众生与佛无异。是对心佛关系的正面表述。

⑤**非心非佛**：也是马祖首先提出，以破执着于“即心即佛”而讲众生心又不是佛心，众生与佛有异。是对心佛关系的反面表述。

⑥**向上人**：能够彻底悟得诸佛境界的人。

译文

禾山无殷和尚开示众人说：“学可以称之为‘闻’，即知识见闻，不学可以称之为‘邻’，邻近人的本来状态了。超越这两种情况的，是真正的超越。”

有僧人问：“什么是真正的超越？”

禾山说：“会打鼓。”

又问：“什么是真谛？”

禾山说：“会打鼓。”

又问：“‘即心即佛’的意思我就不问了，什么是‘非心非佛’呢？”

禾山说：“会打鼓。”

又问："如果能彻悟佛境界的上根之士来参问，你怎样接引？"

禾山说："会打鼓。"

70　庞蕴

原典

庞居士问马大师①："不与万法为侣②是甚么人？"

曰："待汝一口吸尽西江水③，即向汝道。"

僧问："如何是佛？"

曰："即心是佛。"

注释

①**马大师：**马祖道一。

②**不与万法为侣：**指诸法的本质、现象背后的终极本性。

③**一口吸尽西江水：**有包容万事万法意，也有不可说之意。

译文

庞居士问马祖道一大师说："不与万事万法为伴侣

的是什么人呢？”

马祖说：“等你能够一口喝尽西江之水时，我就对你说。”

有僧人问：“什么是佛？”

马祖说：“众生的自心就是佛。”

71 大沩真如

原典

大沩真如和尚示众云：“阿喇喇，是甚么？翻思破灶堕①，杖子才击着，方知辜负我。”以拄杖击香卓一下，云：“堕！堕！”

僧问：“赵州庭柏②，意旨如何？”

曰：“夜来风色紧，孤客已先寒。”

僧云：“先师无此语，又作么生？”

曰：“行人始知苦。”

僧云：“十载走红尘，今朝独露身。”

曰：“雪上加霜。”

注释

①**破灶堕：** 即嵩岳破灶堕和尚，五祖弘忍再传法嗣。

②**赵州庭柏：**公案名，赵州从谂的著名机锋，也称“庭前柏树子”，为答僧问“如何是祖师西来意”时所说，含有一刀截断之机，也有“无情也有西来意”的含义。

译文

大沩真如和尚开示众人说：“阿呀呀！是什么？想起破灶堕，拄杖刚打着，才知辜负我。”他用拄杖敲敲香桌一下，说：“堕！堕！”

有僧人问他：“赵州的‘庭前柏树子’的含义是什么？”

大沩说：“夜里风吹得急，孤独远客寒冷。”

僧人说：“先师并没有这样的话，是怎么回事？”

大沩说：“行人开始知道痛苦了。”

僧人说：“十年走在红尘中，今朝独自露我身。”

大沩说：“这真是雪上又加霜。”

72　天衣义怀

原典

天衣怀和尚示众云：“玄黄不真，黑白何咎？六祖大师[①]道：‘叶落归根，来时无口。’若会此个说话，直入维摩[2]丈室住，金色光中，见十方世界四圣六凡，如观掌中庵摩勒果[3]。又见一类众生，寝生死长夜，惛惛睡眠，不觉不知，作金鸡报晓一声，令伊省寤，岂不快哉？若能如是，方可‘将此深心奉尘刹，是即名为报佛恩’。虽然如是，古人道：‘笑我者多，哂我者少。’”

注释

①**六祖大师**：六祖惠能，禅宗南宗的创始人。

②**维摩**：维摩诘居士，事见《维摩经》，中国禅宗十分推崇的一位人物。

③**庵摩勒果**：类似胡桃的一种果品，味酸甜，也可入药。

译文

天衣义怀和尚开示众人说：“天玄地黄都不真实，黑夜白天又有什么过错？六祖惠能大师说：‘叶落要归根，来时没有口。’如果懂得这句话，就能径直进入维摩诘居士的小房中居住，在金光之中看十方世界的四圣六凡，就如同看自己掌心中的庵摩勒果。又看到一类众生，在生死长夜中昏睡，不知不觉，于是像金鸡报晓一样，唤醒他们，这难道不痛快吗？要是能做到这样，才可以

'将我身心奉献给尘刹，这叫报答佛祖之恩典'。即使这样，古人仍说：'嘲笑我的人多，朝我微笑的人少。'"

73 法华全举

原典

法华举和尚示众云："夫参学须具择法眼，不得颟顸。若得正眼精明，一切无滞。不见古人道'一句语中须具三玄，一玄中须具三要'[①]？古人恁么道，意在于何？鹅王择乳[②]，素非鸭类。"

僧问："万里无片云即不问，一条霜刃事如何？"

曰："谁敢动着？"

僧礼拜，举曰："小慈妨大慈。"便打。

问："智识不到处时如何？"

曰："三门不曾开。"

僧云："谁是知音者？"

曰："口似鼻孔。"

注释

①**一句语中须具三玄，一玄中须具三要：**临济义玄所用的"三玄三要"方法。

②**鹅王择乳**：鹅王喻指佛陀，佛陀三十二相中第五相是手足指间有蹼，如同鹅王。这里也指觉悟者、得道之人。置水与乳于同一容器，鹅王能分辨出乳汁而饮之。喻指能分别善恶，也指居俗世而不染。

译文

法华全举和尚开示众人说："参学的人应该具备智慧之眼，不能够糊涂。如果能得到智慧之眼，就能做到一切没有阻滞。古人不是说'一句话中必须具备三玄，一玄中又必须具备三要'？古人这样讲的用意是什么呢？鹅王能分清乳和水，就是和鸭子不一样。"

有僧人问他："'晴空万里没有一片云'这句话的含义我不问了，'一条白霜刀刃'的意思是什么呢？"

全举说："谁敢去碰它？"

僧人于是向全举行礼，全举说："小慈悲妨碍大慈悲。"就打他。

又有僧人问："智慧和神识的作用达不到的地方又怎么办呢？"

全举说："寺庙山门没有开。"

又问："谁是知音呢？"

全举说："嘴像鼻孔一样。"

74 龙济绍修

原典

龙济和尚[①]示众云：“具足凡夫法，凡夫不知；具足圣人法，圣人不会。圣人若会，即是凡夫；凡夫若知，即是圣人。此语具一理二义，若人辨得，不妨于佛法中有个入处；若辨不得，莫道不疑。”

妙喜曰：“点石化为金玉易，劝人除却是非难。”

注释

①**龙济和尚：**龙济绍修，罗汉桂琛禅师法嗣，青原下第八世。

译文

龙济绍修和尚开示众人说：“具备凡夫的法门，凡夫并不知道；具备圣人的法门，圣人不明白。圣人如果明白，就是凡夫了；凡夫如果知道，就是圣人了。这段话包含了一个道理，两种含义，你们要是分辨得出，就能在佛法中有个入门之路；如果分辨不出，别说自己没有疑惑。”

妙喜和尚说：“把顽石点化为金子、玉石容易，要劝人去除是非就难了。”

75 龙济绍修

原典

龙济又云：“是柱不见柱，非柱不见柱，是非已去了，是非里荐取[1]。”

妙喜咄云：“又是从头起。”

注释

①**荐取**：体会、证悟。

译文

龙济绍修和尚又说：“是柱子却又不见柱，不是柱子也不见柱，是和不是都已去除了，却在是和不是中体会。”

妙喜和尚骂了一声，说道：“又是从头起来。”

76 灵源惟清

原典

灵源[1]和尚示众云："三世诸佛不知有恩无重报，狸奴白牯[2]却知有功有浪施[3]。明大用，晓全机，踪迹处，不思议，归去好，无人知。冲开碧落松千尺，截断红尘水一溪。"

注释

①**灵源：**灵源惟清，黄龙宗禅僧，黄龙祖心法嗣，南岳下第十三世。

②**狸奴白牯：**与至尊的三世诸佛相对，为畜牲一类。狸奴指猫，白牯指白牛。

③有功有浪施，据《五灯会元》卷十七，为"有功不浪施"，义通。

译文

灵源惟清和尚开示众人说："三世中的众佛都不知道有恩不须重重报答的道理，狸猫和白牯牛倒知道有功劳也不要到处炫耀。明白什么是大用，即接化学人的方法，知晓什么是全机，即把握事法之实相的机锋，对任何踪迹都不加思量，回归自己家，没有人知道。冲开千尺碧绿松，斩断一溪红尘水。”

77　洞山守初

原典

洞山初和尚示众云："楚山北面，汉水南江。击法鼓而会禅徒，举宗风而明祖意。若以'扬眉瞬目[①]、竖拳竖指、謦欬咳嗽'，是厨中拭钵帛；'道甚么？会也无'，也是衲僧破草鞋；'遮瞎汉、遮漆桶'，是弄精魂[②]鬼；'总恁么、总不恁么'，是东司头厕筹子[③]。以此称提从上来事[④]，尽是邪魔所作，谤大乘，灭胡种[⑤]，与你天地悬殊。且道，衲僧据甚么道理？出来对众道看。折脚铛子，各出一只手，贵得宗乘不断，亦表丛林有人。有么？若无，洞山不惜眉毛[⑥]打葛藤[⑦]去也。葛藤之事，只在目前，万象森罗，乾坤大地，百千诸佛，日月星辰，地狱三涂，起心动念，每日经历，皆是诸德自己，何不向遮里体当寻觅看？蓦然觑得，倜傥分明，不虚行脚也，自得个安乐田地。

"洞山此语，且作死马医。若据明眼衲僧，将草鞋蓦口掔[⑧]，还怪得他也无？怪即不怪，你道凭个甚么捉得将来脚跟下推寻？毫末参差，椎折你腰，莫粗心好。”

僧问：“赤水求珠，犹是人间之宝。和云唱出，固非格外之谈。未审今日将何示人？”

曰：“夜闻祭鬼鼓，朝听上滩歌。”

问：“言超象表青霄外，出语幽玄事若何？”

曰：“岸上行人声有韵，船中渔父和不齐。”

云：“幽玄事若何？”

曰：“钩长线短。”

问：“闻师引出潭中意，直透青霄事若何？”

曰：“甲巳之年丙作首。”

问：“今日事若何？”

曰：“大好雪。”

问：“如何是佛？”

曰：“麻三斤。”⑨

问：“如何是古佛心？”

曰：“巢知风，穴知雨。”

问：“牛头⑩未见四祖⑪时如何？”

曰：“榔栗木拄杖。”

云：“见后如何？”

曰：“窦八布衫。”

问：“‘佛法’两字即不问，如何是从上来事？”

曰：“眼里瞳人吹木笛。”

注释

①**扬眉瞬目**：指洪州宗的禅风，触目是道，立处皆真，因而可以任运自然，以任运为修。

②**弄精魂**：故弄玄虚，虚妄作为。

③**厕筹子**：厕所中刮屎门子用的木棍或竹片。

④**从上来事**：自古以来的事，指明心见性事。

⑤**灭胡种**：胡种是指佛祖释迦或禅宗初祖达磨。印度被视为胡地。断绝法脉之谓。

⑥**不惜眉毛**：不怕火烧眉毛，不怕因为使用语言来传法而受到批评。

⑦**打葛藤**：像葛藤一样缠人，指使用语言。

⑧**拯**：打。

⑨**麻三斤**：洞山奇特语，打断对佛的执着和知见，令人反观自心。

⑩**牛头**：即牛头法融，牛头宗创始人，弘法道场在金陵（今南京）牛头山（现称牛首山）。

⑪**四祖**：即道信禅师，禅宗四祖，弘法道场在双峰山（今湖北黄梅境内，现称四祖山）。

译文

洞山守初和尚开示众人说：“楚山的北面，汉水的南面。敲击法鼓召集僧众，举扬宗风明祖师意。如果学所谓的‘扬眉毛眨眼睛、竖拳头竖手指、谈笑咳嗽’，这些都是厨房中擦饭钵子的布；‘说什么？懂了吗’，这种方法只是禅僧的破草鞋；‘你这瞎子、这糊涂黑漆桶’，这种方法是在故弄玄虚；‘总这样、总不这样’，这种方法如同厕所里的刮屁股的木条子。如果用这些方法来帮助体悟自古以来的发明本心之事，那都是邪恶的邪魔才会做的，这等于是在诽谤大乘佛教，灭绝佛祖所传的佛种子，这和你的本来面目就有天地之隔了。你们倒是说，禅僧家究竟应该依据个什么道理呢？站出来给大家说说看。断了脚的锅子，又长出一只手，使得宗门不间断，也算禅林中有人了。有没有人？如果没有，我洞山将不怕烧掉眉毛，为你们说了。我要说的，也就在你们眼前，世间万象，天地乾坤，百佛千佛，日月星辰，地狱、饿鬼和畜生三恶道，起心思、动念头，每天经历之事，都是你们自己，为何不向你自己脚下体会呢？如果突然间照见自己本心，风流倜傥，历历分明，也算是你没有白白行脚啊！自己可以得到个安宁快乐的境界。

“我洞山这些话，只不过是把死马当作活马医。要是被明眼人看到，要把草鞋劈口打过来了，你还能怪他吗？怪倒是不怪，你说凭什么抓得来在自己脚跟底下推究？即使有一丝一毫的差错，就要打断你的腰，所以还是小心点好。”

有僧人问洞山：“赤水中找宝珠，找出的不过是人世间的珍宝。伴着云彩举唱，也不是超凡脱俗的思想。不知您今日准备以什么来开示众人？”

洞山说：“夜里听到祭鬼的鼓声，早晨则听河滩上的歌声。”

又问：“语言超越物象之外，直达青云霄，那么幽远玄妙的语言又是什么呢？”

洞山说：“河岸之上，行人的歌声多美妙，渔船之中，渔夫的和唱太差劲。”

又问：“我问的是幽远玄妙的语言是什么？”

洞山说：“钓鱼钩子长，而钓鱼线却太短。”

又问：“听说禅师能引出深潭中的秘密意，直上青天云霄中，这种事又该如何理解？”

洞山说：“甲巳之年丙为首位。”

又问：“您认为今天的事怎么样？”

洞山：“雪下得真好！”

又问：“什么是佛？”

洞山说：“三斤麻。”

又问：“什么是古时大德的宗旨呢？”

洞山说：“巢中飞鸟能预知何时风起，穴中蚂蚁能预知何时雨来。”

又问：“牛头法融没有和四祖道信相见时怎么样？”

洞山说：“拄杖子是椰栗木做的。”

又问：“相见后又怎么样呢？”

洞山说：“布衫是窦八做的。”

又问：“‘佛法’两个字我就不问了，什么是自古以来就有的事呢？”

洞山说：“瞳孔中的人像在吹木笛。”

78 大随法真

原典

大隋和尚示众云：“夫上代诸德莫非求实，不自谩昧，岂比飞蛾投火，自伤自坏？他明白了，彼生死轮回拘障不得，所以识不能识，智不能知。不闻道‘释迦掩室，净名[①]杜口，须菩提[②]无说而说，释梵绝听而听’？此事大难！大难！”

僧问：“路逢古佛时如何？”

曰：“你或逢驴、驼、象、马，唤作甚么？”

问：“万法从心起，未审心从何起？”

曰：“石牛沿江走，水底火烧天。”

问：“如何是大人相？”

曰：“肚上不贴榜。”

注释

①**净名：**即维摩诘居士，维摩诘是梵文音译，净名是意译。

②**须菩提：**佛祖释迦牟尼十大弟子之一，为“解空第一”。

译文

大随法真和尚开示众人说：“前朝的禅宗古德，无一不是体究实相，从不自欺欺人，糊里糊涂，哪像那些飞蛾，见火就投，自己伤害毁损自己？他们都体究明白了，所以生死轮回都拘束不了他们，障碍不了他们。这种境界，智慧无法去体悟它，神识无法去认识它。难道没有听说过‘释迦牟尼掩住屋门，维摩居士沉默不语，须菩提以无说为说，帝释和梵王以不听为听’这样的说法吗？这种境界太难达到了，太难了。”

有僧人问大随：“路上遇到古时大德怎么办？”

大随说：“你也许遇上驴子、骆驼、大象或马之类的，你怎么办？”

又问："万法从心而生起，不知心从什么地方生起？"

大随说："石牛沿着江岸走，水底大火烧破天。"

又问："什么是上等根器众生的表现方式？"

大随说："肚皮上不贴榜文。"

79　慈明楚圆

原典

慈明和尚问僧："近离甚么处？"

云："云过千山碧。"

曰："着忙作甚么？"

云："雁去水声凄。"明便喝，僧亦喝。明便打，僧亦打。

明云："你看遮瞎汉，本分打出三门外，念你是新到，且坐吃茶。"

又问化主[①]："入鄽化导即不问你，入门[②]一句作么生道？"

僧便喝，明云："乱喝作甚么？"僧又喝，明便打。

又问僧："近离甚么处？"

云："杨岐。"

曰："今夏在甚么处？"

云："筠州兴教。"③

曰："兴教和尚还有鼻孔么？"

云："有。"明便打。

注释

①**化主：**寺院的职事僧，专门从事外出游方募化，作为寺院收入的一部分。

②**入门：**进入省悟之境，领会禅机。

③**筠州兴教：**兴教坦禅师，琅琊慧觉法嗣，南岳下第十一世。

译文

慈明石霜楚圆和尚问一位僧人说："你最近到什么地方去了？"

僧人说："白云飞过千山碧。"

慈明说："忙来忙去干什么？"

僧人答道："大雁飞去水声凄。"慈明就大喝一声，僧人也喝一声。慈明见状就打僧人，那位僧人也反过来打慈明。

慈明说："你看你这个瞎子，本来要把你打出山门外的，看你是新来的，坐下来喝口茶吧！”

慈明又问负责外出募化的化主说：“进街镇募化的事就不问你了，你初入禅悟之门时怎么办？”

僧人就喝一声，慈明说：“你干什么乱喝？”僧人又喝，慈明又打他。

慈明又问一位僧人说：“最近你到什么地方去啦？”

僧人答：“到杨岐方会和尚那里。”

又问：“那么今年夏天在什么地方？”

僧人答：“筠州兴教和尚那里。”

又问：“兴教和尚有鼻孔吗？”

僧人答：“有的。”慈明就打他。

80　琅琊慧觉

原典

琅邪觉和尚示众云：“翦除狂寇，扫荡搀抢[①]，犹是功勋边事[②]。君臣道合[③]，海晏河清，犹是法身边事。作么生是衲僧本分事？”良久，云：“透网金鳞犹滞水，回途石马出纱笼。”

又颂“麻三斤”话：“洞山[④]麻三斤，真鍮不博金。将钱买五彩，壁上画天神。”

颂“祖师投针[5]”话：“龙猛盂中水，提婆毳上针。人人争得失，个个话疏亲。不睹云中雁，焉知沙塞深？农人移片磉[6]，磉下获黄金。”

注释

①**搀抢：**彗星名，一说妖星之名。

②**功勋边事：**功勋，指修行方法，洞山良价提出五位功勋。功勋边事是指与修证禅道无关的事。

③**君臣道合：**洞山提出五位君臣接引学人。君为正位，臣是偏位，君臣道合是五位君臣中的第五位，非正非偏，最为玄妙。

④**洞山：**洞山守初。

⑤**投针：**如针芥相投，喻以心传心。

⑥**磉：**柱下石，即础也。

译文

琅琊慧觉和尚开示众人说：“铲除狂暴的强盗，扫荡天欃和天枪等妖星，都是和修证禅道的功勋毫无关系的事；君臣融通无碍，海水平静河水清，仍是法身之外的事。什么是禅僧家的分内的大事呢？”沉默一会儿，琅琊说：“穿透渔网的鱼仍然滞于水，回归途中的石马出了纱灯笼。”

琅琊又赞颂洞山守初的“三斤麻”这句话：“洞山和尚的三斤麻，真鍮（天然产的黄铜）比不过黄金。拿钱来买五彩油，在墙壁上画天神。”

琅琊赞颂“祖师投针”道：“龙树只是盆中的水，提婆只是细毛上的针。人人都想争得失，个个都想分亲疏。不看云中雁，怎知沙漠深？村夫移石墩，墩下现黄金。”

81　真净克文

原典

真净和尚示众，举：“雪峰云：‘南山有条鳖鼻蛇，汝等诸人出入好看。’雪峰无大人相，然则蛇无头不行。长庆①恰如个新妇儿怕阿家相似，便道：‘堂中今日大有人丧身失命。’云门拽拄杖撺向雪峰面前作怕势，为蛇画足。玄沙云：‘用南山作甚么？’道我见处亲切②，不免只在窠窟里，更无一人有些子天然气概。报宁门下，莫有天然气概底么？不敢望你别悬慧日，独振玄风，且向古人鹘臭布衫③上知些子气息，也难得。”

注释

①**长庆**：长庆大安禅师，百丈怀海法嗣，南岳下第三世。

②**亲切**：与禅法相符、贴切。

③**鹘臭布衫**：带体臭的布衫，指尘知俗见。

译文

真净克文和尚开示众人时，举古德机缘："雪峰义存说：'南山上有一条鳖鼻蛇，你们进进出出要小心点。'雪峰并无上上根机的大人之相，但是蛇没有了头就无法行走了。长庆大安禅师恰似个新娘子怕见公公，他说道：'今天法堂里要有许多人送命了。'云门文偃拖着拄杖子赶忙跑到雪峰面前，装作害怕的样子，这真是画蛇添足了。玄沙师备则说：'要用南山作什么用？'凡讲'我的见解符合禅法'的人，仍然不免受窠巢的束缚，没有谁有些天真自然的气概。我报宁门下，是否有天真自然气概的人？我也不指望你们能别立宗旨，高高悬挂智慧的太阳，独自举扬宗风，只要能在前人的狐臭衣衫上闻到些气味，也就十分不容易了。"

82 南院慧颙

原典

僧问南院[1]："祖意、教意，是同是别？"

曰："黄尚书，李仆射。"

僧云："不会。"

曰："牛头南，马头北。"

妙喜曰："前头答得着，后头答不着。"

注释

①**南院：** 南院慧颙禅师，兴化存奖法嗣，南岳下第六世。

译文

有僧人问南院慧颙禅师说："禅宗宗旨和教门宗旨是同还是不同？"

南院说："黄尚书，李仆射。"

僧人说："不明白。"

南院又说："牛头在南，马面在北。"

妙喜和尚说："前一句话回答上了，后一句话没答上。"

83 大愚守芝

原典

大愚芝和尚示众云："大愚相接大雄[①]孙，五湖云水竞头奔。竞头奔，有何门？击箭宁知枯木存？枯木存，一年还曾两度春。两度春，帐里真珠撒与人。撒与人，思量也是慕西秦。"

又举："僧问汾州和尚[②]：'如何是接初机句？'州曰：'汝是行脚僧。''如何是辨衲僧句？'州曰：'西方日出卯。''如何是正令行底句？'州曰：'千里持来呈旧面。''如何是定乾坤底句？'州曰：'北俱卢洲长粳米，食者无贪亦无嗔。'自云：'将此四句语[③]以验天下衲僧。'

"大众，子细思量，将此四句语，被天下衲僧一时勘破。"

妙喜曰："诸人要识大愚么？三年无改于父之道，可谓孝矣。"

注释

①**大雄：** 佛的尊号。

②**汾州和尚：** 即汾阳善昭，见第一则注⑧。

③**四句语：**即汾阳四句。“接初机句”，当禅师接引初学者时，不卖弄机锋，而是直截了当指示。“验衲僧句”，为了辨别衲僧的根性，以超越常情见解的奇特语来接引。“正令行句”，“正令”原指佛法，这里特指禅宗不立文字、教外别传之法；“行”，通行无碍。具有大机大用的学人都具有使佛法，使禅宗之法弘布天下的能力。“定乾坤句”，佛法或禅法之力所到之处，无不扫除一切情见执着，使天上天下国土，无一不定。

译文

大愚守芝和尚开示众人说：“大愚接引佛子孙，四方学子竞相奔。竞相奔，有门吗？击箭怎晓枯木存？枯木存，一年可经两次春。两次春，自家珠宝给别人。给别人，心中倾慕是西秦。”

大愚又举汾阳的机缘：“僧问汾阳善昭和尚说：‘什么是接引初机人时应说的话？’汾阳说：‘你是个行脚的僧人。’又问：‘什么是辨别学人根性时应说的话？’汾阳说：‘西方卯时太阳出。’又问：‘什么是遇到能使佛法弘布天下的人时所应说的话？’汾阳说：‘千里送来老友信。’又问：‘佛法定世界时怎么样？’汾阳说：‘北俱卢洲种的粳米，吃了就能无贪无嗔。’汾阳自己还说：‘我就用这四句话勘验普天之下的禅僧。’

“各位，你们仔细想想，如果执着这四句话，会被普天之下的禅僧一起勘验破的。”

妙喜和尚说：“各位要了解大愚吗？三年之内不改父亲之道，可以称之为孝了。”

84　大宁道宽

原典

大宁宽和尚示众，拈拄杖云：“高而不危，满而不溢。在凡凡不舍，居圣圣难逃。十方都一照，大地绝纤毫。且道是甚么[①]？”喝一喝。

注释

①**是甚么：**大宁这一段话都是对众生本心佛性的描述。

译文

大宁道宽和尚开示众人时，拿起拄杖子说：“居高而不倾危，装满而又不外溢。在凡夫位时凡夫不舍弃它，在圣位时圣人难躲避它。十方世间不出一心所照，大地乾坤空无一毫。你们倒是说，这是什么？”说完喝了一声。

85　沩潭文准

原典

沩潭准①和尚示众，拈拄杖云：“衲僧家竿木随身，逢场作戏②，倒把横拈，自有意思。所以，昔日药山和尚③问云岩④云：‘闻汝解弄师子，是否？’岩云：‘是。’山曰：‘弄得几出？’岩云：‘弄得六出。’山曰：‘老僧亦解弄。’岩云：‘和尚弄得几出？’山云：‘老僧只弄得一出。’岩云：‘一即六，六即一。’山便休。

“大众，药山、云岩钝置⑤杀人，两子父弄一个师子也弄不出。若是准上座，只消独自弄，搜得来拈头作尾，拈尾作头，转两个金睛，攫几钩铁爪，吼一声，直令百里内猛兽潜踪，满空里飞禽乱坠。准上座未弄师子，请大众高着眼，先看做一个定场。”

掷下拄杖，云：“个中消息子，能有几人知？”

注释

①**沩潭准：**沩潭文准，宝峰克文禅师法嗣，南岳下

第十三世。

②**竿木随身，逢场作戏**：邓隐峰语，指随时应机作对。《五灯会元》卷三有记载。

③**药山和尚**：药山惟俨，石头希迁法嗣，青原下第二世。

④**云岩**：云岩昙晟，药山惟俨法嗣，青原下第三世。

⑤**钝置**：折腾、作弄、折磨。

译文

泐潭文准和尚开示众人时，拿起拄杖子说："禅僧家应该把拄杖子带在身边，随机作对。拄杖子横拿倒拖，都自有其含义。所以，以前药山惟俨和尚问云岩昙晟说：'听说你会舞狮子，是吗？'云岩说：'是。'药山又问：'会舞多少场？'云岩说：'舞六场。'药山说道：'老僧我也会舞。'云岩问他：'您会舞几场？'药山说：'一场。'云岩说：'一就是六，六就是一。'药山就作罢不问了。

"各位，药山、云岩折腾着在杀人，父子两个舞一只狮子都舞不好。要是我的话，只要一个人就行，把狮子拖过来，抓住头当尾巴，捏住尾巴当头，两双眼睛转起来，爪子抓几抓，吼叫一声，震得方圆百里之内猛兽跑得无踪无影，满天空的飞鸟纷纷跌落。我还没有舞狮子，请大家抬头睁大眼睛，先看我舞第一场。”

接着，文准扔下拄杖子说道：“这里面的消息，能有几人知晓？”

86　佛鉴慧勤

原典

佛鉴和尚①示众云：“至道无难，唯嫌拣择②。桃花红，李花白，谁道融融只一色？燕子语，黄鹂鸣，谁道关关只一声？不透祖师关棙子③，空认山河作眼睛。”

注释

①**佛鉴和尚：**即太平慧勤禅师，五祖法演禅师法嗣，南岳下第十四世，弘法道场在舒州（今安徽舒城）。

②**至道无难，唯嫌拣择：**是禅宗三祖僧璨《信心铭》中的首句，意思是讲体会禅的最高境界并非难事，最应避免的是对它作知识见解的分别，这种分别与道相乖反。

③**祖师关棙子：**领悟祖师禅机的关键之处。

译文

佛鉴太平慧勤和尚开示众人说："要体会禅的最高宗旨并不困难，就怕你对它作知见分别。桃花红艳艳，李花白生生，谁说百花争艳只有一个颜色？燕子叽叽语，黄莺嘤嘤鸣，谁说百鸟和鸣只有一种声音？如果不能领悟祖师禅机的关键之处，那就白白地把山河大地当作眼睛了。"

87 佛日智才

原典

佛日才[①]和尚颂"柏树子"话："赵州庭柏，说向禅客。黑漆屏风，松罗亮隔。"

注释

①**佛日才**：佛日智才，天衣义怀法嗣，青原下第十一世，弘法道场在临安府（今浙江杭州），故丛林中亦称他为临安智才。

译文

佛日智才和尚赞颂“赵州柏树子”这段公案说：“赵州庭前柏树子，此话说给参禅客。堂前屏风黑漆漆，松萝垂挂透亮光。”

88　圆照宗本

原典

僧问圆照和尚①：“如何是露地白牛②？”

曰：“放出无寻处。”

僧问大通和尚③：“如何是无缝塔④？”

曰：“烟霞生背面，星月绕檐楹。”

“如何是塔中人？”

曰：“竟日不干清世事，长年占断白云乡。”

注释

①**圆照和尚：**即慧林宗本禅师，谥号“圆照”，天衣义怀法嗣，青原下第十一世。

②**露地白牛：**火宅外露天停放的大白牛车，源自《法华经》，禅宗指清净心。

③**大通和尚**：即法云善本大通禅师，慧林宗本法嗣，青原下第十二世，弘法道场在东京（今河南洛阳）。

④**无缝塔**：原意为用整块巨石雕成的塔，没有缝隙，禅宗中指谓禅法玄妙，难以用语言表述；也指机锋严密，无隙可钻。语出于南阳慧忠国师。

译文

有僧人问圆照禅师说："什么是露天地里的白牛？"

圆照说："放出牛栏后没地方寻得着它。"

有僧问大通禅师说："什么是没有缝隙的石塔？"

大通说："烟雾云霞生屋后，星月之光绕堂前。"

又问："塔中之人是谁呢？"

大通说："整天不为太平之世做事情，长年占着白云深处当故乡。"

89　子湖利踪

原典

子胡和尚[①]示众云："诸法荡荡，何绊何拘？汝等于中自生难易。心源一统，绵亘十方，上上根人，自然明白。不见南泉道：'如斯痴钝，世且还稀；历历分明，有无不是？’只少个丈夫之志，致见如斯疲劳。汝欲得易会么？自古及今，未曾有一个凡夫、圣人出现汝前，亦无有一个善语、恶语到汝分上。为甚么故？为善善无形，为恶恶无相。既已无我，把甚么为善恶？立那个是凡圣？汝信否？还保任否？有甚么回避处？恰似日中逃影相似，还逃得么？今之既尔，古之亦然，今古齐时，汝还讳得么？佛法玄妙，了得者自相策发，无为小缘妨于大事。汝不见道‘宁可终身立法，谁能一旦亡缘’？仁者，要得会禅么？各归衣钵下看[②]。”

注释

①**子胡和尚：**子胡利踪禅师，南泉普愿法嗣，南岳下第三世。

②**归衣钵下看：**反观自心，不向外驰求。

译文

子胡利踪和尚开示众人说：“万法广大无边，受何挡绊？受何拘束？你们自己有着难呀、易呀这些想法。心为万法之源，万法归于一心，此心遍于十方世界，上上根器者，自然对这个道理十分明白。南泉普愿不是说过这样的话：‘像这样愚痴迟钝的人，世上已经很少了；万法的本质清晰地显现，不都是真性的体现？’你们只是缺少大丈夫之志，所以看起来这样疲惫劳碌。你们想不想得到那个简易法门？从古到今，还没有一个凡夫和圣人在你面前出现过，也没有一句好话和坏话落在你身上。什么缘故？因为善言并没有形状，恶语也没有相貌。既然没有自性之我，以什么作为善恶呢？把什么立为凡圣呢？你还相信这个道理吗？还维护自己的禅悟之境吗？有什么好回避的？就像在太阳底下想躲开自己的影子，能躲得开吗？现在是这样，过去也是这样，现在和过去，平等一齐，您还能摆脱得掉吗？佛法幽玄微妙，体悟佛法的人自己就知道该怎么做，不会因为小事而妨碍大事。你没有听说过‘宁可一辈子显立正法，谁愿意哪一天失去佛缘’这样的说法吗？各位仁人，你们要悟禅道吗？大家反观自己的衣钵底下吧！”

90　雪窦重显

原典

雪窦显[①]和尚示众云："形兴未质，名起未名。形名既兆，游气乱清。"拈起拄杖云："大众，拄杖子是形名双举，还有过也无？有即水里月[②]，无即形名兆[③]。若也究得，实谓恩大难酬。"

注释

①**雪窦显：**重显禅师，宋代云门宗僧人。

②**有即水里月：**如果执物为有，物是虚幻的存在，如同水中月亮。

③**无即形名兆：**如果认物为无，它又有形状和相应的名称。

译文

雪窦重显和尚开示众人说："物的相状形成了，却没有质体；物的名称也有了，却又没有名。相状和名称全俱备了，游气却来扰乱清气。"他又拿起拄杖说："各位，拄杖子是有相状也有名称的，它有没有缺陷呢？你如果说它是有，它其实如同水中的虚月；你如果说它是无，它又有相状和名称。如果把它体究清楚了，那真可以说是大恩难以酬谢了。"

91　鼓山神晏

原典

鼓山[①]示众云："诸和尚尽道'向诸方参学'，未委参甚么？学甚么？还有参得者无？有即出来对众验看。

诸和尚，为复参禅？参道？参佛？参法？参毗卢师、法身主？参佛向上事、涅槃后句？若实参此句，得为大妄，唤作‘望上心不息’，与诸和尚了无交涉②。”

时有僧问：“如何是佛法大意？”

曰：“吐却着。”

问：“凡有言句，尽是独犯宗风，未审如何是宗门中事？”

曰：“合取口。”

注释

①**鼓山：**鼓山神晏，雪峰义存法嗣，青原下第六世。

②**无交涉：**不相干，与禅法毫无关系。

译文

鼓山神晏和尚开示众人说：“和尚们都说‘到各地参禅学道去’，不知道参什么？学什么？还有参得的人吗？如果有，就站出来对着大家验证一番。各位和尚，你们究竟是参禅，还是参道？是参佛，还是参法？是参毗卢遮那佛，还是参佛的法身？是参佛法的微妙之处，还是参涅槃后的事？如果是要参这些的话，那真是犯了大错误了，真可以称作‘向上之心不息’的人了，这些事应该与你们毫无关系的。”

这时有一位僧人问他：“什么是佛法的宏大意旨？”

鼓山说：“吐出来。”

又问：“凡是运用语言，都是触犯禅门宗风的，不知道什么是禅宗的宗风？”

鼓山说：“闭嘴！”

92　五祖法演

原典

五祖演和尚四面[①]示众，举：“古者道：‘若有一人发真归源，十方虚空悉皆消殒。’双泉[②]则不然，‘若有一人发真归源，十方虚空筑着磕着。’”

又示众，举：“古人云：‘我若向你道，即秃却我舌；若不向你道，即哑却我口。且道，还有为人处也无？’四面有时拟为你吞却，只被当门齿碍；拟为你吐却，又为咽喉小。且道，还有为人处也无？四面自来柳下惠[③]。”

注释

①**四面**：地名，四面山。

②**双泉**：双泉师宽，云门文偃法嗣，青原下第七世。

③**柳下惠**：春秋时鲁国大夫，姓展，名获，字禽，善于讲究贵族礼节。

译文

五祖法演和尚住四面山时，开示众人，举古德机缘道："古人说：'如果有一个人能够显发真性，归向本源，十方虚空世界都将消失殒灭。'双泉师宽则不这样说，他讲：'如果有一个人能够显发真性，归向本源，十方虚空世界都会碰着他，磕着他。'"

他又举古德机缘："古人讲：'我要是对你说吧，我的舌头就要变秃；我要是不对你讲吧，我就会成为哑巴。你说，这叫我如何为人呢？'四面我有时候也想把你们吞进去，但又被牙齿挡住了；想把你们吐出来，又被小喉咙卡住了。你们说，这叫我如何为人呢？四面自有柳下惠到来。"

93 黄龙悟新

原典

黄龙新和尚赞祖师云："六祖当年不丈夫，倩人书壁自涂糊。明明有偈言无物[1]，却受他家一钵盂[2]。"

妙喜曰：“且道钵盂是物不是物？若道是物，死心老亦非丈夫汉；若道非物，争奈钵盂何？”

注释

①**有偈言无物：**即惠能所作的得法偈：“菩提本无树，明镜亦非台。本来无一物，何处惹尘埃？”

②**却受他家一钵盂：**指惠能秘密接受五祖弘忍所传衣钵之事。

译文

黄龙死心悟新禅师赞颂六祖大师说：“六祖当年不算大丈夫，请人题偈真是太糊涂。明明讲过本来无一物，却要接受五祖的衣钵。”

妙喜和尚说：“你们说衣钵是不是‘物’？如果说是，死心老和尚也算不上是大丈夫；如果说不是，又能把衣钵怎么样呢？”

94　云盖守智

原典

云盖智[①]和尚示众云：“紧峭离水靴，蹋破湖湘月。

手把铁蒺藜，打破龙虎穴。翻身倒上树，始见无生灭。却笑老瞿昙[②]，弹指超弥勒。"

注释

①**云盖智：**云盖守智，黄龙慧南法嗣，南岳下第十二世。

②**老瞿昙：**指佛祖，原意指释迦牟尼的姓。

译文

云盖守智和尚开示众人说："穿上离水靴，踏破湖湘月。手拿铁蒺藜，直捣龙虎穴。翻身倒爬上树，方知无生无灭。笑那佛祖老爷，瞬间超越弥勒。"

95　云居道齐

原典

云居齐[①]和尚因法灯和尚[②]问："适来有人问：'如何是祖师西来意？'老僧向伊道：'不东不西。'藏主[③]作么生？"

齐云："不东不西。"

灯云："恁么会又争得？"

齐当时懵然莫知其旨，至晚再伸请益，灯云："他家自有儿孙在。"

齐于言下顿然契悟，有颂曰："接物利生绝妙，外生终是不肖。他家自有儿孙，将来用得恰好。"

注释

①**云居齐：**云居道齐，清凉文益再传法嗣，青原下第十世。

②**法灯和尚：**即清凉泰钦，谥号"法灯禅师"，属清凉文益法嗣，青原下第九世。

③**藏主：**寺院中专管佛经图书的僧职。

译文

云居道齐和尚曾受法灯和尚问，法灯说："刚才有人问我：'什么是达磨祖师西来东土的目的？'老僧我对他说：'不东也不西。'藏主你如何回答？"

道齐说："不东也不西。"

法灯说道："你这么领会怎么行呢？"

道齐当时懵里懵懂，不知道什么意思，到晚上再去请教，法灯对他说："人家自然有自己的子孙。"

道齐顿时开悟，并作了一首颂："接引学人，造福众生此事极妙，自己的外甥，终究是个不肖之人。人家自有自己的子孙，将来正好对我能够用得上的。”

96 清凉澄观

原典

清凉国师[①]《答皇太子问心要》[②]：“至道本乎其心，心法本乎无住[③]。无住心体，灵知[④]不昧，性相寂然；包含德用，该摄内外；能深能广，非有非空，不生不灭[⑤]，无终无始。求之而不得，弃之而不离。

“迷现量[⑥]则惑苦纷然，悟真性则空明廓彻。虽即心即佛，唯证者方知[⑦]。

“然有证有知，则慧日沉没于有地；若无照无悟，则昏云掩蔽于空门。

“若一念不生，则前后际断[⑧]，照体独立，物我皆如[⑨]，直造心源，无智无得[⑩]，不取不舍，无对无修。

“然迷悟更依，真妄相待，若求真去妄，犹弃影劳形；若体妄即真，似处阴影灭。

“若无心忘照，则万虑都捐。若任运[⑪]寂知，则众行爰起。放旷任其去住，静鉴觉其源流，语默不失玄微，动静未离法界。言止则双亡知寂，论观则双照寂知。

“语证则不可示人，说理则非证不了。是以悟寂无寂，真知无知。以知寂不二之一心，契空有双融之中道。无住无着，莫摄莫收，是非两亡，能所双绝。斯绝亦寂，则般若现前。

“般若非心外新生，智性乃本来具足。然本寂不能自现，实由般若之功。般若之与智性，翻覆相成；本智之与始修[12]，实无两体。双亡证入，则妙觉圆明；始末该融，则因果交彻。心心作佛[13]，无一心而非佛心；处处成道[14]，无一尘而非佛国。故真妄物我，举一全收；心、佛、众生，浑然齐致。

“是知迷则人随于法，法法万差而人不同；悟则法随于人，人人一智[15]而融万境。言穷虑绝，何果何因？体本寂寥，孰同孰异？唯忘[16]怀虚朗，消息冲融。其犹透水月华，虚而可见；无心鉴像，照而常空矣！”

注释

①**清凉国师：** 即清凉澄观，华严宗四祖，“清凉”是其赐号。他把禅引入了教门，开创了禅教合一的先河。

②**《答皇太子问心要》：** 即《答顺宗心要法门》。

③**无住：** 不停留在一处，不对一物生执着心，这是

禅法的基础，故有以“无住为本”之说。

④**灵知**：灵灵不昧、了了常知之意，清净圆明，本来具有觉性。被神会—宗密一系看作是心的本质。

⑤**非有非空，不生不灭**：对万法的正确看法，称为中道，首先由龙树提出，禅宗把它作为基本的方法而推崇。

⑥**现量**：源自因明用语，意为感性知识，感觉器官对于事法之个别属性的直接反映。禅家借此指谓虚幻的事相，与真性的概念相对。

⑦**唯证者方知**：禅宗强调每个人的亲证，自主地体悟自心佛性。

⑧**前后际断**：断灭有关前世、后世的情见。

⑨**物我皆如**：我和我所面临的一切对象都是真如的体现，都以真如为体。

⑩**无智无得**：真性虚玄，不可以用言语智慧去认识，也不能有“有所得”的心，觉悟的境界，是无所得的，因为所悟到的真性本来就存于自心中。

⑪**任运**：听其自然，随心所欲，为禅悟的一种境界。

⑫始修，金陵刻经处本《答顺宗心要法门》作“始终”。

⑬**心心作佛**：众生心就是佛心。

⑭**处处成道**：每处都是道体的体现，都是清净佛国

土，都可成就佛道。

⑮一智，金陵刻经处本作“一致”。

⑯忘，金陵刻经处本作“志”。

译文

清凉澄观国师的《答皇太子问心要》说：“至极之道以心为本，心以念念无住留为本。在这个念念无住留的真心之体上，还存在着灵灵不昧、了了常知的‘灵知’。此心又包含有本体之性及其外在相状和作用，统摄内外之法。此心既有深度，又有广度；既不是有，又不是空；没有产生，也没有绝灭；没有开始，也没有终结。想追求它，又求不到；想抛弃它，又抛不掉。

“众生如果迷于虚幻的事相，那么困惑和痛苦就纷纷来到；如果能体悟自心真性，那么就能空寂明亮而又广阔。虽然讲即此众生心就是佛心，但要体悟到这个佛心，必须通过亲证。

“不过你如果执着于亲证而知，就产生了一个有（有证知），那么智慧的太阳就会被这个证知之有所掩盖。反之，你如果不去照察，不去体悟，那就有了一个空（无照无悟之空），你就会被这个无照悟之空所遮掩。

“如果做到一丝心念都不出现，这样就能断除时间方面的前后之念，在这种情形下观照自心，使万物和自我都等同于真如。这是直接体究真心之源的结果，这时候，没有智慧，也无所得，没有索取，也不舍弃，没有对待之物，也没有修为。

“但迷执和觉悟是相互依存的，真心和妄念是互相对待的，如果想通过去除虚妄的方法来求真心，如同为了去除身影而劳动身体；如果想从妄念中体会真心，则又如躲在阴影处就以为影子不存在了。

“如果能持无念之心，忘却观照，那么，各种思虑就都没有了。如果能持空寂灵知而任心运作，那么各种行为方式都圆满体现佛性。那么动则放旷身心，任其来去，静则静观真心，源流尽知；说和不说，都体现真性，运动和静止都不离法界。讲修定之‘止’时，则空寂和灵知都消失；论修慧之‘观’时，则空寂和灵知都显现。

“寂然之理，不可以用语言显示给人看，而空寂之理，又非通过语言来显示不可。因此，寂然之理并不空寂，真性之知并无所知。用灵知、空寂两者圆融无二的一心，去契合空有相互融合的中道。没有住止，没有执着，没有摄受，没有收纳，是是非非，全都忘却，为我之能和为他之所，全都灭绝。这种灭绝也叫作寂静，由这种寂静，而使般若智慧出现在眼前。

“般若智慧并不是众生心外新产出来的，智慧之性是众生之心本来就具有的。空寂的本体不能自己显现出来，必须通过般若的作用而显。般若与智慧之本性，相辅相成；智慧之本与事法之始终，其实并不是分为两体的。双双泯绝，就可以证得自心本性，得到圆满光明的玄妙觉性；起始与终点互相融摄，使因果相互交融。众生之心是佛心，没有一个众生之心不是佛心的；处处是成就佛道之所，没有一粒微尘不是佛国土。因此，不管是真是妄，是他物是自我，任举一者，诸类全部包含其中；心、佛和众生，三者浑然无区别。

“由此而知，痴迷的人，随法而转，万法都有差别；觉悟的人，法随人转，人人具有智慧而融摄各种世界。语言穷竭而思虑泯绝，没有原因也没有结果。本体本来就空寂，哪有同异的区别？只有心怀虚寂明朗，使生灭冲然混融。这就像水中所映花和月，虚妄却又可以看见；并不故意去鉴照物象，虽然鉴照而常常空寂。”

97　南阳慧忠

原典

忠国师问紫璘供奉：“佛是甚么义？”

云：“是觉义。”

曰：“佛曾迷否？”

云：“不曾迷。”

曰：“用觉作么[①]？”供奉无对。

妙喜代曰[②]：“若不入水，争见长人？”

注释

①**用觉作么**：释迦牟尼佛也是由迷而悟，觉是相对于迷而言的。此问语破除对佛的崇拜。

②**代曰**：即代语，代他人表述，禅师说法的一种方式。

译文

南阳慧忠国师问紫璘说：“佛是什么意思？”

紫璘答：“是觉悟的意思。”

又问：“佛曾经迷惑过吗？”

紫璘答：“没有。”

又问：“那要用‘觉悟’做什么呢？”紫璘对答不出来了。

妙喜和尚代紫璘说：“如果不入水中，怎能见到长人。”

98　大随法真

原典

大隋和尚因烧山次，见一蛇，以杖挑向火中，咄云：“遮个形骸犹自不放舍，你向遮里死，如暗得灯。”

遂有僧问：“正当恁么时，还有罪也无？”

曰：“石虎叫时山谷响[①]，木人吼处铁牛惊。”

又问僧：“向甚么处去？”

僧云：“西山住庵去。”

曰：“我向东山唤汝，汝便来得么？”

云：“不然。”

曰：“汝住庵未得。”

问：“如何是和尚家风？”

曰：“赤土画簸箕。”

云：“未审此理如何？”

曰：“簸箕有唇，米跳不出。”

注释

①**石虎叫时山谷响：** 禅宗特有的奇特语，以常识认为不可能的事，来表示学人的问话本身就是乖离禅法的。从另一角度而言，常识中的不可能性在禅的境

界中恰恰是可能的，这种融通的境界正是学人所问问题的答案。石虎不可能会叫，另一方面，不叫之无声也就是声。

译文

大随法真和尚在烧山的时候，看到一条蛇，便用拄杖子把它挑到火里去，啐了一声说："这个东西（形体）都不能舍，你在这里面死，如同在暗处得到灯光一样。"

于是就有僧人问他："正当这样做的时候，还有没有罪过呢？"

大随说："石头老虎吼得满山谷响，木头人的叫喊让铁牛吃惊。"

大随又问僧人："你到哪里去？"

僧人说："西山上住茅庵去。"

大随问："我朝东山上喊你一声，你会到这里来吗？"

僧人答："不。"

大随说："你还不够资格住茅庵。"

僧人问："你的自家宗风是什么呢？"

大随答道："用赤色土画簸箕。"

僧人说："不知道这里有什么道理？"

大随问："簸箕口有唇沿，米跳不出去。"

99　黄龙慧南

原典

黄龙南和尚住同安，示众云："今日四月八，我佛降生之日，天下精蓝[①]皆悉浴佛。记得遵布衲[②]在药山会里充殿主，浴佛之次，药山问：'汝只浴得遮个，还浴得那个[③]么？'遵云：'把将那个来！'药山便休。

"大众，古人随时一言半句，亦无巧妙。今人用尽心力安排，终不到他境界。众中商量，或云：'遮个是铜像，那个是法身。'铜像有形，可以洗涤；法身无相，如何洗得？药山只知其一，不知其二，被遵公倒靠，直得口似匾担[④]，不胜懡㦬。"

又云："古德垂问，只要验人，问汝那个，便道'把将那个来'，正是随声逐色[⑤]，咬他言句，上他圈缋。药山见伊不会，所以便休。"又道："药山恁么来，早是无事起事，好肉上剜疮。遵公不见来病，却向灸疮瘢上更着艾爝。"

有云："古人得了，逢场作戏，无可不可，何高何低，彼此知有，自是后人强生分别，如前所解，盖不遇人。一失其源，迷而不复，所以只凭识心思量计较，以当宗乘。殊不知有作思维从有心起，用此思维辨于佛境，如取萤火烧须弥山，纵经尘劫，终不能着。是故，行脚高人切须自看，从上来事合作么生？毕竟将何敌他生死⑥？勿以少许浮粗识见自作障碍，佛法不是遮个道理。同安⑦今日不避口业，与汝诸人说破，此二尊宿，一出一入，未见输赢。三十年后，不得错举。”

注释

①**精蓝**：指寺院。

②**遵布衲**：布衲指僧衣，也代指僧人。遵即指清平令遵，翠微无学法嗣，青原下第四世。

③**那个**：指法身佛。

④**口似匾担**：哑口无言，无话可说。

⑤**随声逐色**：只看到表面现象，不知对方句里含机。

⑥**敌他生死**：超越生死。

⑦**同安**：黄龙住于同安，因此以地名自谓。

译文

黄龙慧南和尚住持同安时，开示众人说：“今天是四月八日，是我佛祖释迦诞生之日，天下寺院之中都要浴佛。我记得清平令遵和尚在药山惟俨门下当殿主，浴佛的时候，药山问他：‘你只是为这个佛洗浴，还能为那个佛洗浴吗？’令遵和尚说：‘你把那个拿来！’药山便作罢了。

“各位，古人随时说个一言半语，也没有巧妙之处。现在的人费尽心思来安排，终究达不到古人的那种境界。僧众中有人说：‘这个佛指的是铜佛像，那个佛指的是佛的法身。’铜佛像有形质，可以洗；法身是无形无相的，怎么洗？药山只知其一，不知其二，被令遵和尚反问住了，哑口无言，搞得十分狼狈。”

黄龙慧南又说：“古德设问，只是要勘验学人，他问你那个佛，你就说‘把那个佛拿来’，这真是追随声色等现象，死咬语言，上了他的圈套了。药山见令遵和尚不明白，所以也就算了。”又说：“药山这样问，也是没事生事，在好肉上挖疮疤。令遵和尚视而不见，又在这疮疤上烧艾炷。”

黄龙慧南又说：“古人真是了不得，能够逢场作戏，没有肯定和否定的差别，没有高低的分别，彼此都知道本有佛性，只是后来的人硬要分别计较，因此像刚才这样的理解，还没有其他人能达到。这些众生一旦迷失本源，就不再能够回复到本性上来，只能依靠世俗认识去思虑量度，分别计较，认为这种认识就是禅宗了。却不知道这种分别计较的思维是心的作用，想以此来认识佛境界，如同以萤火虫来烧须弥山，即使经过微尘一样众多的劫数，都烧不着。因此，行脚的高人们千万要观照自心，自古以来的这件事，究竟是什么？应该怎样超越生死？不要用一些虚浮粗浅的认识知见之类自作障碍，佛法并不是这个道理。同安我今日也不怕造口业了，对你们说破吧！这两位尊宿一出一入，并没有什么输赢之分。三十年后，不许领会错了。”

100　杨岐方会

原典

杨岐和尚示众云：“有句无句，如藤倚树[①]。文殊、维摩，撒手归去。杨岐恁么道，也是看锢鏴，更有后语，不得错举。”

妙喜曰：“利动君子。”

注释

①**有句无句，如藤倚树：**不管是肯定或否定性的语言表述，都难以见性。

译文

杨岐方会和尚开示众人说："不管是肯定或否定性的语言表述，都像藤蔓缠绕树枝一样。文殊菩萨和维摩居士，都放开手不管了，回归自家。我杨岐这样讲，其实也只是看看车子上的金饰而已，后面还有话，你们不要领会错了。"

妙喜和尚说："真是个见利而动的君子。"

101　鼓山神晏

原典

晏国师[①]初参雪峰，才入门，峰扭住云："是甚么？"晏释然契悟，举手摇曳。

峰云："子作道理邪？"

晏云："何道理之有？"

峰乃抚而印[②]之。

注释

①**晏国师：**即鼓山神晏，见第九十一则注①。

②**印：**印可，给学人的觉悟以肯定性的证明。

译文

鼓山神晏国师起初参访雪峰义存禅师时，刚一进门，雪峰就一把抓住他问："是什么？"神晏疑惑顿无，契悟禅理，就举着手摇晃。

雪峰就问："你这是想表示什么意义吗？"

神晏说："有什么意义？"

雪峰拍拍神晏，印可了他。

102 真净克文

原典

真净和尚示众，拈拄杖云："涅槃心易晓，差别智难明。古人[①]道：'你有拄杖子，我与你拄杖子。你无拄杖子，我夺却你拄杖子。'归宗[②]则不然，你有拄杖子，我夺却你拄杖子。你无拄杖子，我与你拄杖子。大众，芭蕉恁么，归宗不恁么，且道，恁么是？不恁么是？"

掷下拄杖，云："是甚么？"

良久，云："是即龙女顿成佛[③]，非即善星生陷坠[④]。"

注释

①**古人：**这是指芭蕉，芭蕉慧清，沩仰宗南塔系禅僧，南塔光涌弟子，仰山慧寂再传法嗣，南岳下第六世。

②**归宗：**克文自谓。克文曾住庐山归宗寺，此段为住归宗寺时法语之一。

③**龙女顿成佛：**源自《法华经》，娑竭罗龙王之女年仅八岁时，常听文殊菩萨说《法华经》，了达诸法，后来献宝给佛，变为男身，顿时成佛。见该经《提婆达多品》，禅家将其作为顿悟成佛的突出实例。

④**善星生陷坠：**善星是释迦在出家前所生子，又称善宿。善星出家后经过修行而证到第四禅定，后来因为亲近恶友，生起邪见，而坠入地狱，被称为“阐提比丘”，即不能成佛的比丘。禅宗引此作为“一迷而成众生”的旁证。

译文

真净克文和尚开示众人时，拿起拄杖子说：“涅槃心容易知晓，但差别智就难以明了。古人说：‘你有拄杖子，我给你拄杖子；你没有拄杖子，我夺掉你的拄杖子。’归宗我则不这样，我认为，你有拄杖子，我夺掉你的拄杖子；你没有拄杖子，我给你拄杖子。各位，芭蕉慧清这么说，归宗我不这么说，你们讲，到底是这么讲好还是不这么讲好？”

克文掷掉拄杖子说：“是什么？”

沉默一会，他说：“如果是，那么龙王之女顿时成佛；如果不是，那么善星坠入地狱。”

103　道吾悟真

原典

道吾真[①]和尚示众，举："洞山[②]云：'五台山上云蒸饭，佛殿阶前狗尿天。幡竿头上煎䭔子，三个猢狲夜簸钱。'老僧即不然，三面狸奴脚蹋月，两头白牯手拿烟。戴冠碧兔立庭柏，脱壳乌龟飞上天。老僧葛藤，尽被汝诸人觑破了也。

"洞山老人甚是奇特，虽然如是，只行得三步四步[③]，且不过七跳八跳[④]。且道，誵讹在甚么处？老僧今日不惜眉毛，一时布施。"良久，云："叮咛损君德，无言真有功。任从沧海变，终不为君通。"

注释

①**道吾真：** 道吾悟真，临济宗僧人，石霜楚圆法嗣，南岳下第十一世。

②**洞山：** 洞山守初。所举洞山话为洞山《因事颂》。

③**三步四步：** 指很平常之事，没有奇特之处。这是说明洞山的这种举唱也很一般。

④**七跳八跳：** 寓意与“三步四步”同。

译文

道吾悟真和尚开示众人时，举：“洞山守初讲：‘五台山上以云蒸饭，佛殿之前狗尿冲天。幡竿头上火煎蒸饼，三只猴子夜里簸钱。’老僧我就不这样，而要说三副面孔的狸猫踢着天，两个头的白牛拿着烟。戴帽子的绿兔站在柏树前，没有背壳的乌龟飞上了天。老僧我的这些语言葛藤，都被你们各位看穿了。

“洞山老汉很是奇特，但即使如此，他也只是会走三步四步，跳上七跳八跳。你们说，错在什么地方？老僧我今天不怕眉毛脱落，全部向你们说出来。”沉默一会，说：“叮咛之言损您的德行，不用语言才真是有功。沧海桑田任它去变化，自始至终不会对你说破。”

104　沩潭洪英

原典

沩潭英和尚示众云:“石门巇崄铁关牢,举目重重万仞高。无角铁牛冲得破,毗卢海内鼓波涛。大众,且道‘不涉波涛’一句作么生道?”良久,云:“一句不遑无着问,迄今犹作野盘僧①。”

注释

①**野盘僧:** 到处游方的行脚僧。禅宗要求归家稳坐,自悟本心,反对一味地到处求他人做主。

译文

沩潭洪英和尚开示众人说:“石门险巇铁关牢固,抬头看它高逾万仞。无角铁牛冲得破它,毗卢海内波涛鼓涌。各位,你们说‘不涉及波涛’这句话是什么含义?”沉默一会,说道:“忙得一句话也没处问,至今还是个云游野僧。”

105　保宁仁勇

原典

保宁勇和尚示众云：“古人底今人用，今人底古人为。古今无背面[①]，今古几人知？哪呜咿，一九与二九，相逢不出手。”

又云：“无种灵苗火里栽，铁花还向树头开。蓦然结个团圞果，指似时人处得来。”

注释

①**古今无背面**：过去和现在，没有差异，融通一体。

译文

保宁仁勇和尚开示众人说：“古人的东西今天的人用，今人的东西是古人造就。古今没有正面反面之分，但能有几人知道古和今？哪呜咿，一九和二九，相遇不出手。”

又说：“没有种子的灵异之苗在火中栽，铁树的花还是在它的树顶上开。忽然间结出个满月般圆的果子，向人们指指点点说它从何处来。”

106　晦堂祖心

原典

晦堂和尚[①]示众云：“有句无句，如藤倚树。且任诸人点头，及乎树倒藤枯，上无冲天之计，下无入地之谋。灵利汉，遮里着得一只眼[②]，便见七纵八横[③]。”乃举拂子云：“太阳溢目，万里不挂片云。若是覆盆之下，又争怪得老僧？”

注释

①**晦堂和尚：**即黄龙祖心宝觉禅师，见第十一则注①。

②**一只眼：**指法眼，能够观照事物真相，认识禅理的智慧之眼。

③**七纵八横：**悟法后纵横自在、任运自然的境界。

译文

晦堂祖心和尚开示众人说：“肯定性的语言表述和否定性的语言表述，如同藤蔓缠绕大树。姑且听任各位点头，待到大树倒下藤蔓枯死，你们就上无冲天的计策，下无入地的谋略。如果是聪明灵利的人，在这里能够用法眼观照，就能纵横自在。”于是就举起拂子说：“太阳光耀眼，万里晴空不挂一片云。如果你在倾覆的大盆之下，见不到阳光，又怎么能怨我呢？”

107 黄龙悟新

原典

黄龙新和尚示众云：“达磨心宗①传至今日，涓滴不漏，丝发不移。既丝发不移，作么生传？宝印当风妙，重重锦缝开。”

注释

①**心宗**：指禅宗。禅宗以心传心，不立文字，以觉悟自心佛性为宗旨，被称作“心宗”或“佛心宗”。

译文

黄龙死心悟新和尚开示众人说：“达磨开创的禅宗传承到今天，没有一滴一涓的渗漏，没有一丝一毫的偏移。既然没有丝毫的偏移，怎么传承下来呢？宝印临风显奇妙，锦缝之处重重开。”

108　沩山灵祐

原典

沩山问仰山："既称善知识，争辨得诸方来者知有不知有？有师承无师承？是义学[①]是玄学[②]？子试说看。"

仰山曰："慧寂有验处，但见诸方僧来，便竖起拂子，问伊：'诸方还说遮个不说？'又云：'遮个且置，诸方老宿作么生？'"

沩山叹曰："此是从上宗门中牙爪[③]。"

仰山问僧："近离甚处？"

云："向南。"

仰山拈起拄杖云："彼中还说遮个么？"

云："不说。"

仰云："不说遮个，还说那个么？"

云："个说。"

仰召大德参堂去，僧便去。仰复召大德，僧应诺。仰云："近前来。"僧近前，仰便打。

云门云："仰山若无后语，争识得人？"

注释

①**义学**：即名相训义之学、理论之学。又称解学。如俱舍、唯识之学，分析法相之名目与数量，并详细规定修行因果阶位之组织与文字章句之解释；亦即有关教义理论之学问。

②**玄学**：为佛学之通称。意即玄妙的学问、深奥的教学。然在中国哲学史上，则指老庄之学。今称形而上学为玄学。

③**牙爪**：伶牙俐爪，最厉害之处。此喻仰山这种接引方法实在高明。

译文

沩山灵祐问仰山慧寂："你既然被称为善知识，怎么勘辨各地来的参学者知道有佛性或不知道有佛性？有师承或无师承？是义学沙门或是玄学沙门？你试着说说看。"

仰山说："慧寂我自有勘验之方，见到各地学僧来时，就竖起拂子，问他：'各地长老还讲这个吗？'又问：'这个姑且放一放，各地长老是如何接引的？'"

沩山感叹道："这是从古至今我禅门中最厉害的手段。"

仰山问一位僧人说："最近到什么地方去了？"

僧人答道："到南边去了。"

仰山拿起拄杖子问："他们还说这个吗？"

僧人说："不说。"

仰山又问："不说这个，那么还说那个吗？"

僧人说："不说。"

仰山就叫这位僧人到法堂上去参堂，僧人就去了。仰山又喊住僧人，僧人答应了。仰山说："过来。"僧人走近仰山，仰山就打他。

云门文偃说："仰山如果没有后来的话语，怎么能够辨识学人呢？"

109　云居道膺

原典

云居膺和尚示众云："老僧二十年前住三峰庵时，有魏府兴化长老来问：'权借一问以为影草时如何？'老僧当时机思迟钝，道不得，为伊置得个问头奇特，不敢辜他。伊云：'想和尚答遮话不得，不如礼拜了退。'而今思量，当时不消道个'何必'？"

后因化主到魏府，兴化乃借问："山中和尚[①]住三峰庵时，老僧曾问伊话，只对不得，而今道得也未？"化主遂举前话。兴化云："云居二十年只道得个'何必'，兴化即不然，争如道个'不必'？"

三圣云："云居二十年道得底，犹较②他兴化半月程。"

妙喜曰："'何必''不必'，绵绵密密。觌面当机，有人续得末后句，许你亲见二尊宿。"

注释

①**山中和尚：**指云居道膺。

②**较：**与某某相比相差些。

译文

云居道膺和尚开示众人说："老僧我二十年前住在三峰庵时，有一位魏府兴化存奖长老来问我：'权且问你一个问题，试试你的深浅如何？'老僧我当时脑子迟钝，说不出来，因为他问得太奇特，我又不敢辜负他。哪知他却说：'我料想您回答不出，还不如对我行个礼，退下去算了。'现在想起来，当时应该说'何必？'"

后来云居门下的一位化主到魏府，兴化就问他："那位山中的和尚住在三峰庵时，老僧我曾经问他问题，他回答不出，现在能答出来了吗？”化主就把云居前面的话说给他听了。兴化说：“云居这二十年来只说出个‘何必’来，兴化我却不这样讲，哪比得上说个‘不必’呢？”

三圣慧然说：“云居二十年说出来的，和兴化说出的，还差半个月的路程。”

妙喜和尚说：“‘何必’‘不必’，绵绵密密。对面呈机，如果有人能把后面一句接上，就能亲眼见到这二位老尊宿。”

110　云峰文悦

原典

云峰悦和尚翠岩示众云：“‘道远乎哉？触事而真；圣远乎哉？体之即神。’[①]所以，娑婆世界以音声为佛事，香积世界以香饭为佛事，翠岩遮里，只于出入息[②]内供养承事过、现、未来尘沙[③]诸佛，无一空过者。过、现、未来尘沙诸佛是翠岩侍者，无一不到，如一不到，三十拄杖。诸上座，还会么？将此深心奉尘刹，是则名为报佛恩。”

注释

①**道远乎哉……体之即神**：东晋高僧僧肇语，出自《肇论·不真空论》，意为道不远人，道在事中，由观事而可悟道。佛不远人，佛在心中，由照心而可悟佛。

②**出入息**：呼吸。此处喻无佛供养，僧家所做，只是平常，如平常的一呼一吸一样，无须着意修行。

③**尘沙**：无数。

译文

云峰文悦和尚住翠岩时开示众人说："'道远吗？任举一事相，都体现真性；圣远吗？你只要体悟它，就能感受到它的神妙存在。'所以，娑婆世界中以音声为佛事，香积世界中以香饭为佛事，我翠岩这里，则只在出呼入吸的平常状态中承当、供养过去、现在和未来世界的无数的佛，没有一个虚度时光的。过去、现在和未来世界的无数的佛，都是我翠岩的侍从，没有一个不到我这里报到的，假如有一个不来，我打他三十拄杖。各位上座，还明白了吗？将我这颗心奉献给尘刹，这就是回报佛的恩德。"

111　南阳慧忠

原典

僧问忠国师："古德云'青青翠竹，尽是法身；郁郁黄花，无非般若'[①]。有人不许，云是'邪说'。亦有信者，云'不思议'。不知若为？"

国师曰："此盖尊贤文殊境界，非诸凡小而能信受，皆与大乘了义经意合。故《华严经》云：'佛身充满于法界，普现一切群生前。随缘赴感靡不周，而常处此菩提座。'翠竹既不出于法界，岂非法身乎？又，《般若经》云：'色无边故，般若亦无边。'黄花既不越于色，岂非般若乎？深远之言，不省者难为措意。"于是禅客作礼而去。

又，华严座主问大珠和尚曰："禅师何故不许'青青翠竹，尽是法身；郁郁黄花，无非般若'？"

珠曰："法身无像，应翠竹以成形；般若无知，对黄花而显相，非彼黄花、翠竹而有般若法身。故经云：'佛真法身，犹若虚空，应物现形，如水中月。'黄花若是般若，般若即同无情；翠竹若是法身，翠竹还能应用。座主会么？"

云："不了此意。"

珠曰："若见性人，道是亦得，道不是亦得，随用而说，不滞是非。若不见性人，说翠竹，着翠竹；说黄花，着黄花；说法身，滞法身；说般若，不识般若。所以皆成诤论。"座主礼谢而去。

妙喜曰："众中商量道：'二尊宿恁么切磋，一人得其体，一人得其用。得其用者，事上建立；得其体者，理上扫除。所谓实际理地②，不受一尘。佛事门中，不舍一法。我为法王③，于法自在，或抑或扬，无得无失。'恁么见解，唤作矮子看戏④。妙喜见处，也要诸人共知，不见道'破驴脊上足苍蝇'？"

注释

①**青青翠竹，尽是法身；郁郁黄花，无非般若：**青青翠翠的绿竹，都是佛之法身的体现，茂盛开放的菊花，都含般若智慧。这是无情有性论的看法。

②**实际理地：**真实无二、清净无染的禅悟境界。

③**法王：**指佛或佛祖，此处是禅宗以往古德的自称之词，表示我佛一体。

④**矮子看戏：**俗语，后半句是"只能吃屁"，表示不见真相，没有真实见解。

译文

有位僧人问南阳慧忠国师说："古代大德曾讲'青青翠竹，都是法身；郁郁黄花，都是般若'。有人不同意这种说法，说这是'邪说'。也有人相信这种观点，说'不可思议'。不知究竟如何？"

慧忠国师说："这是至尊圣贤文殊菩萨的境界，不是那些凡夫小人能够相信承受的，都与大乘终极意义的经典相符合。所以《华严经》说：'佛身充满整个法界，普遍显现在一切众生之前。随顺因缘而无不周遍，常常居于菩提座上。'翠竹既然是在法界之内，怎么不是法身？又，《般若经》说：'色法无边畔，因此般若也无边畔。'黄花既然不超出色法的范围，怎么不是般若呢？这种深邃玄远的思想，不省悟的人是难以领会其意义的。"于是，这位僧人向国师施礼致谢而去了。

又，有位讲经僧华严和尚问大珠慧海和尚说："禅师您为什么不同意'青青翠竹都是法身，郁郁黄花都是般若'的观点？"

大珠回答道："法身没有形象，应现翠竹而有形；般若之智无知，对于黄花而显现其相，并不是那些黄花、翠竹而有般若、法身。因此经中说：'佛的真实法身，如同虚空，它应现的事物的形象，如同水中月亮。'

黄花如果是般若，般若就与无情之物相同了；翠竹如果是法身，翠竹也应该能够应物现形。你懂了吗？”

华严和尚说：“不懂这个意思。”

大珠说：“如果是已经发明自性的人，那么他说是也行，说不是也行，随顺不同机用而说，不泥滞于是或不是。如果是没有见性成佛的人，那么他说翠竹时，执着于翠竹；说黄花时，执着于黄花；说法身时，执着于法身；说般若时，并不懂般若。所以，都会产生争论。”华严和尚致礼称谢而去。

妙喜和尚说：“僧众中有些人就说过：‘这两位尊宿这样切磋，一个得到的是体，一个得到的是用。得到用的，在事物的现象上建立宗旨；得到体的，在本体之理上扫除情解。这就是所谓的真实无二的清净的禅悟境界，不受一粒尘土的污染。对于事法之相，又一法都不舍弃。我是佛法之王，对于佛法，能应用自在，贬抑也行，举扬也行，没有所得，也无损失。’这种看法，如同矮子看戏，并没有看到真实处。在妙喜我看来，这两位尊宿也只是要大家都知道他们的观点，不是有‘破驴子背脊上捉苍蝇’的说法吗？”

112 大宁道宽

原典

大宁宽和尚示众，拈拄杖云："前佛性命，后佛纪纲，总在遮里，如今用去也，为云为雨，为瑞为祥，利人利天，出生入死，他方世界，出没卷舒。若也通身是口[①]，说不能尽；通身是眼[②]，照不能穷。一念相应[③]，刹那万劫。"

注释

①**通身是口**：形容机锋敏捷，没有别人的下嘴处。

②**通身是眼**：机锋敏捷，眼明目亮。

③**一念相应**：一刹那间的念头与自心佛性相符合，突然悟到自心佛性。是对顿悟的一种描述。

译文

大宁道宽和尚开示众人，拿起拄杖子说："以前的佛确立的性命宗旨，后来的佛建立的纲纪法则，都在这里面了，现在你们拿去用吧！可以成云作雨，可以成祥作瑞，利益人天，可以出生入死，在其他世界中出没伸舒缩卷。即使是浑身是口的机锋敏捷者，都难以说清楚它；满身是眼的人，也不能把它观照得透。只要一刹那间的心念和它符合，就能使这刹那之念成为万劫永恒。”

113 洞山守初

原典

洞山初和尚示众云：“‘明机自昧，息虑迷源。万法同尘，语默难显。不是情中法，莫生种种心。’离此章句，别有商量，且道，离却作么生商量？还有委悉者么？明明地拣破，明明地显示，明明地举唱，明明地歌咏，更无囊藏被盖，纯说干剥剥地禅。若是灵利衲僧，才闻举着，便合眼卓朔[①]地知个落处，岂不是自家具眼？其奈罕遇其人。盖缘洞山遮里言无味，食无味，法无味。无味之句，塞断人口。兄弟，到遮里难为凑泊[②]，若向遮里觑得分明，天下尊宿到与不到、彻与不彻，总被你验破。何故？盖智有邪正，道有真伪，多只恁么心机意识，认得门前屋后底，学得路布[③]葛藤，一堆一担，蕴在胸襟，道‘我会禅会道’，还梦见禅道也未？唤作打底不遇作家，到老只成骨董[④]。待到明朝后日，蓦札地蹋着正脉[⑤]，省前所行履处，方始羞见本命元辰[⑥]。”

僧问："智不落千差，请师通不犯。"

曰："蒸饼搵饧。"

问："心未生时，法在甚么处？"

曰："池中荷叶动，决定有鱼行。"

问："诸上善人皆说不二法门⑦居士默然⑧，意旨如何？"

曰："无目不画眉。"

问："幻与非幻，未是学人极则⑨处，如何是入理之谈？"

曰："八十翁翁牙不动。"

注释

①**卓朔：** 张开，翘起。

②**凑泊：** 此处为亲近、投合、契悟等意。

③**路布：** 或作"露布"，指语言。

④**骨董：** 没用的旧杂碎。

⑤**正脉：** 正统的法派，这里指真正的禅宗，禅宗正传。

⑥**本命元辰：** 自己的本来面目。

⑦**不二法门：** 一切事理平等如一，没有差别对立，禅门中用以指禅法，不用语言文字传示，直接以心印受的法门。

⑧**居士默然：**即净名杜口。

⑨**极则：**至极妙理、终极真理。

译文

洞山守初和尚开示众人说："'根机明利，自暗自昧，息灭念虑，迷于真源。万法同于一尘，说和不说，都难以表达。不是情想中的事法，不要对它生起种种看法。'离开这些说法，还有另外的表述，你们说，离却这些说法应该怎么样去表述？还有能说的人吗？明确地破斥，明确地显示正法，明确地弘法，明确地歌唱咏叹，更没有囊中所藏的衣被给你盖，让你去干爆爆地说禅。如果是灵根利器的禅僧，一旦听到举唱，眼睛一眨，立即能知道举唱个什么，这难道不是他自己具足慧眼？只是这样的人很少遇着，奈何！奈何！这也是因为我洞山这里话讲得没味道，吃起饭来没味道，禅法没味道。这些没有味道的东西塞满了你们的嘴巴。兄弟们，到这里也难以亲近，如果把这里看清楚了，普天之下的尊宿到也好，没有到也好，彻悟也好，没有彻悟也好，都被你勘验出来。为什么？因为智慧有邪有正，至道有真有伪，如果都像这样以心、意、识等认识手段来认一些门前屋后的东西，学得一些语言表述，把一堆堆、一担担的语言藏在胸中，还说‘我懂得禅，懂得道’，你们可曾梦见过禅和道吗？这种人称为从来就没有遇到过高手的底下人，到头来只成为一堆没用的老古董。等到明天后天，如果突然间踏着了禅宗正脉，反省先前所作所为，才开始感到羞于和自己的本来面目相见。”

有僧人问洞山：“智慧超越各种差别之相，请老师不触犯差别之相，向我们开示。”

洞山说：“蒸饼蘸糖稀。”

僧问：“心没有产生的时候，法在什么地方？”

洞山说：“池塘中的荷叶动，肯定有鱼儿在游。”

僧问：“各位大善知识都说平等如一的不二法门，都说维摩居士沉默不言，这究竟是什么意思？”

洞山说：“没有眼睛就不要画眉毛了。”

僧问：“幻和非幻，都不是学人应追求的终极真理，那么什么是悟入佛理的方法呢？”

洞山说：“八十岁的老汉牙齿坚固不动。”

114　琅琊慧觉

原典

琅邪觉和尚云：“有句无句，如藤倚树。树倒藤枯，好一堆烂柴[①]。”

妙喜曰：“琅邪大似认贼为子[②]，虽然如是，恩大难酬。”

注释

①**一堆烂柴：** 指语言文字不能表述禅的本质。

②**认贼为子：** 真妄颠倒，认妄作真。

译文

琅琊慧觉和尚说：“肯定性的语言表述和否定性的语言表述，如同藤蔓依倚大树。大树一倒，藤蔓枯死，变成一堆烂柴。”

妙喜和尚说：“琅琊真像认盗贼做儿子，虽然这样，也是恩情太大，难以酬报。”

115　慈明楚圆

原典

慈明和尚示众云：“道吾[①]打鼓，四大部洲同参。拄杖横也，挑括乾坤大地；钵盂转也，覆却恒沙世界。且问汝等诸人，向甚么处安身立命？若也知安身立命处，北俱卢洲吃粥吃饭[②]。若也不知，长连床上吃粥吃饭[③]。”

注释

①**道吾**：指道吾悟真，见第一〇三则注①。

②**北俱卢洲吃粥吃饭**：北俱卢洲是四大部洲中最好的一洲，人民寿足年丰，平等安乐。如果能悟得真性，就可以达到像这样美妙的境地。

③**长连床上吃粥吃饭**：长连床是禅僧所用的大通铺。如果不能体悟真性，只能在现在这样的境况中。不管悟与不悟，都是吃粥吃饭，但同是吃粥吃饭，境界不一样。

译文

慈明石霜楚圆开示众人说："道吾悟真打鼓，四大部洲一齐同参。拄杖子横时，挑着乾坤大地；钵盂子转时，盖住无数世界。我来问你们这些人，究竟向什么地方去安身立命？如果知道自己安身立命的地方，就可以在北俱卢洲喝粥吃饭。要是不知道，那就在这里的大通铺上喝粥吃饭吧！"

116　五祖法演

原典

五祖演和尚四面示众云："满口道得底，却不知有[①]。知有底，又道不得[②]。且道，过在甚么处？将成九仞之山，莫惜一篑之土。”

又举：“僧问洞山[③]：‘如何是善知识眼？’山云：‘纸捻无油。’洞山老汉不是无，只是太俭。忽有人问四面：‘如何是善知识眼？’只向伊道：‘瞎！’何故且要相称‘纸捻无油’？也大奇，不堪拈掇[④]有谁知？回身却忆来时路，月下腾腾[⑤]信脚归。”

注释

①**不知有：**此“有”指真性之有。有人于语言表达十分在行，却就是不知真性。

②**道不得：**不能把体悟的境界表达出来，入得去而出不来，不是真悟，但离真悟不远了。

③**洞山：**指洞山守初，参见《古尊宿语录》卷三十八。

④**拈掇：**称说禅机话语。

⑤**腾腾：**自由自在的境界。

译文

五祖法演和尚在四面山开示众人说：“满嘴说得头头是道的，却又不知道真性之有。知道真性之有的，却又一句也说不出来。你们说，错在什么地方？将要筑成九仞之山，不要怜惜一篑之土。”

他又举古德机缘说道：“有僧人问洞山守初：‘什么是善知识的法眼？’洞山说：‘纸捻子已没有油了。’这洞山老汉不是没有油，而是太节俭了。要是有人问四面我：‘什么是善知识的法眼？’我只向他说：‘瞎眼！’为什么还要说什么‘纸捻子已没有油了’？真奇特，有谁知道他经不起说？转身回忆来时走的路，月光下自由自在漫步归。”

117 真净克文

原典

真净和尚示众云：“是日已过，命亦随减，如少水鱼，斯有何乐？唯二乘[①]禅定，寂灭为乐，是为真乐。学般若菩萨，法喜、禅悦[②]为乐，是为真乐。三世诸佛，慈、悲、喜、舍[③]四无量心为乐，是为真乐。

“石霜普会[④]云：‘休去！歇去！冷湫湫地去！’[⑤]是谓二乘寂灭之乐。云门云：‘一切智通无障碍。’拈起扇子云：‘释迦老子来也。’是谓法喜、禅悦之乐。德山棒、临济喝，是三世诸佛慈、悲、喜、舍之乐。

“除此三种乐外，不为乐也。且道，归宗[⑥]一众在三种内？三种外？”良久，云：“今日庄主设馔饭、俵䞋钱[⑦]，参退僧堂内，普请吃茶去[⑧]。”喝一喝。

注释

①**二乘：**指声闻和缘觉二乘。这二乘所修的禅定，以寂灭为最高境界。

②**法喜、禅悦：**法喜是修习佛法而得的喜悦；禅悦是进入禅定或学禅参禅而得的喜悦。

③**慈、悲、喜、舍：**称为“四无量心”。一般说来，给予众生快乐为慈，拔除众生苦恼为悲，见他人快乐而随喜为喜，内心保持平衡状态而没有偏执为舍。

④**石霜普会：**即石霜庆诸，唐代禅僧，道吾宗智法嗣，青原下第四世。

⑤**休去！歇去！冷湫湫地去：**石霜“七去”之三种，代表一种重禅定的法门。一、休去，停止一切动作行为；二、歇去，泯绝一切妄念；三、冷湫湫地去，熄灭一切迷悟、凡圣等昏热之想，达于清凉之地；四、一念万年去，保持一念而如如不动；五、寒灰枯木去，不存任何情识；六、古庙香炉去，去除执着，就像散尽古庙中的香灰；七、一条白练去，在顿悟佛法的过程中，对于偏正宾主，都能分辨得清，像一匹纯净无染的白绸

子。这七句之后都以“去”字结尾，故称“七去”。

⑥**归宗：**真净克文曾住金陵报宁、庐山归宗和宝峰等地，此段法语是在归宗寺时所讲，以此自称。

⑦**俵䞋钱：**布施钱物。

⑧**吃茶去：**本为赵州从谂的接引方式之一，称“赵州吃茶”，意谓要学人消除情见执着。

译文

真净克文和尚开示众人说：“今天已经过去了，生命也随之减少一天，如同缺少水的鱼，这有什么快乐？只有声闻、缘觉二乘人所修的禅定，是以寂灭为快乐，以此为真正的快乐。学般若智慧的菩萨，则以法喜和禅悦为快乐，以此为真正的快乐。三世中的诸佛，具有慈、悲、喜、舍四无量心，以此为快乐，以此为真正的快乐。

“石霜庆诸和尚说：‘停下来吧！歇着吧！冷静下来吧！’这是二乘人的寂灭之乐。云门文偃说：‘一切智慧，畅通无阻碍。’又拿起扇子说：‘释迦老子来啦！’这是法喜、禅悦之乐。德山施棒、临济行喝，这是三世中诸佛的慈、悲、喜、舍之乐。

“除了这三种快乐之外，其余的快乐都称不上是快乐。你们说，我归宗门下僧众们是在三种快乐之内呢，还是在三种快乐之外？”沉默一会，说道：“今天庄主设斋饭，供应汤浇饭，又布施钱物，大家可以退回去了，去找点活干，喝喝茶。”接着喝了一声。

118　首山省念

原典

首山念[①]和尚示众云："诸上座，不得盲喝乱喝[②]。遮里寻常向你道：宾则始终宾，主则始终主。宾无二宾，主无二主。若有二宾二主，即是两个瞎汉。所以我若立时，你须坐；我若坐时，你须立。坐则共你坐，立则共你立。虽然如是，到遮里急着眼始得，若也眼孔定动，即千里万里。何故如此？如隔窗看马骑相似，拟议即没交涉。诸上座，既然于此留心，直须子细，不要掠虚[③]好，他日异时，赚着你在。诸人若也有事，近前。无事，珍重。"

僧问："菩萨未成佛时如何？"

曰："众生。"

僧云："成佛后如何？"

曰："众生，众生。"

问："觉花未发时，如何辨真实？"

曰："冬不寒，腊后看。"

僧云："莫便是也无？"

曰："错。"

问："鱼鼓未鸣时如何？"

曰："望天不见天。"

僧云："鸣后如何？"

曰："觑地不见地。"

问："和尚是大善知识，为甚么却首山？"

曰："不坐孤峰顶，常伴白云闲。"

问："四众围绕，师说何法？"

曰："打草要惊蛇。"

僧云："未审怎生下手？"

曰："适来洎合丧身失命。"

问："不落三寸④，请师速道。"

曰："老僧到遮里却道不得，阇梨道看？"

僧云："犹落三寸，请师别道。"

曰："首山今日失利。"

注释

①**首山念：**首山省念，临济宗僧人，风穴延沼法嗣，南岳下第八世。

②**盲喝乱喝：**盲目模仿临济义玄之喝，而不知为何

行喝，在什么条件下怎么喝。

③**掠虚：**行虚妄事，说虚妄言。

④**不落三寸：**三寸是指舌头。不落言诠，不用语言。

译文

首山省念和尚开示众人说："各位上座，不要盲目地行喝，胡乱地喝。我这里平常时老对你们说：宾位的人始终处于宾位，主位的人始终处于主位。宾没有两个，主也没有两个。如果有两个宾两个主的话，那就是两个瞎子了。所以，我站着时，你必须坐着；我要是坐着，你应该站起来。我坐着时和你一起坐，站着时和你一起站。即使是这样，到这里应该睁大眼睛盯住才行，如果你眼睛迷惑地眨动，那就相差千万里了。为什么会这样？如同隔着窗户看骑马一样，略一迟疑就差远了。各位上座，既然对此很留意，就应该小心点，不要虚头虚脑，不然有朝一日你会在众人面前被瞒骗的。你们要是还有什么事的话，那就走上前来。要是没事，那我就告辞了。"

有一位僧人问他："菩萨在没有成佛之前是什么？"

首山回答说："是众生。"

僧又问："那菩萨成佛之后又怎么样呢？"

首山说："是众生！众生！"

僧问：“觉悟之花没有开放时，怎么样来辨别真实体性？”

首山说：“冬天不寒冷，到腊月过后再看吧！”

僧又问：“这不会就是辨别真实体性的方法吧？”

首山说：“你错了。”

僧问：“渔鼓没有敲响时怎么样？”

首山说：“抬头看天见不到天。”

僧又问：“敲响后又怎么样？”

首山说：“俯首看地见不到地。”

僧问：“和尚您是大善知识，为什么又称为首山？”

首山说：“不在孤峰顶上坐，经常伴着白云闲。”

又问：“四众弟子围绕着您时，您宣说什么法？”

首山说：“打草是要惊蛇的。”

僧又问：“不知道怎样下手来打草惊蛇？”

首山说：“刚才我几乎丢了性命。”

僧人说：“不落在三寸舌头所说的语言上，请禅师您快点讲。”

首山回答道：“老僧我到这个地步却是讲不出来了，阇梨你说说看吧！”

僧人说：“您这仍然落在三寸舌头上，请禅师您再讲。”

首山说道：“首山我今天吃亏了。”

119　叶县归省

原典

叶县省[①]和尚示众云："达磨西来，为传东土。直指人心[②]，见性成佛。独标万像，物外宣扬。悟之者，纤毫不隔；迷之者，背觉合尘。中下之机，也须子细，莫虚过时光。各各有之，况以西来的意，教外别传[③]。道契一言，纵横自在，打破髑髅，揭却脑盖，岂不是庆快？"

僧问："不落诸缘，请师道。"

曰："落。"

问："如何是无缝塔？"

曰："头不梳，面不洗。"

问："如何是出家人？"

曰："紧裹头。"

僧云："恁么则在家出家？"

曰："粗麻鞋。"

注释

①**叶县省：**叶县归省，首山省念法嗣，南岳下第九世。

②**直指人心：**直接指示众生心中的佛性。

③**教外别传**：禅宗称以经论立宗的各教为教家，自称不以经教，而是以心传心，称教外别传。

译文

叶县归省和尚开示众人说：“达磨从西天来，为了使禅法流传东土。直接指示众人之心，发明自心本性，就是成佛。在万法之外独标一帜，在事法之外宣扬禅法。觉悟这种禅法，就与真性没有一丝一毫的间隔；要是迷而不悟，那就乖背真性，与尘俗同流合污。中下根性的人也要小心点，不要虚度光阴。人人都有佛性，况且还有达磨西来，在经教之外所传的禅宗。一言之中如果与禅宗之旨相契合，就可以任纵任横，自由自在。打破骷髅头，揭开脑瓜盖，岂不是很快活的事？”

有僧人问归省和尚说：“不许涉及种种条件，请禅师您讲。”

归省说：“这已经是落在条件上了。”

又问：“什么是没有缝的大石塔？”

归省说：“头也不梳，脸也不洗。”

又问：“什么是出家人？”

归省说：“紧紧地裹着头。”

僧人说：“这不是在家也是出家了吗？”

归省说：“粗麻编的鞋。”

120　翠岩可真

原典

翠岩真[1]和尚示众云：“众生为解碍，菩萨未离觉。”拈拄杖云：“拄杖子是碍，那个是觉？若也会去，解碍为碍，而不自在；若也不会，归源性无二，方便有多门。”

注释

①**翠岩真：**翠岩可真，宋代临济宗僧人，石霜楚圆法嗣，南岳下第十一世。

译文

翠岩可真和尚开示众人说：“众生要解除自己的障碍，菩萨没有离开觉性。”拿起拄杖子说：“拄杖子是障碍，哪个是觉性呢？如果明白了这一点，解除障碍本身就是障碍，反而不能自由自在；如果不明白，归向源头时，本性无二，悟道的方便法门，却有许多。”

卷一下

121 晦堂祖心

原典

晦堂和尚示众云："敲空作响，谁是知音？击木无声，徒劳侧耳。不是目前法，莫生种种心。起灭不相知，个中无背面。象王[①]行处，狐兔绝踪。水月现前，风云自异。到遮里，乾坤收不得，宇宙不知名。十圣立下风，谁敢出头道？诸仁者，应是从前活计、所作施为、会与不会，一时扫却，不如策杖归山去，长啸一声烟雾深。"

注释

①**象王**：象中之王，喻佛、菩萨，禅宗中也指悟道的尊宿。

译文

晦堂祖心和尚开示众人说："敲击空中出声响，谁能听到此音？击打木头没有声，侧耳倾听是白费劲。不是眼前的事法，不要生起种种想法。物生物灭不知晓，真性没有正反面。大象之王走来时，狐狸野兔全跑光。水中之月显现时，风云自知与月异。到这个地步，乾坤收你不了，宇宙不知你名。千圣万圣在你下风头站着，没有一个人敢站出来说一声。各位仁人，应该把以前所做的事情、所作所为、理解和不理解的，一起清扫出去，还不如拿了拄杖归山中，长啸一声进烟雾。"

122 宝峰洪英

原典

宝峰英[①]和尚示众云："先圣[②]道：'江月照，松风吹，永夜清宵何所为？佛性戒珠心地印，雾露云霞体上衣。'诸禅德，先圣虽然如此道，可谓伤盐伤醋。若是山僧即不然，‘江月照，松风吹，永夜清宵何所为？牧童岭上一声笛，惊起群鸦绕树飞’。”

注释

①**宝峰英：**即泐潭洪英，见第六十八则注①。

②**先圣：**此处指永嘉玄觉，下文所引出自《永嘉证道歌》。玄觉，六祖惠能法嗣，有“一宿觉”之称。

译文

宝峰洪英和尚开示众人说：“先古圣人曾说过：‘江上明月照，松林微风吹，漫漫长夜里，清净何作为？佛性和戒珠，众生心上印，云雾、露水和霞光，是为身上所穿衣。’各位禅德，先古圣人虽然这样讲，也真是既浪费了盐，又浪费了醋。要是山僧我，则不是这样，我要讲‘江上明月照，松林微风吹，漫漫长夜里，清净何作为？牧童在岭上，吹响笛一声，惊起林中鸦，围着树林飞’。”

123　五祖法演

原典

五祖演和尚示众云：“佛祖生冤家，悟道染泥土。

无为无事人，声色如聋瞽。且道，如何即是‘恁么也不得，不恁么也不得，恁么不恁么总不得’[①]？忽有个出来道‘恁么也得，不恁么也得，恁么不恁么总得’，只向伊道：‘我也知你向鬼窟里作活计[②]。’”

注释

①**恁么也不得，不恁么也不得，恁么不恁么总不得：**称作“三恁么”，其意在于破斥一切边见执着，第一句相当于“非有”的格式，第二句相当于“非非有”，第三句则相当于“非有非非有”，是中道方法的具体运用。

②**鬼窟里作活计：**指陷于世俗之见、偏执之见，而妄行妄为。

译文

五祖法演和尚开示众人说：“佛祖生在冤家中，悟道却又染上泥。无作为无事忙的人，对声如聋子，对色如瞎子。你们说，怎么样才是‘这样也不行，不这样也不行，这样不这样都不行’？忽然间要是有个人出来说‘这么也行，不这么也行，这么不这么都行’，你只需对他说：‘我也知道你是在鬼窟里妄行妄为。’”

124　宝峰文准

原典

宝峰准[1]和尚示众云："大道纵横[2]，触事现成[3]。云开日出，水绿山青。"蓦拈拄杖，卓一下，云："云门大师来也，说道：'观音菩萨将钱买糊饼[4]，放下却是馒头。'大众，云门只见锥头利，不见凿头方[5]。宝峰即不然。"乃掷下拄杖云："勿于中路事空王[6]，策杖还须达本乡[7]。昨日有人从淮南来，不得福建路信，却道：'嘉州大象吞却陕府铁牛。'"喝云："是甚说话？笑倒云居土地。"

注释

①**宝峰准：**即泐潭文准，见第八十五则注①。

②**大道纵横：**喻指真性之道普遍存在于一切事法之中。

③**触事现成：**事物如如显现，每指一事，都能指向真如本性。

④**糊饼：**或写作"胡饼"，一种涂以香油，撒上芝麻，在炉中烘烤的面饼，制作方法从胡地传来，故名。

⑤**只见锥头利，不见凿头方：**喻只看到事法之现

象，而不见真实本性。

⑥**空王：**在过去空劫中最初出现的佛。或者一般地指佛。

⑦**达本乡：**喻观照自心本性。

译文

宝峰文准和尚开示众人说："万法真性普遍存在，在任一事物身上，都可以发现真性。乌云拨开太阳出，河水碧绿山青青。"突然拿起拄杖子，打一下，文准继续说："云门大师来啦！他说：'观音菩萨花钱买糊饼，放下时却是馒头。'各位，云门只看到锥子头上尖利，却不知道后面的凿头是方形的。宝峰我却不这样。"于是他扔下拄杖子说道："不要在中途侍奉诸佛，还是拿起拄杖回故乡。昨天有人从淮南来，不知道福建方面的消息，却说：'嘉州的大象吞吃了陕西的铁牛。'"他喝一声，说道："这是怎么说话哪？笑死云居方面的土地神了。"

125　云盖守智

原典

云盖智和尚示众云："不离当处[①]常湛然，觅即知君不可见。虽然先圣恁么道，且作个模子搭却。若也出不得，只抱得古人底。若也出得，方有少分相应。云盖即不然，骑骏马，绕须弥，过山寻蚁迹，能有几人知？”

注释

①**当处：**众生周围的种种现象。

译文

云盖守智和尚开示众人说：“不离现象而明明显示，若要寻觅却又不见。虽然先古圣人这样说，也只是搭个模子。如果出不来，你只抱着古人的东西。如果能出来，才有些相符。我云盖则不这样讲，我要说：‘骑上骏马，绕着须弥山跑，跑过此山寻找蚁的踪迹，能有几个人知晓？’”

126　盘山宝积

原典

盘山和尚[1]云：“譬如掷剑挥空，莫论及之不及。斯乃空轮无迹，剑刃无亏。若能如是，心心无知。”

妙喜曰：“咄咄咄，我王库内无如是刀。”

注释

①**盘山和尚：**盘山宝积，唐代禅僧，马祖道一法嗣，南岳下第二世。

译文

盘山宝积和尚说："譬如握剑空中挥，不要说碰到或碰不到什么。这是虚空无踪迹，剑刃无损伤。如果能这样，每颗心中都没有知。"

妙喜和尚说："呸呸呸！我的皇家宝库内没有这样的刀。"

127　洞山晓聪

原典

洞山聪和尚开堂日，僧问："大众云臻，师登宝座。向上宗乘，请师举唱。"

曰："下坡不走快便难逢。"

云："师唱谁家曲，宗风嗣阿谁？"①

曰："竹杖挑擎千界月，钵囊盛贮五天云。"

问："德山入门便棒，犹是起模画样②。临济入门便喝，未免捏目生花③。离此二途，未审洞山如何为人？"

曰："天晴久无雨，近日有云腾。"

云："他后若有人问洞山意旨，教学人如何举似？"

曰："园蔬枯槁甚，担水泼菠薐。"

问："无根树子向甚么处栽？"

曰："千年常住一朝僧。"

问："既是泗州大圣，为甚么却在扬州出现？"

曰："君子爱财，取之有道。"

问："古镜④未磨时如何？"

曰："此去汉阳不远。"

云："磨后如何？"

曰："黄鹤楼前鹦鹉洲。"

又因发⑤供养主⑥示众云："住持之道，劳他十方高人。且实际理地，不受一尘。佛事门中，不舍一法。盖为清众之故，所以忘劳。然尽大地作一个糊饼，天下人尽得吃，唯有深沙神⑦不得吃，怒发，将蒺藜杖打一棒，瓦解冰消。"

注释

①**师唱谁家曲，宗风嗣阿谁**：禅门中常用参问语，问禅师的禅法宗旨以及师承。

②**起模画样**：装模作样，虚妄的行为。

③**捏目生花**：空中本无花，揉捏双眼，产生幻象，

而认为空中有花，幻尽花亦灭。喻虚妄空幻之事。

④**古镜：**喻没有开悟之众生的本心被尘垢烦恼所蒙，犹如古老的铜镜，其明性被灰垢浊锈所覆。

⑤**发：**启程、出发。

⑥**供养主：**寺院中专门从事在外募化的僧人。

⑦**深沙神：**又称深沙大将等，据说在流沙河中，玄奘西行取经时，曾保护过玄奘。也有认为它是多闻天、观音等的化身。

译文

洞山晓聪和尚开堂说法那一天，有僧人问他："大家都来了，请老师您登上法座，宣说至极玄妙的禅宗宗旨。"

洞山说："下坡时不快走的人很少。"

僧又问："老师您唱的是哪一家的曲子，承继谁的宗风？"

洞山说："竹杖子挑起千个世界中的月，钵囊子里装着五重天中的云。"

又问："德山宣鉴进门就打，这不过是装模作样的虚妄之作。临济义玄进门就喝，也是揉捏眼睛生幻花。除了这两种方法，不知道洞山您是怎样接引学人的？"

洞山说："天晴了好久不下雨，最近天空中有云聚。"

又问："今后如果有人问我洞山禅法的宗旨是什么，这叫我怎样回答他？"

洞山说："园子里的菜都要枯死了，挑几担水去浇浇菠菜吧！"

又问："没有根的树应该栽在什么地方？"

洞山说："一千年里住着一个朝代的僧人。"

又问："既然是泗州的大圣人，为什么又在扬州出现？"

洞山说："君子爱财富，但他用合法的方法得到它。"

又问："古镜没有磨的时候是怎么样的？"

洞山说："这里离汉阳不算远。"

又问："古镜磨冶之后又是怎么样的？"

洞山说："黄鹤楼前有个鹦鹉洲。"

洞山又在送负责募化的供养主出发时开示说："做住持的方法，就是要烦劳各地的高人。况且真实的理体，不受一尘污染，同时，对种种事法，无一舍却。都是为了清净大众的缘故，所以忘记了烦劳。但是以整个大地作为一个糊饼的话，天下的人都能吃得到，唯独深沙神吃不到，他就发起怒来，用蒺藜棒一打，打了个冰消瓦碎。"

128　明招德谦

原典

明招和尚[①]领众至尧庵，乃提起绦子[②]云："得恁么胡毵毵地。"

庵主云："莫错认定盘星[③]。"

招云："恰是。"

注释

①**明招和尚：**明招德谦，唐代禅僧，罗山道闲法嗣，青原下第七世。

②**绦子：**指绳子。

③**错认定盘星：**从根本上搞错了。定盘星是老式杆秤上的起点星。

译文

明招德谦和尚率领僧众来到尧庵，提起绳子说："就应该这样胡子拉长毛茸茸的。"

庵主就说："你不要把定盘星给认错了。"

明招说："正是。"

129　南岳怀让

原典

南岳让[1]和尚示徒曰："一切万法皆从心生，若达心地，所作无碍。"

僧问："如镜铸像，像成后光归何处？"

曰："如大德未出家时，相状向甚么处去。"

僧云："成后为甚么不鉴照？"

曰："虽然不鉴照，谩他一点也不得。"

注释

①**南岳让**：南岳怀让，唐代禅僧，六祖惠能法嗣。

译文

南岳怀让和尚指示徒众说："一切万法都是从心产生出来的，如果能体达这个心，就能纵横无碍，任作任为。"

有僧人问他："如果用镜子来成像，形象出现后，光线回归到什么地方去呢？"

怀让说："就像你没有出家的时候，你的相貌形状到什么地方去。"

僧人说：“成像之后，镜子为什么又不照了呢？”

怀让说：“虽然不鉴照，但你一点都瞒不过他。”

130　花药进英

原典

花药英[1]和尚示众云：“十七、十八，道着即瞎；十九、二十，人信不及。更欲待，枯木生花，糊饼出汁。”

注释

①**花药英：**花药进英禅师，事迹见《石门文字禅》卷三十。

译文

花药进英和尚开示众人说：“十七、十八，说出来眼睛就瞎；十九、二十，人们并不相信它的存在，想等下去，枯木开花，糊饼出汤汁。”

131 洛浦元安

原典

洛浦[①]久为临济侍者，济常称美曰："临济门下一只箭，谁敢当锋？"

浦一日辞济，济问："甚么处去？"

云："南方去。"

济以拄杖画一画，云："过得遮个便去。"

浦乃喝，济便打，浦作礼。

济明日升堂，云："有一条赤梢鲤鱼，摇头摆尾向南方去，不知向谁家齑瓮[②]里淹杀。"

注释

①**洛浦：**洛浦元安，唐代禅僧，夹山善会法嗣，青原下第五世。

②**齑瓮：**腌菜坛子。"齑"即齑，切碎的咸菜。

译文

洛浦元安禅师在临济义玄门下长期以来一直当侍者，临济经常称赞他说："真是我临济门下的一支利箭，有谁敢承受他的箭锋？"

有一天，洛浦向临济辞行，临济问他："准备到什么地方去啊？"

洛浦说："到南方去。"

临济用拄杖画一画，说："你要是能从这个地方过去，我就让你走。"

洛浦就喝，临济举杖就打，洛浦于是向临济施礼。

第二天，临济升堂说法时，对僧众说："有一条红尾巴的鲤鱼，摇头晃尾地向南方去，不知道是想掉在哪一家的腌菜坛子里淹死。"

132 杨岐方会

原典

杨岐和尚示众云："春风如刀，春雨如膏。律令正行，万物情动。你道，'脚踢实地'一句作么生道？出来，向'东涌西没'[①]处道看。直饶道得，也是梁山颂子。"

注释

①**东涌西没：**形容悟禅者的自在境界，通畅无碍。

译文

杨岐方会和尚开示众人说：“春风如剪刀，春雨如油膏。节律时令到，万物春情动。你说，‘脚踏实地’这句话怎么理解？站出来，照着‘东方涌去，西方落下’的说法讲讲看。即使你说出来了，也只是复述人家梁山上所唱的歌。”

133　法昌倚遇

原典

法昌遇和尚在双岭受请，与英[①]、胜[②]二首座相别，云：“三年聚首，无事不知。检点[③]将来，不无渗漏[④]。”以拄杖画一画，云：“遮个且止，宗门事作么生？”

英云：“须弥安鼻孔。”

曰：“恁么则临崖看浒眼，特地一场愁。”

英云：“深沙努眼睛。”

曰：“争奈圣凡无异路，方便有多门？”

英云：“铁蛇钻不入。”

曰：“遮般汉有甚共语处？”

英云：“自缘根力浅，莫怨太阳春。”却画一画，云：“宗门事且止，遮个事作么生？”

法昌便掌。英云：“遮漳州子莫无去就。”

曰：“你遮般见解，不打更待何时？”又打。

英云：“也是老僧招得。”

英、胜二人到山相访，英云：“和尚寻常爱检点诸方，今日为甚却来古庙里作活计？”

曰：“打草只要蛇惊。”

英云：“且莫涂糊人好。”

曰：“你又刺头入胶盆[5]作甚么？”

英云：“古人道：‘我见两个泥牛斗入海。’所以住山，未审和尚见个甚么？”

曰：“你他时异日有把茅盖头[6]人来问，你作么生祇对？”

英云：“山头不如岭尾。”

曰：“你且道：‘当得住山事么？’”

英云：“使鑁不及拖犁。”

曰：“还曾梦见古人么？”

英云：“和尚又作么生？”

法昌展两手。英云：“鰕跳不出斗。”

曰：“莫将三寸烛，拟并太阳辉。”

英云：“争奈公案[7]见在。”

曰：“乱统禅和[8]，如麻似粟。”

又问二人：“我欲来遮里起法堂[9]，且道作得个甚么向当？”

英云：“贼是小人。”

曰：“邵武子动着便作屎臭气。”

英云：“曾经霜雪苦。”

曰：“明珠自有千金价，谁肯林边打雀儿？”

英云：“大似持钵不得，诈道不饥。”

法昌却指胜曰：“你且道合作得个甚么向当？”

胜云：“本来无位次，不用强安排。”

曰：“你遮驴汉，安向甚处着？”

胜云：“一任敲砖打瓦。”

曰：“也只是个杜撰巡官⑩。”

英云：“若是千金宝，何须打雀儿？”

曰：“东家人死，西家助哀。”

英云：“路见不平。”

云门云：“法身吃饭，幻化空身即法身，乾坤大地何处有也？物物不可得，以空噇空。若约点检来，将谓合有与么说话？”

妙喜曰：“龙头蛇尾得人憎。‘法身吃饭’‘以空噇空’，唤作无得么？我恁么道，且作死马医。”

注释

①**英：** 指沩潭洪英，他是福建邵武人，故后文法昌

称其“邵武子”。

②**胜：** 黄檗惟胜，和泐潭洪英同为黄龙慧南法嗣，南岳下第十二世。

③**检点：** 有检查、指责、辨识等意。原指交点检阅，此处指检讨心境。

④**渗漏：** 指错误之处。

⑤**刺头入胶盆：** 把脑袋钻进浆糊盆子里去，喻糊涂、愚痴。

⑥**把茅盖头：** 指禅僧住持寺院。

⑦**公案：** 典型的案例。在禅的修行中，为了促使学人趋向觉悟，而提出一些问题，这些问题，就成为公案。它常是一些古来祖师的言说、动作等的记录，其中蕴含有深刻的觉悟的消息，把这些消息探究出来，就能觉悟。

⑧**乱统禅和：** 胡言乱语的禅僧。

⑨**法堂：** 说法集众之场所。一般寺院把法堂置于佛殿之后，而禅宗自百丈之后，只立法堂，不立佛堂，以法为尊，反对崇拜佛。

⑩**杜撰巡官：** 喻胡说八道的禅僧。

译文

法昌倚遇和尚在双岭时受到邀请，就和泐潭洪英、黄檗惟胜两位首座道别，说道：“我们相聚三载，没有我们不知道的事情。但检讨我们各自的心境，不免还有错误之处。”他用拄杖画一画，说：“这个暂且就不说了，禅门中的事情究竟怎么办呢？”

洪英首座说：“须弥山就安在我的鼻孔上。”

法昌说：“这样的话，真是在悬崖边上看水眼，实在是愁煞人了。”

洪英首座又说：“深沙神鼓凸着眼睛。”

法昌说：“怎奈何为圣为凡路相同，方便法门有很多？”

洪英首座说：“铁蛇钻不进去。”

法昌说：“像你这样的人，我和你有什么话好讲呢？”

洪英首座说：“你自己根机太浅，不要埋怨阳光明媚的春天。”于是，他也画一画，问法昌道：“禅门中的事暂且放在一边，这个事情怎么办？”

法昌就一掌打过去。洪英首座说：“你这个漳州佬不要胡来啊！”

法昌说：“你这样来理解，我现在不打你，还要等到什么时候？”说着又打他。

洪英首座说：“这也是老僧我自作自受。”

后来洪英和尚与惟胜和尚去拜访法昌，洪英和尚问法昌说："和尚您平常喜欢勘辨诸方人士，现在为什么坐到古庙里来了？"

法昌说："打草是要使蛇惊动。"

洪英和尚说："你最好不要把人搞糊涂了。"

法昌说："你又把头刺进胶水盆里做什么？"

洪英和尚问："古人说：'我曾经看到两只泥牛打架打到海里去了。'所以来山中住持，不知道您看到什么了？"

法昌说："有朝一日哪个住持寺院的和尚来问你，我看你怎样答对？"

洪英和尚说："山岭的前部比不上后部。"

法昌说："你就讲：'你能够承担得起住持的事吗？'"

洪英和尚说："用镬头还不如用犁。"

法昌问他："你可曾梦见过古人？"

洪英和尚反问道："和尚您又想做什么？"

法昌两手一摊。洪英和尚说："虾子跳不出斗。"

法昌说："不要用三寸蜡烛来和太阳光比。"

洪英和尚说："怎奈何有公案在那儿。"

法昌说道："你这个胡言乱语的禅家人，也只是和麻和粟一样平常。"

法昌又问这两位说："我想在这里造个法堂，你们说选什么朝向？”

洪英和尚说：“盗贼都是小人。”

法昌说：“你这个邵武佬动不动就冒屎臭气味。”

洪英和尚说：“曾经经受过雪霜之苦啊！”

法昌说：“明珠自然有它的千金身价，有谁还肯在树林边上打鸟？”

洪英和尚说：“这真像手里没有饭钵子，还假装说自己不饿。”

法昌就对惟胜和尚说：“你倒是说应该取个什么朝向？”

惟胜和尚说：“本来就没有什么方位的差别，所以你也不用强作安排。”

法昌骂道：“你这头毛驴，心思用在什么地方？”

惟胜和尚说：“随你去敲砖打瓦。”

法昌说：“你也是个胡言乱语的家伙。”

洪英和尚说：“如果是千金之宝，何必要去打鸟雀？”

法昌说：“东边人家死了人，西边人家帮着哭。”

洪英和尚说：“路上见到不平事。”

云门文偃说：“以佛的法身来吃饭，这个虚幻的空无之身就是法身，在哪里有乾坤大地？没有一物可以得到，以空吃空。如果说要‘检讨各自的心境’，那就要讲‘哪有这么说话的’？”

妙喜和尚说：“龙头蛇尾的人最遭人恨了。‘法身吃饭’‘以空吃空’，这也叫‘没有一物可得’？我这么讲话，也是权且死马当活马医。”

134　黄龙悟新

原典

黄龙新和尚示众，举：“雪峰道：‘三世诸佛[1]，向火焰里转大法轮[2]。’云门道：‘火焰为三世诸佛说法，三世诸佛立地听。’雪峰、云门交互争辉。薪尽火灭，三世诸佛向甚么处听？莫恋白云深处坐，切忌寒灰烧杀人。”

注释

①**三世诸佛：**喻指众佛。大乘佛教认为有无数佛。三世指前世、现世和后世。

②**转大法轮：**旋转佛法之轮。喻指说法。

译文

黄龙死心悟新和尚，举古德机缘道：“雪峰义存说：‘三世诸佛在火焰里转动佛法大轮。’云门文偃则说：‘火焰给三世诸佛说佛法，三世诸佛都站着在听。’雪峰和云门两古德交相争辉。但是柴薪烧尽，火焰熄灭后，三世诸佛在什么地方听？不要贪恋在白云深处坐，千万提防冷灰也能杀人。”

135　大沩真如

原典

大沩真如和尚示众云：“月生一，大地茫茫谁受屈？月生二，东西南北没巴鼻。月生三，善财特地向南参。所以道，放行[1]则怛萨[2]舒光；把住[3]则泥沙匿耀。且道，放行是？把住是？”良久，云：“圆伊三点[4]水，万物自尖新。”

僧问：“如何是城里佛？”

曰：“万人丛里不插标。”

“如何是村里佛？”

曰：“泥猪疥狗。”

“如何是山里佛？”

曰：“绝人往还。”

“如何是教外别传一句？”

曰：“翻译不出。”

注释

①**放行**：接引学人时让其有路可循，给予入门方便。

②**怛萨**："怛萨阿竭"的略称，指如来。

③**把住**：接引学人时截断对方理路，使其无处可入，无处用心。

④**圆伊三点**：代表一种圆融无碍的境界。梵字"∴"（音"伊"）由三点组成，这三点既非竖排，亦非横排，而呈三角形状，佛教常用来比喻不一不异、非前非后的中观。

译文

大沩慕哲真如和尚开示众人说："月亮生一，大地茫茫谁受委屈？月亮生二，东南西北没有鼻子。月亮生三，善财童子到南方参。所以说，给人放条入路，那么如来放光辉；截断学人退路，那么泥沙藏光明。你们说，应该放一条入路呢，还是应该截断退路？"沉默一会，说道："'伊'字三点圆融无碍，万物各自冒芽新生。"

有僧问他说："什么是城里的佛？"

大沩说："万人之中不插标识。"

又问：“什么是村里的佛？”

大沩说：“浑身泥水的猪，长满疥疮的狗。”

又问：“什么是山里的佛？”

大沩说：“没有人来去。”

又问：‘教外别传’这句话的含义是什么？”

大沩说：“翻译不出来。”

136　长沙景岑

原典

长沙岑[①]和尚与仰山玩月次，山云：“人人有遮个，只是用不得。”

岑云：“我倩汝用始得。”

山云：“你作么生用？”

岑劈胸与一蹋，山云：“囝[②]，直下似个大虫。”

注释

①**长沙岑：**长沙景岑，唐代禅僧，南泉普愿法嗣，南岳下第三世。

②**囝：**此处为感叹词，相当于“嘀”“吓”等。

译文

长沙景岑和尚和仰山慧寂赏月的时候，仰山说："人人都有这个东西，只是用不到它。"

景岑说："我请你用就行了。"

仰山问："你怎么用？"

景岑对着仰山当胸一脚，仰山说："啊哟，真像只大老虎。"

137　智门光祚

原典

智门祚[①]和尚示众云："数日好雨。且道，雨从甚么处来？若道从天降，那个是天？若道从地出，唤甚么作地？若更不会。所以古人道：'天地之前径，时人莫强移。个中生解会，眼上更安锥。'"又云："'赫日里我人，云雾里慈悲，霜雪里假褐，雹子里藏身。'还藏身得么？若藏不得，却被雹子打破髑髅。"

僧问："国师三唤侍者[②]，意旨如何？"

曰："怜儿不觉丑。"

云："国师辜负侍者，意旨如何？"

曰："美食不中饱人餐。"

云：“侍者辜负国师，意旨如何？”

曰：“粉骨碎身未足酬。”

注释

①**智门祚**：智门光祚，宋代云门宗僧人，香林澄远法嗣，青原下第八世。

②**国师三唤侍者**：南阳慧忠国师三次唤侍者，三唤三应，国师说，你辜负了我。侍者只认自己的职位，不认自己的本心，是为认妄迷真。

译文

智门光祚和尚开示众人说：“下了几天好雨。你们说，雨是从什么地方来的？如果说是从天上降下的，哪个是天呢？如果说是从地里产生的，把什么叫作地呢？如果再问，还是不明白。所以古人说：‘天地前面的路，大家不要移动。要在其中求解，眼睛上面放锥。’”智门光祚又说：“‘烈日里有我有你，云雾里行慈行悲。霜雪里借来衣服，冰雹里躲藏起来。’还藏得住吗？如果藏不住，反而要被冰雹打破你的骷髅头的。”

有僧人问他：“南阳慧忠国师三次叫侍者，这是什么意思？”

光祚说："爱怜儿子，不觉儿子丑。"

又问："国师辜负侍者，这是什么意思？"

光祚说："美味佳肴禁不起吃。"

又问："侍者辜负国师，这又是什么意思？"

光祚说："粉身碎骨也不够。"

138　保宁仁勇

原典

保宁勇和尚示众云："释迦老子四十九年说法，不曾道着一字。优波毱多[①]丈室盈筹[②]，不曾度得一人。达磨不居少室[③]，六祖不住曹溪[④]。谁是后昆？谁为先觉？既然如是，彼自无疮，勿伤之也。"拍膝顾众云："且喜得天下大平。"

颂风幡话[⑤]云："荡荡一条官驿路，晨昏曾不禁人行。浑家不是不进步，无奈当门荆棘生。"

注释

①**优波毱多：**意译"近护""小护"，是阿育王时的僧人，阿育王的帝师，禅宗西土祖师第四祖。

②**丈室盈筹：**优波毱多居室狭小，他每度一人，用

一根筹子记录，最后他的长十八肘、宽十二肘的石室都堆满了筹子，可见其度人之多。

③**少室：**少室山，在今河南登封市以北，属嵩山，菩提达磨在此面壁多年。

④**曹溪：**禅宗六祖居住地，禅宗南派的发源地，在今广东省曲江区双峰山下。

⑤**风幡话：**惠能在广州法性寺，见两小僧因风吹幡动而争论，一说风动，一说幡动。惠能说：不是风动，不是幡动，是你们的心在动。语见《坛经》宗宝本。

译文

保宁仁勇和尚开示众人说："释迦牟尼说法四十九年，没有说着一个字。优波毱多每度一人就积一根筹，筹子堆满了居室，其实没有度着一个人。达磨并不住在少室山，惠能也不住在曹溪。谁是子孙，谁是先圣？既然这样，他本来没有疮口，就不要去伤害他了。"他拍拍膝盖，看着大家，说道："幸好天下已经太平了。"

保宁又唱颂"风幡"典故："宽宽一条官方驿道，早晚从不禁止人走。老婆不是不想走路，只是门口荆棘丛生。"

139　云峰文悦

原典

云峰悦和尚示众云："德山入门便棒，临济入门便喝。看遮两个老汉，一场败阙[①]。然则事不孤起，起必有因。云峰不着便[②]，盖是为众竭力。你等诸人，平地吃交，过在阿谁？"良久，云："当断不断，返遭其乱。"蓦拈拄杖，一时趁下。

僧问："不涉廉纤，请师速道。"

曰："须弥山。"僧拟议，峰便打。

僧问："如何是第一要[③]？"

曰："蛇穿鼠穴。"

"如何是第二要？"

曰："猢狲上树。"

"如何是第三要？"

曰："村里人草鞋。"

问："如何是般若体？"

曰："箭穿杨叶。"

"如何是般若用？"

曰："李广陷番。"

问："如何是衲衣下事？"

曰："皮裹骨。"

注释

①**一场败阙**：一次挫败、一次失败。

②**不着便**：不走运、倒霉。

③**第一要**：临济接引时的“三要”，三种要点，临济对三要并无具体说明，后人多有发挥。

译文

云峰文悦和尚开示众人说：“德山进门就打，临济进门就喝。看这两个老头子，都遭到一次失败。但是，事法的产生并不是孤立的，必定有其原因。云峰我真不走运，也是为各位竭尽心力。你们在平坦地上都要跌跟头，错在什么地方？”沉默一会儿，说道：“该决断的时候不做决断，反而遭受其祸害。”他突然拿起拄杖，把大家一起赶了出去。

有僧人说：“不得像那绵绵细雨般地啰唆，请您快点说。”

云峰说：“须弥山。”僧人略有迟疑，云峰就打。

有僧问：“什么是第一要点？”

云峰答道：“蛇穿老鼠洞。”

又问：“什么是第二要点？”

云峰答道：“猴子爬上树。”

又问："什么是第三要点？"

云峰答道："乡下人的草鞋。"

又问："什么是般若智慧的体性？"

云峰答道："利箭穿过杨树叶。"

又问："什么是般若的相用？"

云峰答道："李广被番兵打败。"

又问："什么是禅僧应做的事？"

云峰答："一层皮裹着骨头。"

140 洞山守初

原典

洞山初和尚示众云："语中有语，名为死句[①]；语中无语，名为活句[②]。诸禅德，作么生是活句？到遮里，实难得人。若也不动一尘，不拨一境，见事便道，答话长老下脚不得。东西南北，莫知多少。要得去离泥水[③]，活人眼目[④]，举唱宗风，激扬大事[⑤]，不道全无，其奈还少。只缘未达其源，落在第八魔境界中，识得个不名不物，无是无非，头头物物，无不具足，道'我得安乐田地'，更不求余。凡有扣击问难，即便敲床竖拂[⑥]，更不惜便施便设，便行便用，向恶水坑里头出头没，弄个无尾猢狲，到腊月三十日[7]，鼓也打破，猢狲又走却了，手忙脚乱，一无所成，悔将何及？若是个衲僧，乍可冻杀饿杀，终不着他鹘臭布衫。”

注释

①**死句**：一般的有意路可循的话句。

②**活句**：超越了语言、义理和分别的奇特语句。

③**去离泥水**：离开语言牢笼，摆脱语言束缚。

④**活人眼目**：使学人眼明目亮，智慧锐利。

⑤**大事**：明心见性，顿悟成佛事，弘扬禅法事。

⑥**敲床竖拂**：禅师的两种常用作略。

⑦**腊月三十日**：一年中的最后时刻，此时不悟，则没有悟期了。

译文

洞山守初和尚开示众人说：“话里有话，称为有意路可循的‘死句’；话里没有话，称为超越了语言的‘活句’。各位禅德，什么是活句？在这个地方，实在难得有明白的人。如果不触动一粒微尘，不拨动一处对象，看到什么事就说起来，使答话的人插不进一句。这样的人，东南西北之中，不知道有多少。但能够摆脱泥水般的语言的束缚，使学人眼明目亮，宣扬宗风，弘扬禅门大事，这样的人，不是说一个也没有，奈何很少。只是因为没有体达本源，落在了魔事境界上了，知道了一些没有名称，没有内容，既不肯定，也不否定的东西，林林总总，无不具备，于是就说‘我到达了安宁快乐的境界’，再也不想追求其余的东西了。凡是有人来参问，他就敲床、竖拂子，更不惜运用种种措施、行为，在脏水坑里浮上沉下，弄来只没尾巴的猴子耍，到腊月三十日，鼓也打破了，猴子也跑掉了，自己手忙脚乱，一事无成，这该上哪儿后悔去？如果真是个禅僧，宁可饿死、冻死，也不去穿他的冒狐臭味的衣服。”

141　智者智颉

原典

天台智者大师[①]在南岳诵《法华经》，至《药王品》，云："是真精进，是名真法供养如来。"于是悟法华三昧，获旋陀罗尼，见灵山[②]一会俨然未散。

妙喜曰："而今未获旋陀罗尼者，还见灵山一会否？若见，以何为证？若不见，‘是真精进，是名真法供养如来’，只恁么念过，却成剩法[③]矣。"

注释

①**智者大师：**智𫖮，天台宗创始人，对禅学多有创见。

②**灵山：**在古印度王舍城附近，释迦牟尼佛曾在此建立法会，付法给迦叶，这是禅之始。

③**剩法：**多余的、成为累赘的东西。

译文

天台智者大师智𫖮在南岳念诵《法华经》，念到《药王品》时，说："这是真正的精进，是叫以真法供养如来。"于是他顿悟法华三昧，获得了能旋转众生的执着之相，使众生达到对空理的体悟的那种智慧（旋陀罗尼），看灵山之上的法会俨然没有散。

妙喜和尚说："到现在还没有获得旋陀罗尼的人，能看到灵山法会吗？如果看得到，有什么证据？如果看不到，那么，'称为真正的精进，是以真法供养如来'，只是这么一念而过，全成了多余的了。"

142　云峰文悦

原典

世尊[1]才生下，乃一手指天，一手指地，周行七步，目顾四方，云：“天上天下，唯我独尊。”云门云：“我当时若见，一棒打杀与狗子吃，贵图天下太平。”云峰悦云：“云门虽有定乱之谋，且无出身之路[2]。”保宁勇颂云：“混沌未分人未晓，乾坤才剖事潜彰。天生伎俩能奇怪，末上输他弄一场。”

注释

①**世尊：**指佛祖释迦牟尼。

②**出身之路：**超脱、彻悟之路。

译文

世尊释迦牟尼刚生下来时，一只手指着天，一只手指着地，绕行七步，看看四周，说道：“不管在天上在天下，只有我是至尊者。”云门文偃说：“我当时如果看到了，一棒子把他打死喂狗，这样现在天下可以太平了。”云峰文悦说：“云门虽有平定祸乱的谋略，但并没有超脱生死的方法。”保宁仁勇赞颂说：“天地混沌不分，众人浑然不晓，乾坤大地刚开，万事万物未显。佛祖天生手段，真是十分奇特，后来输给云门，弄出好戏一场。”

143　赵州从谂

原典

赵州和尚示众云："此事的的，没量大人[①]出遮里不得。老僧到沩山，见僧问：'如何是祖师西来意？'沩山云：'与我过床子来。'若是宗师，须以本分事接人始得。"

时有僧问："如何是祖师西来意？"

州云："庭前柏树子。"

僧云："和尚莫将境示人。"

曰："我不将境示人。"

云："如何是祖师西来意？"

曰："庭前柏树子。"

后法眼问光孝觉[②]和尚："近离甚处？"

曰："赵州。"

云："承闻赵州有'柏树子'话，是否？"

曰："无。"

云：“往来皆谓：‘僧问：如何是祖师西来意？州云：庭前柏树子。’上座何得道无？”

曰：“先师实无此语，和尚莫谤先师好。”

注释

①**没量大人：**指自心之佛，它是超越数量分别的。

②**光孝觉：**光孝慧觉禅师，唐代僧人，赵州从谂法嗣，南岳下第四世。

译文

赵州从谂和尚开示众人说：“这件事十分清楚，就是超越了数量分别的人也不能从这里出去。老僧我到沩山时，看到有僧人问沩山灵祐说：‘什么是达磨祖师西来的宗旨？’沩山说：‘给我把床板子拿来。’如果是个宗师，应该以本分内的大事来接引学人才对。”

这时有僧人问他：“什么是达磨祖师西来的宗旨？”

赵州说：“院子前面的柏树。”

僧人说：“和尚您不要以外境来指示我。”

赵州说：“我没有以外境来指示你。”

僧人又问：“什么是达磨祖师西来的宗旨？”

赵州说：“院子前面的柏树。”

后来，法眼文益问光孝慧觉禅师说："最近到什么地方去了？"

光孝说："到赵州和尚处去了。"

法眼又问："听说赵州说过'柏树'的话，是吗？"

光孝说："没有说过。"

法眼又说："来去的僧人们都说：'有僧人问赵州：什么是达磨祖师西来的宗旨？赵州说：院子前面的柏树。'上座你为什么讲没说过？"

光孝说："我的先师实在没有说过这样的话，和尚您不要毁谤我的先师。"

144　五祖法演

原典

五祖演和尚示众，举："药山问石头[①]：'三乘十二分教[②]，某甲粗知，承闻南方[③]直指人心，见性成佛，实未明了，伏望和尚慈悲指示。'石头云：'恁么也不得，不恁么也不得，恁么不恁么总不得。'山僧在众[④]日，闻兄弟商量道：'即心即佛亦不得，不即心即佛亦不得。若恁么说话，敢称禅客[⑤]。何故？'殊不知石头老人文武兼备，韬略双全。若是五祖见处，也要诸人共知，只见波涛涌，不见海龙宫。"

注释

①**石头：**石头希迁，唐代禅僧，青原行思法嗣，南岳下第一世。

②**三乘十二分教：**指各种佛教经典。三乘是声闻、缘觉和菩萨（或佛）乘，十二分教是十二部经，全部佛教经典被分类成十二种。

③**南方：**指惠能在广东所传的禅法。

④**在众：**僧人在大众中一起参问。

⑤**禅客：**禅宗僧人。

译文

五祖法演和尚开示众人时，举古德机缘说："药山惟俨问石头希迁：'各种佛教经典，本人粗略知道一些，听说南方曹溪有直接指示众生之心，发明本性，顿悟成佛的宗旨，这我实在还不明白，请您以慈悲心肠，向我指示。'石头说：'这样也不行，不这样也不行，这样不这样都不行。'山僧我在僧众共参的那一天，听到兄弟们在议论：'即众生心是佛也不行，不即众生心是佛也不行。要是这样说话，才可以称为禅宗僧人。为什么呢？'竟不知道石头老人文武双全，韬略兼备。在五祖我看来，这也是要大家都知道，只看到波涛汹涌，却不见海龙宫。"

145　唐明嵩

原典

唐明嵩[①]和尚示众云："文殊仗剑，五台[②]横行；唐明一路，把断妖讹。三世诸佛，未出教乘；网底游鱼，龙门难渡。垂钩四海，只钓狞龙；格外玄谈，为求知识。若也举扬宗旨，须弥直须粉碎；若也说佛说祖，海水便须枯竭。宝剑挥时，毫光万里。放汝一路[③]，通方说话。把断咽喉[④]，诸人甚处出气？"

僧问："钝根乐小法，不自信作佛。作佛后如何？"

曰："水里捉麒麟。"

云："恁么则便登高座也。"

曰："骑牛上三十三天。"

问："古人拈椎竖拂，意旨如何？"

曰："骑驴不着靴。"

注释

①**唐明嵩：**唐宋时禅宗僧人，具体事迹不详。

②**五台：**山西五台山，中国佛教四大名山之一，是文殊菩萨道场。

③**放汝一路：**放开一条路，让学人进去。

④**把断咽喉**：扼断语路，使学人无路可循，无话可讲。

译文

唐明嵩和尚开示众人说："文殊持剑，在五台山上横行；我唐明的宗风，是要扼断妖魔、错误之路。三世诸佛，都不出经教；网底的鱼，跳不过龙门。四海之中垂钩，只钓到一条恶龙；超出常例的虚玄之谈，只是为了求取一些知识。如果弘扬禅门宗旨，须弥山也应该打碎；如果是说佛说祖，海水就要枯竭。宝剑挥动时，寒光耀万里。给你放开一条路，让你有个说话的地方。要是扼断咽喉，你们到什么地方出气？"

有僧人问他："那些根性迟钝，喜好小法，不相信自己能够成佛的人，他们成佛后会怎么样呢？"

唐明说："在水里抓麒麟。"

又问："这样就登上高座了。"

唐明说："骑着牛到三十三重天上去。"

又问："古人抓起棒子，竖起拂子，都是什么意思？"

唐明说："骑驴不穿靴子。"

146　慈明楚圆

原典

慈明和尚示众云："一切贤圣，皆以无为法①而有差别。前是案山②，后是主山③，那个是无为法？"良久，云："向下文长，付在来日。"

注释

①**无为法**：也称"无为"，指非因缘和合而成、无生灭变化的绝对存在。与"有为法"相对。禅门中用来指谓禅法的本质。

②**案山**：风水术语，宅地前的护砂。

③**主山**：风水术语，宅地背后的主龙山。

译文

慈明石霜楚圆和尚开示众人说："所有的圣贤之士都是由于体悟无为法性的深浅，而有种种差别不同的。前面是案山，后面是主山，哪一个是无为法？"沉默一会，说道："下文很长，过些日子给你吧！"

147 马祖道一

原典

马祖示众云：“汝等诸人各信[1]自心是佛，此心即佛。达磨大师从南天竺国来至中华，传上乘一心之法，令汝等开悟，又引《楞伽经》以印众生心地，恐汝颠倒，不自信此一心之法各各有之。故《楞伽经》以佛语心[2]为宗，无门[3]为法门。夫求法者，应无所求，心外无别佛，佛外无别心，不取善，不舍恶，净秽两边，俱不依怙，达罪性空，念念不可得，无自性故。故三界唯心[4]，森罗及万象，一法[5]之所印。凡所见色，皆是见心，心不自心，因色故有。汝但随时言说，即事即理，都无所碍。菩提道果，亦复如是。于心所生，即名为色。知色空故，生即不生。若了此意，乃可随时着衣吃饭，长养圣胎，任运过时，更有何事？汝受吾教，听吾偈曰：‘心地随时说，菩提亦只宁。事理俱无碍，当生即不生。’”

僧问：“如何是修道？”

曰：“道不属修，若言修得，修成还坏，即同声闻。若言不修，即同凡夫。”

又问：“作何见解即得达道？”

师曰："自性本来具足[⑥]，但于善恶事中不滞，唤作修道人。取善舍恶，观空入定，即属造作。更若向外驰求，转疏转远。但尽三界心量，一念妄心，即是三界生死根本。但无一念，即除生死根本，即得法王无上珍宝。无量劫来，凡夫妄想，諂[⑦]曲邪伪，我慢贡高，合为一体。故经云：'但以众法合为此身。'起时唯法起，灭时唯法灭。此法起时，不言我起，灭时不言我灭。前念、后念、中念，念念不相待，念念寂灭，唤作海印三昧，摄一切法。如百千异流同归大海，都名海水。住于一味，即摄众味；住于大海，即混诸流。如人在大海中浴，即用一切水。所以声闻悟迷，凡夫迷悟。声闻不知圣心本无地位、因果、阶级心量，妄想修因证果，住于空定八万劫、二万劫。虽即已悟，悟已却迷。诸菩萨观如地狱苦，沉空滞寂，不见佛性。若是上根众生，忽尔遇善知识指示，言下悟去，更不历于阶级、地位，顿悟本性。故经云：'凡夫有返复心，而声闻无也。'对迷说悟，本既无迷，悟亦不立。一切众生从无量劫来不出法性三昧[⑧]，长在法性三昧中着衣吃饭，言谈祗对。六根运用，一切施为，尽是法性。不解返源，随名逐相，迷情妄起，造种种业。若能一念返照，全体圣心。

"汝等诸人各达自心，莫记吾语，纵饶说得河沙道理，其心亦不增。总说不得，其心亦不减。说得亦是汝心，说不得亦是汝心。乃至分身放光，现十八变，不如还我死灰来。淋过，死灰无力[9]，喻声闻妄修因证果。未淋过，死灰有力[10]，喻菩萨道业纯熟，诸恶不染。若说，如来权教三藏，河沙劫说不尽，犹如钩锁，亦不断绝。若悟圣心，总无余事[11]。久立，珍重！”

妙喜曰："予建炎中首众瓯峰时，首座寮有洞山聪禅师所集《禅门宗要》《祖堂》二录。《宗要》末上以石头、马祖二师语为准式，故《马祖示众篇》，其略云：'故《楞伽经》以佛语心为宗，无门为法门。'则知后人错以'以'字为'云'字无疑。后永明寿[12]禅师、天衣怀禅师于《宗镜》[13]《通明》二集中因之，后之学者不本来由，往往皆以'以'字为'云'字，更于经中求'佛语心为宗，无门为法门'之语，良可笑也，岂不知《楞伽经》乃《佛语心》一品耳。马师云：'故《楞伽经》以佛语心为宗，无门为法门。'此二句皆马祖指经大旨，非经语也。天衣云：'无门之门，直须得门入始得。'此乃天衣指马师'无门之门'之语，亦非经语也，然《宗镜》《通明》，二圣师所集，未必皆错，恐后来传者之误耳。谚云：'一字三写，乌焉成马。'信然，博达之士，如阅《楞伽》果无'佛语心为宗，无门为法门'之语，则当以聪禅师《宗要》所载为正。"

注释

①**各信**：各位要相信自心佛性，相信依自力而能顿悟成佛，这种自信心是禅宗主体性精神的体现。

②**佛语心**：佛所说的如来藏心，佛心。

③**无门**：没有门径、通道。喻指禅的真理没有特定的门路可以通达。

④**三界唯心**：心为世界的终极本体。“三界”指欲界、色界、无色界。

⑤**一法**：指本体之心。

⑥**本来具足**：人心本来具备佛性，圆满充足。

⑦“謟”，疑作“谄”。

⑧**法性三昧**：专门观照法性的三昧。法性为宇宙万法的本性。

⑨**无力**：没有自性，不能生起别法。

⑩**有力**：具有自性，而能生起万法者。指本体的功能。

⑪**总无余事**：以无事为修，无修之修。

⑫**永明寿**：永明延寿，五代时法眼宗僧人，天台德韶法嗣，青原下第十世。

⑬**《宗镜》**：永明著有《宗镜录》，以心为宗，像镜子一样照明万法，其根据是出于《楞伽经》“以佛语心为宗”的经意。

译文

马祖道一开示众人说：“你们各位都要相信自心就是佛心，这个心不离佛。达磨大师从南印度国来到中华，传播最好的心性法门，使你们开悟。他又引用《楞伽经》来印证你们的自心，恐怕你们是非颠倒，不相信自心所含之法，都是你们每人都具足的。因此《楞伽经》以佛祖所讲的（如来藏）心为宗旨，以没有门径可以通达的无门为法门。凡是追求佛法的人，应该无所希求，因为你的自心之外没有其他的佛，这个佛之外没有别的心，不求取善，也不舍弃恶，对净对秽，两边都不依赖，因为污秽的罪业本身也是空无自性的，没有一念能够得到什么，一切都没有自性。所以说，三界只是一心，万事万法，都是这一心法所映现。凡是人们所看到的物质现象，都是看到的心，心也不是孤立的，又因为物质现象而有。你只要随时说话，每一事相就都是理体，理和事圆融无碍。觉悟的境界，也是这样。心中所生，就是物质现象之‘色’。只要知道色的空幻本性，心的这种生成现象也就不称其为生成了。如果能明了这层意义，就可以不管在什么时候都任你穿衣吃饭，经常养护你的圣胎，任运自在地过时光，还会有什么事呢？你就接受我的教导，听我这首偈颂：‘心里想说随时说，菩提境界只如此。理事圆融无障碍，心地之生是不生。'”

有僧人问马祖：“如何才是修道？”

马祖说：“道不属于修行的范围，如果说道可以通过修行而得到，那么修成后还会坏的，这就同声闻乘人一样了。但如果说不修，就同凡夫一样了。”

僧人又问：“要有什么样的认识才算是达到了对道的体悟呢？”

马祖说：“人人自心的本性中圆满充足地具备佛性，只要在善事和恶事之中都不加执着，就称其为修道之人。如果求善法而弃恶法，静观空性，沉入禅定之中，是属于特意做作了。如果还要进一步地向自心之外求取，那就越来越疏远了。只要扩充你的包含三界的心灵，如果有一念起虚妄之心的话，那就是你落入三界之中流转生死的原因所在了。只要没有一丝妄念，就能消除你这种生死流转的原因，就会得到佛的无数至尊无上的珍宝。但是无数劫以来，凡夫妄想不断，诸如谄媚、曲意、邪恶、虚伪、心高傲慢、自高自大等不良品质，集合于一身。所以经中说：‘只以各种事法和合而成为这个人身。’各种事法生起时，只是事法本身的生起；灭息时，也只是事法本身的灭息。这些法产生时，不能说我这个主体也产生了；灭亡时，也不能说是我这个主体消失了。前面的意念、后面的意念、中间的意念，每一种意念都没有了相待性，每一种意念都寂灭了，这就叫作‘海印三昧’，摄尽一切法。比如成百上千的不同河流都归向大海，都称为海水。看似只有一种味，实际上含摄一切味，停在大海中，混融了众多河流。如果有人在大海中洗澡，实际上是用一切河流的水了。所以声闻乘人虽悟而迷，凡夫由迷而悟。声闻乘人不知道圣人之心本来就没有地位、因果、阶段之类的区分，自心充满虚妄之想，修证因果，停留在四空定中，历八万劫、二万劫。虽然已经觉悟了，但悟了又迷惑了。在菩萨们看来，这些人正处在遭受地狱的痛苦之中，沉溺于空寂之中，不能发现佛性。如果是上等根器的众生，忽然遇到大善知识指示，一闻指示就觉悟，不需要经历不同的阶段和地位，顿悟自心本性。所以佛经中说：‘凡夫有反复之心，而声闻乘人没有。’对于有迷执的人，就说觉悟。本来就没有所谓迷执，觉悟也不成立。一切众生从无限数量的劫数以来，都不出观照万法本性的法性三昧，经常在这种法性三昧中穿衣吃饭，谈话应对。眼、耳、鼻、舌、身、意六根的使用，以及一切所作所为，都是法性。如果不理解返本归源的道理，跟着事物的外在概念名称和现象跑，迷执之情因而生起，造作种种行为。如果能一念悟到反观自心之理，自心全体就是圣人之心。

“你们都要了达自心，不要记住我的话，即使我讲了河中沙粒般多的道理，你自心也不会增加。我一句话不说，你自心，也不会减少。我说得也是你自心，说不得也是你自心。就是我分化出许多身来，每个身都放光明，显现十八种变化，也不如还我一堆死灰来。死灰被雨水淋过，就呈没有自性的无力用状态，这可以比喻声闻乘人虚妄地修证因果的行为。死灰没有被淋过，就呈有自性的有力用状态，这可以比喻菩萨的道行精纯成熟，不染着各种恶德。如果要说的话，如来施设的权教所含三藏，无数劫也说不完，犹如连环钩锁，总不断绝。如果悟得圣人心，不会有别的事可做的。各位站立得够长久了，大家保重吧！”

妙喜和尚说：“我在建炎年中首次在瓯峰当住持时，首座室中有洞山晓聪禅师所编集的《禅门宗要》和《祖堂》二录。《禅门宗要》的后面仿照石头希迁、马祖道一这二位禅师的法语规式，所以有《马祖示众篇》，这一篇中简略讲道：‘《楞伽经》以佛所指示的心性为宗旨，无门为法门。’可以知道后人错把‘以’字当作‘云’字了。后来永明延寿和天衣义怀分别在《宗镜录》和《通明》二书中又采纳了这种说法，后来的学人都不知道缘由，往往把‘以’字当作‘云’字，并且在《楞伽经》中寻找‘佛所指示的心性为宗旨，无门为法门’这句话，这就太可笑了，岂不知《楞伽经》是只有《佛语心》这一品的。马祖大师说：‘所以《楞伽经》以佛语心为宗，无门为法门。’这两句都是马祖大师指出的《楞伽经》的大体宗旨，并非经中语言。天衣义怀说：‘无门的门，也应该有门可入才行。’这是天衣指出马祖‘无门之门’的说法，也不是经中所说。但《宗镜》《通明》是两位圣师所写的，不会两人都搞错吧？恐怕是后来传错了。俗谚不是说：‘一个字有三种写法，乌、焉两字写成了马。’确实是这样。博闻通达之士，如果看《楞伽经》时果然没有‘佛语心为宗，无门为法门’的话，那么应该以晓聪禅师的《宗要》所记载的为准。”

148　神鼎洪諲

原典

神鼎諲[①]和尚示众，举：“僧问首山：‘一毫未发时如何？’曰：‘路逢穿耳客[②]。’云：‘发后如何？’曰：‘不用更迟疑。’曾有僧问神鼎：‘一毫未发时如何？’向伊道：‘白云岭上。’云：‘发后如何？’曰：‘涧下水流。’若是前来两转语，有可咬嚼，东看西看。若是神鼎遮语，如吃木札瓦片相似，实无滋味，直是自见自悟[3]始得。会么？天高东南，地倾西北。”

注释

①**神鼎諲：**神鼎洪諲，北宋临济宗僧人，首山省念法嗣，南岳下第九世。

②**穿耳客：**指印度僧人。

③**自见自悟：**自己发明本心，自己体悟本心佛性。这是禅的主体性精神的体现。

译文

神鼎洪諲和尚开示众人时，举古德机缘说：“有僧人问首山省念禅师：‘一丝一毫也没有发动时又怎么样？’首山说：‘路上遇到耳朵上穿了孔的印度僧人。’又问：‘发动后又怎么样？’首山说：‘不要再有迟疑了。’曾经有人也问我神鼎说：‘一丝一毫没有发动时怎么样？’我向他说：‘白云生岭上。’又问：‘发动后又怎么样？’我说：‘水流山涧下。’如果说前面的两句转变词锋的话语还有咀嚼的余地，东看看，西看看。我神鼎的这些话，就像吃木头瓦片一样，实在没有什么味道，应该自己发明本心，自己体悟本心佛性才行。明白吗？天在东南高挂，地向西北倾斜。”

149　天衣义怀

原典

天衣怀和尚示众云：“二千年前，大觉世尊[①]欲将诸圣众往第六天上说《大集经》，敕他方此土、人间天上一切狞恶鬼神悉皆集会，受佛咐嘱，拥护正法。设有不赴者，四天门王飞热铁轮追之令集。既集会已，无有不顺佛敕者，各发弘誓，拥护正法，唯有一魔王谓世尊曰：‘瞿昙，我待一切众生成佛尽，众生界空无有众生名字，我乃发菩提心。’

“临危不变，真大丈夫。诸仁者，作么生着得一转语，与黄面瞿昙出气？寻常神通妙用、智慧辩才，到此总使不着。尽阎浮[②]大地人无不爱佛，到遮里，何者是佛？何者是魔？还有人辨得么？”良久，云：“欲识魔么？开眼见明。欲识佛么？合眼见暗。魔之与佛，以拄杖一时穿却鼻孔。”

妙喜曰：“天衣老汉恁么批判，直是奇特。虽然如是，未免话作两橛。若向‘何者是佛？’‘何者是魔？’

处，便休去。不妨使人疑着，却云：‘欲识魔么？开眼见明。欲识佛么？合眼见暗。’郎当③不少。又云：‘魔之与佛，以拄杖一时穿却鼻孔。’雪上加霜。妙喜却为黄面老子代一转语，待遮魔王道：‘众生界空无有众生名字，我乃发菩提心。’只向他道：‘几乎错唤你作魔王。’此语有两负门，若人点检得出，许你具衲僧眼。”

注释

①**大觉世尊：**佛祖释迦牟尼。下文的“黄面瞿昙”“黄面老子”也均与此同义。

②**阎浮：**我们所居住的世界，新译南赡部洲。“阎浮”本身原意指一种树。

③**郎当：**接引学人时说得太多，不干脆。

译文

天衣义怀和尚开示众人说：“二千年之前，大觉悟者佛世尊想把各位贤圣之人带到第六天上宣说《大集经》，命其他国土、此间世界、人界和天界的一切狰狞的恶鬼神都来集会，听受佛的咐嘱，要他们拥护佛法。如果有人不来赴会，四大天王就要把热铁轮飞掷过去追他们来，命令他们来集会。大家到会之后，没有一个不听从顺受佛的指示，都立下宏大誓愿，决心拥护

佛法，只有一位魔王对世尊说：‘世尊，我要等到一切众生都成佛了，众生界内没有众生名字之后，我才发起菩提心。’

“这样临危不变色的气魄，真是大丈夫汉。各位仁者，如何来说出这样的一句转变词锋的话，在那位黄面孔的佛祖面前出口气？平常时的神通妙计、智慧口才，到这时都用不上。这南赡部洲上的众生谁不爱戴佛呀？到这时，谁是佛？谁是魔？还有人能分得清楚吗？”沉默一会，又说：“想要知道恶魔么？睁开眼睛见到光明。想要知道佛祖吗？闭上眼睛一片黑暗。魔和佛，我把我的拄杖子一起穿了他们的鼻孔。”

妙喜和尚说：“天衣这老头子这样批判，真是奇妙特别。虽然这样，不免要把话分作两方面来讲。如果欣赏他的‘谁是佛？’‘谁是魔？’这类话，也就算了。但也使人生疑，他说：‘想知道恶魔吗？睁开眼睛见光明。想知道佛祖吗？闭上眼睛一片黑暗。’太啰嗦了。又说：‘魔和佛，我把我的拄杖子一起穿了他们的鼻孔。’这是雪上加霜了。妙喜我却要为这位黄面孔的老佛祖代讲一句话，等到那位魔王说‘众生界内没有了众生名字，我才发起菩提心’时，我只对他说：‘我几乎错把你称作魔王。’这句话有两个暗门，如果有谁找得出来，我就印可他具有禅僧的眼睛。”

150　天台德韶

原典

韶国师[1]示众云："真宗不二，万德无言。正当明时，如王宝剑。所以，如来于一切处成等正觉[2]，于刀山剑树上成等正觉，于镬汤、炉炭里成等正觉，于棒下成等正觉，于喝下成等正觉。所以，一动一静，一去一来，一生一灭，未曾有纤毫异相，未曾有纤毫别相，更无毫厘丝发许作见闻心识解会。何故？诸仁者，诚谓'是非路绝，妙性天机'。所以云，汝生我亦生，汝杀我亦杀。生杀轮王机，交驰如电掣。"

注释

①**韶国师：** 天台德韶，五代法眼宗禅僧，清凉文益法嗣，青原下第八世。

②**等正觉：** "无上正等正觉"的简称，无上的觉悟，彻底的觉悟。

译文

天台德韶国师开示众人说："禅宗是独一无二的真正的宗门，最高的德性无言无说。光明显现时，如同大王的宝剑。所以，如来能在一切地方成就无上正等正觉，在刀山剑树下成就无上正等正觉，在锅中的热汤内、火炉里的火炭中成就无上正等正觉，在棒打之下成就无上正等正觉，在喝骂之下成就无上正等正觉。所以，无论是运转还是静止，离去还是归来，产生还是寂灭，都不会使真宗有什么变异之相，有丝毫差别之相，也不能以丝毫的眼见耳闻所得的知识来领会它。为什么呢？各位仁者，这真是所谓‘是非之路绝断了，妙性要凭天机悟’。所以说，你生我也生，你杀我也杀。生杀都是转轮圣王的机锋，交相奔驰就如同风驰电掣。”

151　道吾悟真

原典

道吾真和尚示众云：“师子儿哮吼，龙马驹跨跳。古佛镜中明，三山孤月皎。”乃作舞，下座。

僧问：“凝然便会时如何？”

曰：“老鼠尾上带研椎。”

“如何是佛？”

曰：“洞庭为盖。”

“古人道：‘来时不将丝头来，去时不将丝头去。’意旨如何？”

曰："三生①六十劫，未是长期。"

僧无语，曰："会么？"

僧云："不会。"

曰："洞庭八百里，未是阔。"

问："如何是真如体？"

曰："夜叉屈膝眼睛黑。"

"如何是真如用？"

曰："金刚杵打铁山摧。"

注释

①**三生**：过去生（前生）、今生和来生。

译文

道吾悟真开示众人说："小狮子吼叫，小马驹在跳。古佛在镜子中清晰地现，三山之上孤月皎然地照。"说着跳着舞下座了。

有僧人问他："突然就觉悟是什么意思？"

道吾说："老鼠尾巴上带着棒。"

又问："什么是佛？"

道吾说："洞庭湖做盖子。"

又问："古人说：'来的时候不带一根丝来，走的时候也不带一根丝走。’这是什么意思？”

道吾说：“过去、现在、未来三生和六十个劫，这时间都算不上是长的。”

僧人无语可说了，道吾就问他：“明白吗？”

僧人答道：“我不明白。”

道吾说：“八百里洞庭，也算不上是阔的。”

僧又问：“什么是真如本体？”

道吾说：“夜叉膝盖弯曲眼睛黑。”

又问：“什么是真如之相用？”

道吾说：“金刚杵一打，铁山被摧毁。”

152 灵云志勤

原典

灵云[①]因见桃花悟道[②]，有颂云："三十年来寻剑客，几回叶落又抽枝。自从一见桃花后，直至如今更不疑。"举似沩山，山云："从缘入者，永不退失，汝善护持。"玄沙云："谛当[③]，甚谛当，敢保老兄未彻在。"

妙喜曰："一家有事百家忙。"[④]

注释

①**灵云**：灵云志勤，五代沩仰宗僧人，沩山灵祐法嗣，南岳下第四世，弘法道场在福州灵云山。

②**见桃花悟道**：灵云和尚看到桃花，而顿悟自心。

③**谛当**：精当、妥帖。

④**一家有事百家忙**：见某僧悟道，禅师们这也来印证，那也来评说，忙煞众师。

译文

灵云志勤看到桃花而觉悟禅宗之道，他有一首颂："三十年来寻剑的人，叶落叶生已多少回。自从看到桃花盛开，直到现在不生疑惑。"他又把自己觉悟之事告诉沩山灵祐，沩山说："从因缘悟入的人，永远不会退失这种觉悟。你好好保持维护吧！"玄沙师备说："精当，确实精当，我可以担保这位老兄没有彻底觉悟。"

妙喜和尚说："一家有点事百家跟着忙。"

153　杨岐方会

原典

杨岐和尚示众云："身心清净，诸境清净。诸境清净，身心清净。还知杨岐老人落处[①]么？河里失钱河里摝。”

注释

①**落处：**落脚处，禅师的根本之处。

译文

杨岐方会和尚开示众人说：“你的身心是清净的话，各种事物也清净。各种事物清净的话，你的身心也就清净。你们还知道我杨岐老汉的落脚之处吗？河里掉了钱就在河里找。”

154 德山宣鉴

原典

德山和尚示众云：“诸子从朝至暮有甚么事？莫要逞驴唇马嘴[①]。问德山老汉么？我且不怕你，未审诸子有何疑虑？近来末法时代[②]，多有鬼神群队傍家走[③]，言‘我是禅师’。未审学得多少禅道？说似老汉来。你诸方老秃奴[④]教汝修行作佛傍家走，成得几个佛也？你若无可学，又走作甚么？若有学者，你将取学得底来呈似老汉看？一句不相当，须吃痛棒始得。你被他诸方老秃奴魔魅着，便道‘我是修行人’。打硬作模作样，恰似得道底人面孔。莫取次用心，万劫千生，轮回三界，皆为有心[5]。何以故？心生则种种法生。若能一念不生，则永脱生死，不被生死缠缚，要行即行，要坐即坐[6]，更有甚么事？仁者，我见你诸人到处发心，向老秃奴会下学佛法，荷负不惜身命，皆被钉却诸子眼睛，断诸子命根，三二百个淫女相似，道‘我王化建立法幢，为后人开眼目’。自救得么？仁者，如此说修行，你岂不闻道‘老胡[7]经三大阿僧祇劫修行，即今何在’？八十年[8]后死去，与你何别？

“诸子，莫狂，劝你不如休歇去，无事去。你瞥起一念心，便是魔家眷属，破戒俗人。你见德山出世，十个五个总拟聚头来难问，待教结舌无言，你是偻㑩儿[9]。今何不出来？破布袋里盛锥子，不出头是好手。我要问你实底，莫错。仁者，波波地[10]傍家走，道‘我解禅，解道’。点胸点肋[11]，称杨称郑[12]。到遮里须尽吐却，始得无事。你但外不着声色，内无能所知解，体无凡圣，更学甚么？设学得百千妙义，只是个吃疮疣鬼[13]，总是精魅[14]。我遮个虚空，道有且不是有，道无且不是无，言凡不凡，言圣不圣，一切处安着他不得，与你万法为师，遮个老汉不敢谤他。所以老胡吐出许多方便涕唾，教你无事去，莫向外求。你更不肯[15]，欲得采集殊胜言句，蕴在胸襟，巧说言辞，以舌头取办，高着布裙，贵图人知，道‘我是禅师’，要出头处。若作如此见解，打那鬼骨臀入拔舌地狱有日在。到处觅人，道‘我是祖师门下客’。被他问着本分事，口似木楔，便却与他说菩提、涅槃、真如、解脱，广引三藏言教。是禅是道，诳他闾阎[16]，有甚么交涉？谤我先祖。

“德山老汉见处即不然，遮里佛也无，法也无，达磨是老臊胡，十地菩萨是担粪汉，等、妙二觉是破戒凡夫，菩提涅槃是系驴橛，十二分教是鬼神簿、拭疮脓纸，四果、三贤、初心、十地是守古冢鬼，自救得也无？佛是老胡屎橛。[17]

“仁者，莫错，身被疮疣衣，学甚么事？饱吃饭了说真如涅槃，皮下还有血么[18]？须是个丈夫始得。汝莫爱圣，圣是空名。向三界、十方世间，若有一尘一法可得，与你执取生解、保任贵重者，尽落天魔外道，是有学得底，亦是依草附木[19]精魅、野狐。诸子，老汉此间无一法与你诸子作解会，自己亦不会禅，老汉亦不是善知识，百无所解，只是屙屎放尿，乞食乞衣，更有甚么事？德山老汉劝你不如无事去，早休歇去，莫学颠狂，每人担个死尸，浩浩地去，到处向老秃奴口里，爱他涕唾吃，便道‘我是入三昧，修蕴积行，长养圣胎，愿成佛果’。如斯等辈，德山老汉见似毒箭入心，花针乱眼，辜负先祖，带累我宗。图他道：‘我是出家儿。’如此消他十方施主水也消不得。莫算道：‘敢向他国王地上行。’父母不供甘旨，岂为无罪？莫错用心，阎罗王征你草鞋钱[20]有日在，穿你鼻孔[21]击着橛上，偿他宿债，莫言老汉不道。是你诸人大似有福，遇着德山出世，与你解却绳索，脱却笼头，卸却角驮，作个好人去，三界、六道收摄你不得，更无别法，是个烜赫[22]虚空，无碍自在，不是你庄严得底物，从佛从祖，皆传此法而得出离。

“一大藏教只是整理，你今时人诸子莫向别处求觅，乃至达磨小碧眼胡僧到此来，也只是教你无事去，教你莫造作，着衣吃饭，屙屎送尿，更无生死可怖，亦无涅槃可得，无菩提可证，只是寻常，一个无事人。第一莫拱手作禅师觅个出头处，巧言语魔魅后生，欲得人唤作‘长老’，自己分上都无交涉，徒知心识浩浩地日夜捏怪不休，称杨称郑，‘我是江西马大师宗徒’。德山老汉且不是你群队人，我见石头和尚不识好恶，老汉所以骂伊。诸子，你但莫着声色、名言、句义、境致、机关、道理、善恶、凡圣、取舍、攀缘、染净、明暗、有无诸念，可中与么得，方是个无事人，佛亦不如你，祖亦不如你。

“仁者，莫走蹋汝脚板阔去，别无禅道可学，若有学得者，即是二头三首[23]，外道见解。亦无神通变现可得，汝道神通是圣，诸天、龙神、五通、神仙、外道、修罗亦有神通，应可是佛也？孤峰独宿[24]，一食卯斋，长坐不卧，六时礼念，疑他生死。老胡有言：‘诸行无常，是生灭法。’若言入定、凝神静虑得者，尼乾子等诸外道师亦入得八万劫大定，莫是佛否？明知邪见精魅。

“仁者，老胡不是圣，佛是老胡屎橛，且要仁者辨取好恶，莫着人我，免被诸圣橛，菩提橛，解脱殊胜、名言妙义没溺、系缚汝。何以故？一念妄心不尽即是生死相续。仁者，时不待人，莫因循过日，时光可惜。老汉不图你田舍奴荷负，若肯即信取，若不肯，每人有个屎钵担取去，老汉亦不求你。诸方大有老秃奴取一方处所说禅说道，你急去学取，抄取，我此间终无一法与你诸人。

“仁者，问取，学取，以为知解，老汉不能入拔舌地狱。若有一尘一法示诸人说，言有佛有法，有三界可出者，皆是野狐精魅。

“诸仁者欲得识么？只是个虚空，尚无纤尘可得，处处清净，光明洞达，表里莹彻，无事无依，无栖泊处，有甚么事？老汉从生至死只是个老比丘，虽在三界生，而无垢染。欲得出离，何处去？设有去处，亦是笼槛，魔得其便。

“仁者，莫用身心，无可得。只要一切时中莫用他声色，应是从前行履处一时放却[25]，顿脱羁锁[26]，永离盖缠。一念不生即前后际断，无思无念，无一法可当情。仁者，作么生拟下口嘴？你多知解，还曾识渠面孔么？出家儿乃至十地满心菩萨[27]觅他踪迹不着，所以诸天欢喜，地神捧足，十方诸佛赞叹，魔王啼哭。何以故？缘此虚空活鲅鲅地无根株，无住处，若到遮里，眼孔定动，即没交涉。

“仁者，莫求佛，佛是大杀人贼，赚多少人入淫魔坑。莫求文殊、普贤，是田舍奴。可惜许一个堂堂丈夫儿，吃他毒药了，便拟作禅师面孔，见神见鬼，向后狂乱傍家走，觅师婆打瓦卜去，被无知老秃奴便即与卜道，教你礼祖师鬼、佛鬼、菩提涅槃鬼。是小淫女子不会，便问：‘如何是祖师西来意？’遮老秃奴便打禅床作境致，竖拂子云：‘好晴、好雨、好灯笼’，巧述言词，强生节目，言有‘玄路、鸟道、展手’[28]。若取如是说，如将宝器贮于不净，如将人粪作旃檀香。

“仁者，彼既丈夫，我亦尔，怯弱于谁？竟日就他诸方老秃奴口嘴接他涕唾吃了，无惭无愧，苦哉！苦哉！狂却子去，因果分明。水牯牛牵犁拽杷，眼睛突出，气力不登，大棒打你脊。劫佛衣食，道‘我修行了也’。若不明大理，饶你去佛肚里过来，只是个能行底屎橛，不曾遇着好人，便即认得六根门头[29]光影，向口里说取露布，是隐言妙句，光彩尖新，争奈你自家无分，仁者，是别人涕唾。

“更有一辈，三三两两聚头商量：甚么处无事，好经冬过夏，快说禅道，有知解，会义理。仁者，总作如此见解觅便宜，岂有如此道理？入地狱有日在，莫道不向诸子说。到处菜不择一茎，柴不般一束，一朝福尽，只是吃草去。虚消信施，滥称参学，更作禅师模样，无益于人。自己分上，十二时[30]中行履处，心常附物，见人只欲妖媚掉尾子，指东话西，眼里口边，果然不见，只欲将相似语勘当解处。老汉与你诸人何别？郎君子，莫取一期[31]眼下口快，吃他毒药了，似贪淫女人，不持斋戒。瞎秃奴，群羊僧，颠却他人，入地狱。仁者，莫取次看册子、寻句义、觅胜负，一递一口，何时休歇？

“老汉相劝不是恶事，切须自带眼目[32]，辨取清浊，是佛语，是魔语？莫受人惑。所以殊胜名言皆是老胡一期方便施设，切须休歇去，莫倚一物。领他言语作解会，拣择亲疏，浮虚诈伪，记他闲言长语，皆是比量[33]。

“仁者，老汉只恐诸子堕坑落堑，作薄福业，事褫唇嘴，得少为足，向静处立，不肯进前，自惑诸境，乱走他人，由巡万法。盖为不信虚空本来无事，增减他不得。你诸人好似老鸦，身在虚空，心在粪堆上，只觅死物吃。诸子，莫道德山老汉不曾入丛林商量，高声骂取，无人情，不怕业，只为诸子不守分，驰骋四方，傍他门户，恰似女姑鬼，传言送语，依事作解，心迹不忘。自犹不立，常负死尸，担枷带锁，五百、一千里，来到德山面前，八字立地，如欠伊禅道相似，'和尚须为我说，指示我'。老汉全体作用，大棒铠遮田舍奴，骂贼屎孔面，不识好恶。到我遮里，恰似遇澧州人煮鱼羹，烂腥一顿，且图你放下重担，去却枷锁，作个好人去。还肯么？若肯，即住；不肯，一任脱去。珍重！"

注释

①**逞驴唇马嘴**：指胡言乱语，妄事言说。

②**末法时代**：佛灭度后，佛法分为三时，即三个阶段，正法、像法和末法，末法时是佛法将灭时代，少有大德出现，众生根性浅陋，无修无悟。

③**傍家走**：挨家挨户地行脚。

④**老秃奴**：指老禅师。此为骂祖之言，意在使学人内观自心，不要外求。

⑤**有心**：有求有修之心，与禅家无念无心原则相违。

⑥**要行即行，要坐即坐**：僧人悟道后的自由境界。

⑦**老胡**：指释迦牟尼。

⑧**八十年**：释迦牟尼寿数。

⑨**偻儸儿**：小喽啰，原意是指伶俐能干的人，也指盗贼的部下。

⑩**波波地**：一波一波地、一队接一队地。

⑪**点胸点肋**：拍胸脯，喻高傲、傲慢。

⑫**称杨称郑**：到处炫耀。

⑬**吃疮疣鬼**：对知解宗徒的辱骂之词。

⑭**精魅**：人的灵魂或鬼魅。

⑮**不肯**：不同意、不接受、不赞成。

⑯**闾阎**：里巷的门，也指守门人。此处借指平民、一般人、根机浅陋的众生。

⑰**达磨是老臊胡……佛是老胡屎橛**：为德山呵佛骂祖、谤经毁教之言，意在否定常情所谓权威，激发学人观照自心，自信自主。这是禅的主体精神的高度体现。

⑱**皮下还有血么**：禅家要求皮下有血，眼里有睛。“皮下有血”是讲有血气，有骨气，有大丈夫气。

⑲**依草附木**：喻一味模仿他人语。

⑳**征你草鞋钱**：向你要草鞋钱，因为你行脚修行，踏破许多草鞋，却一世没有收获。

㉑**穿你鼻孔**：受人制约而不能超脱。

㉒**烜赫**：气势极盛。

㉓**二头三首**：话语啰唆，不能直截领悟。

㉔**孤峰独宿**：此处指修习禅定。

㉕**一时放却**：全部抛弃。

㉖**顿脱羁锁**：顿时脱离羁绊枷锁，是对顿悟的描述。

㉗**十地满心菩萨**：达到十地境界的菩萨。

㉘**玄路、鸟道、展手**：指洞山良价三种接引学人的方法，称“洞山三路接人”。“玄路”，玄妙幽微之路，离语言文字；“鸟道”，鸟飞空中，无踪无迹，来往空寂断消息；“展手”，表示无法可说。

㉙**门头**：看守山门的禅僧。

㉚**十二时**：指一天，一天分十二个时辰。

㉛**一期**：一时。

㉜**自带眼目**：自己要分辨得清。

㉝**比量**：在现量基础的推理而得的知识，禅家认为只有亲证才是最可靠的，比量并非亲证而得。

译文

德山宣鉴和尚开示众人说：“你们从早到晚有些什么事情？不要张个驴唇马嘴胡言乱语。来问我德山老汉吗？我可不怕你们呢！不知道你们有什么疑虑？现在属末法时代，最近有不少鬼神之流成群结队地挨家挨户去行脚，说什么‘我是禅师’。不知你们究竟学到了多少禅法？说给我老汉听听。你找的各地老秃奴都教你们通过修行来成佛，教你们挨家挨户走，究竟你们成了几个佛了？你如果认为没什么好修学的，那你又到处走做什么？如果你认为有东西可学，那么你把你学到的东西给我看看？要是有一句说错，那可要吃一顿痛打的。你被他各地老秃奴们迷惑住了，就说什么‘我是修行的人’。拉着硬地装模作样，摆出一副好像是得道之人似的面孔。不要动用心思，众生在万劫千生之中轮回于三界，都是因为他们有了修求之心。为什么这样说呢？因为心生就有种种事法产生。如果能做到心不生出一念，那么就能永远脱离生死海，不被生死缠缚住，要走路就走路，要坐着就坐着，还有什么事可做？各位仁者，我看到你们到处动心思，到老秃奴门下学佛法，担负在身，不顾自己的性命，都被钉着眼睛，断了命根子了，和二三百个淫荡女人似的，说什么‘我们的法王建立佛法，为后人开眼’。这样的人能够自救吗？各位仁者，你们这样来讲修行，你难道没有听说‘老佛祖经过三个阿僧祇劫的修行，他现在在哪里呢’？他八十岁时死了，和你有什么差别？

“各位，不要狂妄，奉劝你们还不如休息去，停歇下来，无事可做。你生起一丝念头，就是恶魔的亲眷了，就是破了戒的凡夫俗子。你们看到我德山出世了，就十个一堆，五个一伙，总想来难住我，等到我让你们张口结舌，无话可说了，原来你们只是些小喽啰。现在你们为什么不出来？破布口袋里的锥子，能不冒出头的就是好汉了。我要问你们实实在在的，不要搞错了。各位仁者，你们一波一波地挨家挨户地行脚，说‘我懂得禅，懂得道’。拍着胸脯，到处炫耀。到我这里，这些必须全部吐掉，才会无事可做。你们只要在外不执着声音颜色，在内没有任何知识见解，真性之体本来没有凡圣可分，还学什么呢？即使学到成百上千的微妙大义，也只是个吃疮疣的鬼子，是些精魂鬼魅。我讲的虚空，说有却不是有，说无也不是无，说凡不是凡，说圣也不是圣，什么地方都放不住它，却是你万法的祖师，这个东西我德山老汉也不敢骂它。所以释迦老胡人吐出许多鼻涕唾沫作方便，都是教你们不要有什么事，不要向外求取。你们不接受，想采集那些精当名言，堆积在胸中，巧舌说话，用舌头办事，高举着布裙，想要人们知道，说什么‘我是个禅师’，要寻找出头之处。你们要是这么想，把你们这些鬼骨头屁股打入拔舌地狱的日子在等着你们了。你们到处找人，说什么‘我是祖师门下的禅客’。但被人家问着禅僧分内的事时，却是嘴像个木头门闩相似，就和人家说什么菩提、涅槃、真如、解脱之类，广引三藏经典中的说法。这种禅，这种道，只是骗骗平民百姓罢了，与禅有什么关系？不过是毁谤我先祖而已。

“我德山老汉的看法却不这样，我这里佛也没有，法也没有，达磨是个老臊胡人，十地菩萨是挑粪的，等觉和妙觉菩萨是破了佛戒的凡夫子，菩提涅槃是系毛驴的柱桩，十二分教都是鬼神簿，是擦脓疮的纸，四种阶位（预流果、一来果、不还果和无学果）、三贤（住在五停心观、别相念住、总相念住三位中的圣者）、初心人和十地菩萨等都是看守古墓者，能自救吗？佛是胡人拉下的屎橛子。

“各位仁者，不要搞错了，身上披着长满疮疣的衣服，学个什么事情呢？吃饱了饭，就说什么真如啦，涅槃啦，你皮下还有点血吗？应该做个大丈夫才行。你不要喜爱圣贤，圣贤是个空名。在三界、十方世界中，如果有一微尘、一种法可以求得，可以让你执着，让你产生知解，让你保持维护，以为贵重之物，那都将落入天魔和外道之中，即使有人学到一些东西，也都是些依附草木的精怪或野狐狸之类。各位，老汉我这里没有一种事法可以让你产生知解的，我自己也不懂什么禅法，也不是什么善知识，我什么都不懂，只会拉屎撒尿，化募些吃的穿的，还有什么事情？我德山老汉奉劝你们还不如不要有什么事，休息着吧！停歇着吧！不要学那些癫狂之人，每人扛个死尸，浩浩荡荡地来来往往，向那些老秃奴口里要些鼻涕唾沫就吃，便说什么‘我这是入三昧，积累修行，养护神圣之胎，决心成就佛果’。像这些人，我德山老汉一见就像毒箭攻心，钢针晃眼。他们辜负了先辈祖宗，连累了我禅宗。他还说：‘我是出家人。’这样的人，用十方施主送来的水来洗也洗不净。不要谋算着说：‘我敢在人家国王的地上走。’父母不再供养你了，你这样的人难道就是没罪过了？不要用错了心思，阎王爷向你收取草鞋钱的日子在后头哪！他穿了你的鼻孔，系在桩上，要你向他偿还旧债，那时候可不要讲我老汉没对你们说过。也是你们真有福分，碰上我德山出世，帮你们解掉绳子，脱下笼头，卸下驮具，让你们做个好人，使三界、六道都不能收摄住你们，再也没有什么别的法门，是个浩瀚的虚空，没有障碍，自由自在。这种境界不是你们具足庄严就能得到的，不论是佛还是祖，都是因为弘传此法而得以出离三界的。

“全部的佛教只是完整的道理，你们现在的这些人不要到别处去求取寻觅，甚至达磨这个小绿眼睛印度僧到这里来也只是教你们不要有什么事，教你们不要特意做作，穿衣吃饭，拉屎撒尿，也没有生死可以害怕的，也没有涅槃可以求得，没有菩提可以证取，只是平常，一个无事可做的人。第一不要拱着手做什么禅师，寻找什么出头的地方，用一些美巧的语言把人们骗入恶魔之道，想要人家叫你一声‘长老’，自己却与禅的宗旨毫无关系，只知道想方设法浩浩荡荡地日日夜夜不停地作怪，到处炫耀，‘我是江西马大师的学生’。我德山老汉可不是像你们这些成群结队走的人，我看到石头希迁和尚不知好歹，所以我就骂他。各位，你们不要执着于声音颜色、语言文句、境界情致、内在机关、终极道理、善事恶事、凡夫圣贤、取舍追求、染净明暗、存在虚无等，如果能做到这样，才是个无事的人，佛也比不上你，祖也不如你。

“各位仁人，你们不要走坏你们的大脚板，没有别的什么禅宗之道可学，如果你学到些什么，也是啰啰唆唆的外道的看法。也没有什么神通变化可以得到，你说神通就是圣人，那么天、龙、神、具五通者、仙人、外道、阿修罗，它们都有神通，也应该是佛了？独自露宿在孤峰，卯时吃上一顿斋，整天坐禅不睡卧，六时都行礼念诵，担心自己的生和死。老印度佬释迦说过：‘万法没有恒常性，这就是生灭之法。’如果说这样禅坐入定、凝神静思可以得解脱，那么尼乾子等外道也可以得入八万劫的大禅定了？他们都是佛吗？都是些邪恶见解的鬼魅。

“各位仁人，释迦老印度人不是什么圣人，佛只是老印度人拉的屎橛子，你们要分辨出好坏来，不要执着于自我，免得被圣人们拴住，被菩提拴住，被解脱胜境、语言妙义淹溺、系缚。为什么？如果还有一丝妄念没有去尽，那你就仍在生死相接续的处境中。各位仁人，不要像以往那样过日子了，时光不等人，时光要珍惜。老汉我并不指望你们这些乡巴佬能护持佛法，担负佛法相传之责，你们如果接受我的看法，那么一定要相信我说的话，如果不接受，那么你们每人都有个屎钵子，拿走吧！老汉我又不想求你。各地都有许多老秃奴占一方地盘在说禅说道，你赶快去学吧！去抄吧！我这里不会有一法给你们的。

“各位仁人，把打听来的、学习来的东西作为自己的知识见解，老汉我不会这样做，这样做了要入拔舌地狱的。如果有 微尘一事法向你们开示的话，说什么有佛有法，有三界可以出离的话，都是野狐狸精。

“各位，你们想知道吗？只有虚空，没有一粒微尘可以得到，到处清净，光明普现，内外通明，没有事可做，没有地方可依靠，没有停留的地方，这还有什么事情存在？老汉我从生到死只是个老和尚，虽然生在三界内，但并没受染污。想要出离三界，究竟出到什么地方去？即使有去处，也是个牢笼围槛，反而使恶魔得了便宜。

“各位仁人，不要动心思，没有一样东西可以求得，只要任何时候都不受声音颜色之类污染，从前所作所为全部放弃，就可顿时脱离羁绊枷锁，永远脱离烦恼缠缚。一念不生，就能使过去、后世都断绝，没有思维活动，没有任何念头想法，也没有一法可以使你动情。仁人，为什么又想开口了？你的知识见解多，还认识真性的面孔吗？出家人甚至达到十地境界的菩萨，想要寻找真性的行踪都寻不到，所以众天高兴，众地神捧足施礼，十方众佛赞颂感叹，魔王哭泣不已。为什么？因为虚空活鲅鲅地如一棵没有根的树，没有固定的地方可停，如果到这个地步，你仍是两眼眨巴眨巴，迷惑不知，那就没有什么希望了。

“各位仁人，不要去求佛，佛是个杀人大盗，把多少人骗入淫窟魔坑。不要去求文殊和普贤，他们都是乡巴佬。可惜一个堂堂的大丈夫，却要吃他们的毒药，装出禅师的一副面孔，去见神见鬼，随随便便地挨家挨户行脚，找个老巫婆算卜去了，被无知的老秃奴遇上，便向他算卜，告诉他去礼祖师鬼子，礼诸佛鬼子，礼菩提涅槃鬼子。可是他这小淫妇还不明白，便问老秃奴：‘什么是祖师西来的意旨？’老秃奴就敲着禅床装模作样，竖起拂子说：‘好晴天啊！好大雨啊！好灯笼啊！’机巧地说些话，故意生出一些节目，说什么他有‘玄路、鸟道、展手’方法接引学人。如果这样说话，就如同把宝贝器玩藏在厕粪中，将臭大粪作为旃檀香了。

“各位仁人，他虽是大丈夫，我也是，谁怕谁呀？你整天只是接着各地老秃奴嘴里的鼻涕唾沫吃，不知难为情，苦啊！苦啊！你这是发狂了，事情的前因后果很明白嘛。水牯牛牵着犁，拖着耙，两只眼睛向外突鼓，力量不够，被人打着脊背。你抢来些佛的衣服食物，就说‘我修行了’。如果不懂得佛法大道理，你就是到佛的肚子里过了一遍，也只是个会走的屎橛子，并没有遇着过好人，即使你认识把守六根门口的门卫的影子，从他口里学来一些话，这些话都是隐含机锋的玄妙之语，光彩闪耀，尖锐清新，怎奈何和你自己毫无关系，仁人，这都是别人的口水。

“还有一些人，三三两两地聚在一起说些哪里没有事，这边过冬天，那里度夏天，说禅说道，求些知识见解来理解佛法道理。仁人们，总是以这样的看法来寻便宜，哪有这样的道理？入地狱的日子不远了，你们别说我没有对你们讲过。到处不摘一棵菜，不捡一捆柴，一旦福业消尽，那你只好去啃草吃吧！这样虚度时光，白白消损施主所舍财物，到处说自己在参禅，并且还做出禅师的模样，这样于人无益。他自己则整天执着于事物，看到别人只想对他们做媚态，晃尾巴，说东说西，眼睛里，嘴角边，不见一点实在的东西，只想用一些表达佛理的相似性语言来勘验学人悟解。老汉我和你们这些人有什么差别之处？小伙子们，不要因为眼前一时嘴巴痛快，就吃人家的毒药，像个贪图淫欲的女人一样，不守斋戒。这些瞎秃子，羊群般的僧人，把人家搞得疯疯癫癫，要入地狱的。仁人们，你们不要看那些册子，不要寻言寻句，不要寻什么胜负，人家喂一口，你吃一口，什么时候有个休息？

“老汉我的相劝，对你们不是坏事，你们切切需要带着眼睛，分辨出清浊，分辨出是佛语，还是魔语，不要受别人的骗。所以，那些精彩的说法，都是释迦这个老印度佬一时间因为方便施设而说的，你们切切必须休息下来，不要依靠一切事物。寻些佛的语言来理解，分亲分疏，虚妄浮夸，欺诈伪妄，记上一些闲时话、平常语，这些都是非亲证而得的比量。

“仁人们，老汉我就怕你们掉在坑里沟里，做那些没有福业的事，搬嘴弄舌，少有收获，便十分满足，站在偏静处，不肯向前进，迷惑于外境，乱走各地，巡行万法。这些都是因为你们不相信虚空的性质，它本来没有一事，增不得，也减不得。你们像个老乌鸦似的，身在虚空中，心在粪堆上，只想找个死东西吃。各位，别说我德山老汉没有入丛林说过法，我大声骂人，毫无人情，不怕造业，都是为着你们不守着自己的本分佛性，却奔走四方，依傍别人门户，像个女鬼一样，传播言语，依事法做出知解，心不清净。你们自己都没有立世，却挺着个死尸，披枷戴锁，五百里、一千里地走，来到德山面前，八字脚一站，好像我欠你们的禅门之道似的，对我说，‘和尚你必须为我说法，给我指示出路’。老汉我全部本体运施在现象作用上，大棒一挥，猛打这乡巴佬，骂他这个贼，带着臭屎面孔，不知好歹。到我这里来，恰恰像遇到澧州人烧鱼汤，猛喝一通。这也是想让你们放下重负担，脱掉枷锁，做个好人。你们同意吗？要是同意的话，就留在我这儿；要是不同意，那就随你走。各位保重！”

155　南阳慧忠

原典

国师三唤侍者[①]，侍者三应。国师云："将谓吾辜负汝，谁知汝辜负吾。"

妙喜曰："国师还见侍者么？侍者还见国师么？"

注释

①**国师三唤侍者**：见第一三七则注②。

译文

南阳慧忠国师三次叫侍者，侍者三次答应。国师说："我还以为是我辜负了你，却原来是你辜负了我。"

妙喜和尚说："国师认识了侍者吗？侍者认识了国师吗？"

156　雪窦重显

原典

雪窦和尚示众云："布袋里盛锥子，不出头是好手。大众，雪窦锥头出也，莫有傍不肯底禅客？出来！"良久，云："诸人既乃缩头，且听诸方检责。"

一日，问僧："你浴未？"[①]

僧云："某此生不浴。"

曰："你不浴，图个甚么？"

僧云："今日被和尚勘破。"

曰："贼不打贫儿家。"

注释

①**你浴未**：这里的“浴”乃有浴佛之“浴”意，是问对自己的真性体会得如何。

译文

雪窦重显和尚开示众人说：“布袋里装铁锥子，不钻出头来的就是好手了。各位，我雪窦的锥子头钻出来了，旁边是不是有不服气的？站出来！”沉默了一会，说道：“你们既然缩着头，那就让各地长老查检责问去吧！”

有一天，雪窦问一位僧人说：“你洗浴了吗？”

僧人说：“本人这一辈子都不洗浴。”

雪窦又问：“你不洗浴，究竟图个什么呢？”

僧人说：“今天我被和尚您勘验破了。”

雪窦就说：“做贼的人不打劫穷人家。”

157　临济义玄

原典

临济和尚示众云：“今时学佛法者，且要求真正见解，若得真正见解，生死不染，去住自由①，不要求殊胜，殊胜自至。道流[2]，只如自古先德皆有出人底路，如山僧指示人处，只要你不受人惑，要用便用，更莫迟疑。

“如今学者不得，病[3]在甚处？病在不自信处。你若自信不及，即便忙忙地[4]徇一切境，被他万境回换，不得自由。你若能歇得念念驰求心，便与祖佛不别。

“你欲得识祖佛么？只你面前听法底是。学人信不及，便向外驰求，设求得者，皆是文字名相，终不得他活祖意[5]。此时不遇，万劫千生轮回三界，徇好恶境掇去驴牛肚里生[6]。

“道流，约山僧见处，与释迦不别。每日多般用处欠少甚么？六道神光未曾间歇。若能如是见得，即是一生无事人。

“大德，三界无安，犹如火宅[7]，此不是你久停住处。无常杀鬼，一刹那间不择贵贱老少。你要与祖佛不别，但莫外求。一念清净心光，是你屋里法身佛；一念无分别心光，是你屋里报身佛；一念无差别心光，是你屋里化身佛。此三种身，是你即今目前听法底人，只为不向外驰求，有此功用。若据经论家，取三种身为极则。约山僧见处不然，此三种身是名言，亦是三种依。古人云：‘身依义立，土据体论。’法性身，法性土，明知是光影。

“大德，你且识取弄影[8]底人，是诸佛之本源，一切处是道流归舍处，是你四大色身[9]不解说法听法，脾、胃、肝、胆不解说法听法，虚空不解说法听法。是甚么解说法听法？是你目前历历底物，一段孤明[10]，是遮个解说法听法。若如是见得，便与祖佛不别。但一切时中更莫间断，触目皆是[11]，只为情生智隔，想变体殊，所以轮回三界，受种种苦。约山僧见处，无不甚深，无不解脱。

“道流，心法无形，通贯十方，在目曰见，在耳曰闻，在鼻嗅香，在口谈论，在手执捉，在足运奔，本是一精明，分为六和合。一心既无，随处解脱。

“山僧恁么说，意在甚处？只为一切处驰求心不能歇，上他古人闲机境。道流，取山僧见处，坐断[12]报化佛头，十地满心，犹如客作儿[13]。等、妙二觉，担枷锁汉。罗汉、辟支，犹如厕秽。菩提、涅槃，如系驴橛。何以如此？只为道流不达三祇劫空，所以有此障碍。若是真正道人，终不如是。但能随缘消旧业，任运着衣裳，要行即行，要坐即坐，无一念心希求佛果。缘何如此？古人云：‘若欲作业求佛，佛是生死大兆。’大德，时光可惜，只据[14]傍家波波地学禅学道，认名认句，求佛求祖，求善知识意度。莫错！道流，你只有一个父母[15]，更求何物？你自返照看！古人云：‘演若达多[16]失

却头，求心歇处即无事。’

“大德，且要平常[17]，莫作模样。有一般不识好恶秃兵，便即见神见鬼，指东画西，好晴好雨，如是之流，尽须抵债，向阎罗王前吞热铁圆[18]有日在。好人家男女，被遮般野狐精魅所着，便即捏怪。瞎屡生[19]，索饭钱有日在。

“道流，切要求取真正见解，向天下横行，免被遮一般精魅惑乱身心，更莫造作，只是平常。你才拟心，早是错了也。且莫求佛，佛是名句。你还识驰求底么？三世十方佛祖出来，也只为求法。如今参学道流，也只为求法。得法始了，未得依前轮回五道。

“云何是法？法者是心法。心法无形，贯通十方，目前见用。人信不及，便乃认名认句，向文字中求，其意度与佛法天地悬隔[20]。

“道流，山僧说法，说甚么法？说心地法，便能入净入秽，入凡入圣，入真入俗。要且不是你真俗凡圣，能与一切真俗凡圣安名，一切真俗凡圣安着个名字不得。

“道流，把得便用，更莫安排，方契玄旨。山僧说法与天下人别，只如有个文殊、普贤出来，目前各现一身问法，才道‘咨和尚’，我早辨了也。何以如此？只为我见处别，外不取凡圣，内不住根本，见彻本法，更不疑谬。”

注释

①**自由：**精神得解脱后的最高境界，禅的最高境界。

②**道流：**学道者。对禅僧的称呼。

③**病：**错误。

④**忙忙地：**据《古尊宿语录》卷四，此处为“茫茫地”，较妥。糊里糊涂，茫然不知如何作为。

⑤**活祖意：**祖师的真实旨意，这种旨意在每个人的心中，具有生动活泼的不同显现。

⑥**驴牛肚里生：**指堕为畜生。

⑦**三界无安，犹如火宅：**源自《法华经》，以三界为必须离开的地方。

⑧**弄影：**原意指在灯光或日光下摆弄身影，禅门中用以指拘泥于虚幻事物，虚妄作为之事。

⑨**四大色身：**人的肉体之身由地、水、火、风四大要素和合而成。

⑩**一段孤明：**指众生本有的自性清净心。

⑪**触目皆是：**眼所见物，都是真性的体现，都包含真性，也称为“触目是道”。

⑫**坐断：**截断、断除。

⑬**客作儿：**旧时对佣工的称呼，是江西俚俗中的骂

人话。此处有不见佛性之意。

⑭据，《古尊宿语录》卷四中为“拟”字，较妥。

⑮**只有一个父母：** 父母喻指本心佛性，心外无佛，只有一个佛在你自己心中，所以不必外求。

⑯**演若达多：** 意译是“祠授”，因祭祀天而乞得。他有一天早晨照镜子时，发现镜中有自己的头，十分高兴，想回过身来看自己的头，却看不到，因而生恨。禅门中以自己的本头喻作真性，镜中的头为虚妄之性。

⑰**平常：** 即平常心，自在之心。

⑱热铁圆，据《古尊宿语录》卷四，“圆”字作“丸”，较妥。

⑲**瞎屡生：** 盲目愚痴者，对禅法没有见识者。

⑳**天地悬隔：** 差得太远了。

译文

临济义玄和尚开示众人说：“如今学习佛法的人，要学到真正的见解，如果学到了真正的见解，就能于生死都不染着，来去自由，你不求美妙境界，美妙境界自然就来了。各位学道之流，就像以前的古德都有其指示学人解脱的方法，所以山僧我也有，我指示学人的地方，只是要人们不受人家的迷惑，这样可以做到要运用就运用，再也不用迟疑。

“如今学道的人做不到这一点，错在什么地方？错在他没有自信。你如果不自信，就会茫茫然地随着一切境界流转，得不到自由。你如果能把你这颗念念不忘向外追求的心清净下来，就与祖与佛没有差别了。

“你想认识禅祖佛祖吗？现在正在听法的你本人就是。有许多学道者不信这一点，于是就向心外追求，这样他即使能求到一些东西，也都是一些文字概念，终究得不到祖师的真正意旨。这时候得不到真正的意旨，那么只好在万劫之中，千生之中，轮回于三界之间，随着好恶境界转，最后找个驴或牛投生去了。

“各位学道者，在山僧我看来，众人与释迦并无差别。每天的各种所作所为，缺少些什么？六道神光照耀，从没有间歇过。你要是有这样的看法，一生都是个无事之人。

“各位大德，三界并不安定，如同烧着大火的房子，这不是你们的久留之地。无常鬼杀过来时，只是一刹那的工夫，它可不分贵贱老少。你要与禅祖佛祖毫无差别的话，就不要向外追求。你清净心上的一念闪光，就是你自己屋里的法身佛；你无分别心上的一念闪光，就是你自己屋里的报身佛；你无差别心上的一念闪光，就是你自己屋里的化身佛。这三种身，就是你现在听我说法的人，因为你不向外追求了，才有这样的功用。要是按照经论中的说法，这三种身就是最高法则了，但山僧我却不这样看，这三种身也都是语言概念，也是三种依凭。古人说：‘身（集合谓之身）依照意义而立，国土依据体性而论。’法性之身和法性国土，都如影似光。

“大德，你要体认这个拘泥于虚幻影子的人，他就是众佛之本源，他所在的一切处都是你们学道者回归自心之家的地方。你由地、水、火、风四大组成的肉身不懂得说法和听法，你的脾、胃、肝、胆不懂得说法和听法，连虚空世界也不懂得说法和听法。那么是什么懂得说法和听法呢？是你眼前一个清楚地显现的东西，是你的孤致灵明的心，是这个东西去理解说法和听法。要是能有这样的认识，就和禅祖佛祖没有差别了。只要任何时候不再间断，你眼所见处，都是禅道。但是因为你迷情生起，智慧隔断，你的想法变化多端，与本体之性相差很远，所以在三界中轮回，遭受种种痛苦。在山僧我看来，没有一处不是深深法性，没有一处不是解脱之处。

“学道人士们，心没有形状，但普遍存在于十方世界之中，在眼睛上，它称为看；在耳朵上，它称为听；在鼻子上，它可以闻香味；在嘴上，它可以谈话；在手上，它可以拿物品；在脚上，它可以走路奔跑。这都属于同一个灵明之心，分为六种功能，和合一体。心既然是空无，那么你们随时随地可以得到解脱。

“山僧我这样讲，用意是什么呢？都是因为你们到处求取，没有停歇的时候，在人家古德的闲话上做文章。各位学道的人，只要接受山僧我的看法，就可以截断所谓报身佛或化身佛之类的佛头，那些达到十地境界的菩萨，也不过如同大户人家的佣人一样。所谓等觉、妙觉菩萨，都是戴着枷锁的人。罗汉、辟支佛，如同厕所里的污秽之物。所谓菩提、涅槃之类，都是系驴子的树桩。为什么这样呢？只因为你们这些学道的人不懂得三祇劫空，所以有这样的障碍。如果是真正体悟禅理的人，永远不会这样的，而只是随顺各种因缘，消除过去的各种行为之业，任运自在，想走就起来走走，想坐就坐着，没有一点要追求成佛的念头。为什么这样？古人曾说过：‘如果你想造种种业来追求成佛的境界，佛是使你落入生死轮回的最大的先兆。’各位大德，时光很宝贵，可是你们只想挨家挨户一波一波地行脚奔走，学禅学道，执着名言文句，求成佛，求作祖，求大善知识的想法。不要搞错了！学道的人们，你只有一个父母，还要追求什么东西？你返心观照自心看看！古人说：‘演若达多想找自己的头却找不到，如果没有这种求取的念头，就没有事了。’

“各位大德，一定要持平常心，不要装模作样。有一些不知好歹的秃头兵，只会装神弄鬼，指东画西，说些‘好晴天’‘好大雨’之类，像这样的人，都应该去抵债，在阎罗王老子面前吞吃热铁丸的日子在后头。好人家的孩子要是被这些野狐狸精迷惑住的话，也会作怪。这些不懂禅理的瞎驴，向你们讨回所吃饭的饭钱的日子有的是。

“学道者们，一定要求得真正的见解，才能在天下通行无阻，不要受这些鬼魅的迷惑，更不要造业作业，只是保持一颗平常心。你刚一起心思，早就错了。不要求佛，佛只是一个文字概念。你还知道那个求佛的东西吗？三世十方众佛众祖出来，也只是为了求佛法，如今你们这些参学的人，也都是为了求佛法。求到了，就一了百了，求不到，还像以前一样在生死中轮回。

“什么是佛法？佛法只是心。心没有形状，但普遍存在于十方世界之中，又在当前显现它的作用。有的人不相信这个心，于是就执着于名言文句，在文字中求取，这种做法与佛法差得太远了。

“各位学道之士，山僧我说法，说的什么法呢？说的是心法，这样就能入净土入秽地，入凡境入圣境，入真法入俗法。且不要说是你们这些真俗凡圣，我能为一切的真俗凡圣安上一个名称，但一切真俗凡圣都不能安上任何一种名称。

“各位学道之士，你如果能把握得住，就不要有什么行为安排，这样才能契合禅宗玄妙之旨。山僧我说法和别人不同，即使有文殊和普贤出来，在我面前显形问法，刚说到‘请问您’时，我早就知道他了。为什么这样？只因为我的见解和别人不同，我在外不执着于凡圣，在内不执着于本体，我的见解彻底，你们不要有疑问了。”

158 婆舍斯多

原典

二十五祖[1]婆舍斯多因与外道无我尊论议。

外道曰：“请师默论，不假言说。”

祖曰：“不假言说，孰知胜负？”

曰：“但取其义。”

曰：“汝以何为义？”

曰：“无心为义。”

曰：“汝既无心，安得义乎？”

曰：“我说无心，当名非义。”

曰：“汝说无心，当名非义。我说非心，当义非名。”

曰：“当义非名，谁能辨义？”

曰：“汝名非义，此名何名？”

曰："为辨非义，是名无名。"

曰："名既非名，义亦非义，辨者是谁？当辨何物？"

如是往返五十九翻，外道杜口信伏。

妙喜曰："婆舍斯多何用忉怛②？当时若见他道'请师默论，不假言说'，便云：'义堕也！'即今莫有要与妙喜默论者么？或有个衲僧出来道'义堕也！'我也知你在鬼窟里做活计。"

注释

①**二十五祖：**禅宗西天祖师第二十五祖，婆舍斯多，罽宾国人，婆罗门种姓。

②**忉怛：**啰唆、多话。

译文

禅宗西天第二十五祖婆舍斯多和一位叫无我尊的外道讨论佛理。

外道说："请祖师您默默地讲，不要依赖语言。"

二十五祖说："不说出来，怎么能知道胜负？"

外道说："只采纳其中的意义就行了。"

二十五祖问："你以什么作为意义呢？"

外道说："以无心为意义。"

二十五祖问：“你既然把心都空掉了，怎么会得到这个意义呢？”

外道说：“我讲无心，应该把这个意义叫作不是意义。”

二十五祖说：“你讲无心，则可以把意义叫作不是意义，那么我讲不是心，应当说不是概念了。”

外道说：“应该叫作不是概念的话，谁能辨别其中的意义呢？”

二十五祖问：“你讲不是意义，这种概念又是个什么概念呢？”

外道说：“为了辨别这个‘不是意义’，这个概念应该是没有概念。”

二十五祖问：“概念既然不是概念，意义也不是意义，那么分辨这种关系的是谁？想分辨什么？”

这样往返论辩五十九个来回，外道终于闭口不言，信服二十五祖。

妙喜和尚说：“婆舍斯多何必啰唆？当时要是听到他讲‘请祖师您默默地讲，不要依赖语言’时，就说：‘说错了！’如今是不是有人要和妙喜我默默地讲？也许有个禅僧出来说句‘说错了！’我也知道他是在鬼窟里做文章了。”

159　大宁道宽

原典

大宁宽和尚示众云：“无念为宗①，无住为本②，真空为体③，妙有为用④。所以道，尽大地是真空，遍法界是妙有。且道是甚么人用得？四时运转，日月长明，法本不迁，道无方所。随缘自在，逐物升沉，此土他方，入凡入圣。虽然如是，且道‘入乡随俗’⑤一句作么生道？”良久，云：“西天梵语，此土唐言。”

注释

①**无念为宗：**惠能语，以“无念”为禅宗的宗旨。“无念”是指不染着一切法。

②**无住为本：**惠能语，以“无住”为禅法的根本所在。对于任何对象，不停一念，念念不住，称为无住。

③**真空为体：**真空是万法的本性。“真空”指世界万有虚幻不实，是空。

④**妙有为用：**妙有可以引起作用，缘生种种现象。“妙有”指作为世界本体的真性。

⑤**入乡随俗：**根据不同的条件而以不同方式体会真性。

译文

大宁道宽和尚开示众人说：“无念是宗旨，无住是根本，真空是本体，妙有是相用。所以说，整个大地都是真空，所有法界都是妙有。你们说，是什么人用得到？四季运转，日月常明，万法本来不迁动，禅道也没有固定的处所。随顺因缘，自由自在，随物升起沉下，在此地，在他方，入凡土，入圣界。虽然这样，你们说，‘入乡随俗’这句话怎么理解？”沉默一会，又说：“西天讲梵语，这里说汉语。”

160　文殊圆明

原典

圆明和尚[①]示众云：“灵山咐嘱[②]，相传十方。诸佛出现于世，唤作建置道场，转大法轮。如斯之法，只在如今。若于祖宗门下，天地悬殊。上上之流，何不启问？”

时有僧出明[③]云：“去去西天[④]路迢迢，十万余问，灵山一会，意旨如何？”

曰：“当初妄想，直至如今。”

云：“如何是最初一句？”

曰：“三生六十劫。”

云：“大悟底人还有过也无？”

曰：“铁山横在路。”复云：“坐断日头天地黯，黑忙忙者匝地普天⑤。与么之时，佛祖出头来，好与三十棒。虽然如是，官不容针，私通车马⑥。”

注释

①**圆明和尚：**文殊圆明，五代、北宋之际僧人，长庆大安法嗣，南岳下第四世。

②**灵山咐嘱：**指释迦牟尼在灵山法会上付法给摩诃迦叶事。

③出明，当为“出问”。

④去去西天，当为“此去西天”。

⑤**匝地普天：**遍满天地之间。

⑥**官不容针，私通车马：**原指官家律法纲纪严明，但私底下却大可融通。禅家用来指接引学人时，可以根据学人不同根性而灵活掌握。

译文

文殊圆明和尚开示众人说：“灵山会上佛祖付法，传布十方世界。众佛出现于世，建立道场，转动大法轮。像这样的佛法，只在如今存在，如果要放在禅宗门下，则与禅门宗旨相差太远了。上上根机者们，你们为什么不出来问话？”

这时有一位僧人问道：“这里距离西方，路途迢迢。灵山法会上，十万多句问话的意义是什么呢？”

圆明说：“当时的妄念，一直到现在还没有除掉。”

又问：“什么是最初的一句话？”

圆明说：“三生六十劫。”

又问：“彻底觉悟的人，还会有过错吗？”

圆明说：“铁山横在大道中央。”又说：“截断太阳天地暗，黑茫茫地遍世界。这时候，佛祖出来了，给他三十棒。即使是这样，官家不容一针过，私下可让车马行。”

161 姜山方

原典

姜山方①和尚示众云：“不是道得道不得，诸方尽把为奇特。寒山②烧火满头灰，笑骂丰干③遮老贼。”

僧问：“莲花未出水时如何？”

曰：“穿针嫌眼小。”

云：“出水后如何？”

曰："尽日展愁眉。"

问："如何是不动尊？"

曰："单着布衫穿市过。"

云："学人未晓。"

曰："骑驴蹋破洞庭波。"

问："透过三级浪，专听一声雷？"

曰："伸手不见掌。"

云："还许学人进向也无？"

曰："蹋地告虚空。"

云："雷门之下，布鼓难鸣。"

曰："八花球子上，不用绣红旗。"

云："三十年后此话大行。"方便打。

问："奔流度刃，疾焰过锋。未审姜山门下还许借借也无？"

曰："天寒日短夜更长。"

云："锦帐绣鸳鸯，行人难得见。"

曰："髑髅里面气冲天。"

云："和尚。"

曰："鸡头凤尾。"

云："诸方泥里洗，姜山画将来。"

曰："姜山今日为客，且望阇梨善传。然虽如是，不得放过。"乃拍禅床一下。

注释

①**姜山方：**宋代临济宗僧人，琅琊慧觉法嗣，南岳下第十一世。

②**寒山：**唐代僧人，或称“寒山子”或“贫子”，好作诗。

③**丰干：**唐代僧。又作封干。善作诗。与寒山、拾得并称“国清寺三隐”。剪发齐眉，穿布衣，身长七尺余。初居天台山国清寺，昼任舂米之职，夜则吟咏，言语无准，多似预记。人或借问，则只答以“随时”二字，更无他语。曾口唱道歌，乘虎直入松门，众僧惊惧，自此遂为众所崇重。

译文

姜山方和尚开示众人说：“不是说得出或说不出，各地长老都这样做，显示奇特之处。寒山和尚烧火烧得满头是灰，笑着痛骂丰干和尚这个老贼。”

有僧问他：“莲花没有出水时怎么样？”

姜山说：“穿针却嫌针眼小。”

又问：“出了水后又怎么样？”

姜山说：“整日舒展愁眉。”

又问：“什么是不动如来？”

姜山说："只穿件布衫穿街市而过。"

僧人说："学生不懂。"

姜山说："骑驴踏破了洞庭湖的波浪。"

僧人问："透过三级波浪，专听一声惊雷，怎么样？"

姜山说："伸手看不见手掌。"

僧人问："还允许学生再问吗？"

姜山说："脚踏大地对虚空说。"

僧人说："打雷的时候，布做的鼓面擂不响。"

姜山说："八种花式的球上面，用不着再绣红旗了。"

僧人说："三十年后，这句话将在天下非常流行。"姜山方就打他。

僧人问姜山："激流过刀刃，烈焰过刀锋，不知道您姜山门下还允许我依靠依靠吗？"

姜山说："天气寒冷，白天短了，黑夜更长了。"

僧人说："锦缎蚊帐里绣着鸳鸯，行路的人很难看得到。"

姜山说："骷髅里面气息冲天。"

僧人喊："姜山和尚。"

姜山说："鸡头凤尾。"

僧人说："各地长老在泥水里洗，请姜山画出来。"

姜山说："姜山我今天是客，请阇梨你好好描述。但即使这样，也不应该放过。"于是就拍一下禅床。

162　兴化存奖

原典

兴化和尚开堂示众云："遮一炷香，本分为三圣师兄。三圣为我太孤①，便合承嗣大觉②。大觉为我大赊。③我于三圣处会得宾主句，若不遇大觉师兄，洎合误却我平生。我在大觉吃棒，见得临济先师在黄檗处吃棒④底道理。此一炷香，供养我临济先师。"

僧问："多子塔⑤前共谈何事？"

曰："一人传虚，万人传实。"⑥

注释

①**三圣为我太孤：**兴化曾在三圣门下当首座，学得临济主宾句。

②**大觉：**魏府大觉，唐代临济宗僧人，临济义玄法嗣，南岳第五世，与兴化存奖、三圣慧然均是同学。

③**大觉为我大赊：**"大赊"之"大"，《五灯会元》卷十一为"太"，较妥。在大觉门下，兴化几度遭打。

④**临济先师在黄檗处吃棒：**临济义玄在黄檗会下，三度问佛法大意，三度遭打。

⑤**多子塔：**中印度毗舍离城中的四塔之一，禅家认为，世尊释迦牟尼曾在多子塔前分座、传法给摩诃迦叶。

⑥**一人传虚，万人传实：**与“一人吠虚，千猱啀实”义同，把本来虚幻的东西经过众生传播，而成为似乎确有其事的真实存在，由此可见语言的不足之处。真理由各人亲证，不涉及语言。

译文

兴化存奖和尚开堂时，开示众人说：“这一炷香给三圣慧然师兄。三圣待我太孤傲，所以我理当到大觉门下承法嗣。大觉待我太奢侈。我在三圣门下体会到的主宾关系，要是不遇到大觉师兄，几乎要误了我的一生。我在大觉门下吃棒，知道了当初临济先师在黄檗希运门下吃棒子的道理。这一炷香，供养我的临济先师。”

有僧人问他：“多子塔前，大家讨论什么事情？”

兴化说：“一个人传播虚妄之言，传到一万个人时就变得实有其事了。”

163 五祖法演

原典

五祖演和尚示众云："真如凡圣，皆是梦言。佛及众生，并为增语[①]。或有人出来道：'盘山老聻[②]？'但向伊道：'不因紫陌花开早，争得黄莺下柳条？'若更问道：'五祖老聻？'自云：'喏，惺惺着。'"

注释

①**增语：**多余的、无意义的话。

②**聻：**疑问词，相当于"呢"。

译文

五祖法演和尚开示众人说："真如和凡、圣等类，都是梦中之言。佛和众生，都是多余的话。如果有人出来问：'盘山宝积老人呢？'就对他说：'如果不是紫陌花开得早，黄莺怎么会到柳条上来？'如果他还要问：'五祖法演老人呢？'他自己就会说：'唉！清醒着点。'"

164　子湖利踪

原典

子湖镢地次，亚镢[①]头回视胜光[②]云：“事即不无，拟心即差。”胜光便问：“如何是事？”被子湖拦胸蹋倒，从此省悟。

注释

①亚镢，《景德传灯录》和《五灯会元》均作“按镢”。

②**胜光：**台州胜光，子湖利踪法嗣，南岳下第四世。

译文

子湖利踪锄地的时候，按着镢头对台州胜光和尚说：“事法也不是空无，心动就差了。”胜光就问他：“什么是事法？”被子湖当胸踏倒，从此省悟。

165　法华全举

原典

法华举和尚示众云：“若开口，又成增语；不开口去，又成剩语[①]。”乃云：“金轮天子敕，草店家风别。”

注释

①**剩语：**剩在心中的话语，心中有话却无法表达出来。

译文

法华全举和尚开示众人说："要是开口，就成了多余的话；要是不开口，又成了剩在胸中的话。"就说："金轮天子的敕命，和小店家风有别。"

166　玄沙师备

原典

玄沙和尚示众云："夫古佛真宗，常随物现，堂堂应用，处处流耀，隐显坦然，高低尽照。是以沙门上士道眼，唯先契本明心，方为究竟。森罗万像，一体同源，廓尔无边，谁论有滞？尘劫中事，都在目前。

"时人旷隔年深，致乖常体，迷心认物，以背真宗，执有滞空[①]，不遇良朋道友，只自于私作解，纵有商量，浑成意度[②]。及至寻穷理地，不辨正邪，况平生自己未曾捞摝[③]。

"若乃先贤古德，便自知时，克己推功，庵岩石室。

古德云：‘情存圣量，犹落法尘。己见未忘，还成渗漏。’不可道持斋持戒、长坐不卧、住意观空、凝神入定便当去也，有甚么交涉？西天外道入得八万劫定，凝神寂静，闭目藏睛，灰身灭智，劫数满后，不免轮回，盖为道眼不明④，生死根源不破。

“夫出家儿即不然，不可同他外道也，莫非真实明达，具大知见，能与诸佛同彻，寂照⑤忘知，虚含万象。如今甚么处不是汝？甚么处不分明？甚么处不露现？何不与么会去？若无遮个田地时中，争奈诸般渗漏何？总成虚妄，阿那个便是平生得力处？

“如实未有发明，切须在急时中忘餐失寝，似救头然，如丧身命，冥心自救，放舍闲缘，歇却心识，方有少许相亲。若不如是，明朝后日尽被识情带将去，有甚么自由分？

“却不如他无情之物，敷唱分明，土、木、石头，说法非常真实，只是少人能听，若闻此说，始可商量。且道，无情说底法作么生商量？试道看。不可道‘无言无说’也，‘无视无听’也，不可道‘无问而自说，称叹所行道’。不见善财童子参五十三人知识，末后见弥勒，弹指之顷得入门。才入门后，其门自闭，于楼阁中睹百千诸佛过去舍身受身，所参一百二十人知识，化境于楼阁中，一时俱现，为其证明，善财疑心顿息。

“大凡三条椽下[6]具遮个真实发明，即可商量，便向四生六道中同于诸佛净土，更惧何生死？且阿谁知他一切诸法都无实体？至于灵山会上，迦叶亲闻，犹如话月[7]。古德云：‘善恶都莫思量。’还同指月[8]。乃至三乘行位、解脱菩萨、涅槃圣德圣果，并如空花兔角[9]。不见道‘却来观世间，犹如梦中事’？有为心法，不可相依，日久年深，全无利益，只为违真弃本，厌离凡情，折心圣道，作此见知，不出他限量，抛他五阴不去。不见道‘诸行无常，是生灭法’？你只拟向前，争能明得？可中彻去，方得知之。若未究得，当知尽是虚头世间[10]难信之法。具大根器力，能明达今生。若彻去，万劫亦然。古德云：‘直向今生须了却，谁能累劫受余殃？’珍重！”

注释

①**执有滞空：**执着万物为实有，而不知它本性空寂。

②**意度：**以通常的见解去推度。

③**捞摝：**捞取、掳掠。

④**道眼不明：**智慧的眼睛不亮，喻没有智慧。

⑤**寂照：**虚寂而照，寂而能照。“照”指观照。

⑥**三条椽下：**指禅僧。禅僧坐禅用的床位，横长三

尺，上方有三根椽条，所以称“三条椽下”。如果指禅僧，也称“三条椽下客”。

⑦**话月：**月喻众生佛性。以语言论佛性。

⑧**指月：**以手指月，“指”只是体得佛性的方便，不是佛性本身。

⑨**空花兔角：**空中的花，兔子头上长出的角。喻虚幻不实之物。

⑩**虚头世间：**虚空世界，没有一物是真实存在。

译文

玄沙师备和尚开示众人说：“古佛所创真实宗旨，经常伴随万物显现，堂堂正正地展示作用，处处流露其光辉，它隐退显露，自在坦然，不论高低，都能照耀到。所以出家人中那些上根器者的智慧之眼，先要契合本体，发明本心，才是究竟。万事万法，都出自同一本体，同一源头，宽阔无边，谁执着万法为有？无数劫中的事法，都在当前。

“现时的人们间隔年代久远，以至于乖背恒常之本体，心中迷惑，执着事法，违背真性之宗，执着万法为有，不知其空，没有遇到过良朋益友，只是私自作个见解，虽然有所认识，也只是以常见推度而得。待到要寻究终极本体时，则又不能分辨邪正，何况自己从来没有遇着过真性。

“如果是先前圣贤、古代大德，便能自己知道时节，克制自己，积累功德，在茅庵石室中修行。古代大德说：‘如果想求圣人境界，还是落在事法的尘土中。自己的知见不能去除，还是会有错误。’不可以说守斋持戒、常行坐禅而不卧、观想空理、凝神入定等就可以得到禅旨，这些做法与禅的宗旨又有什么关系？西方的外道能入定八万劫，凝神入静，闭双目，藏眼睛，灰身灭智，等到劫数满了以后，仍不免堕入生死轮回，这都是因为眼睛不亮，生死的根源不破。

“出家人则不是这样，不可以同那些外道一样，没有一个不是具有真实见解，明了禅门宗旨，具足大知见，能够和众佛同样达到彻悟，心体虚寂而又能照察，忘却觉知，虚灵而又含摄万象。如今什么地方不是你？什么地方不是非常清楚的？什么地方不显现出来？为什么不这样去理解？如果你没有这样的见解，怎么会不出错误呢？总是处于虚妄之中，哪一个是你一生的得力之处？

“如果你确实没有发现明达真性，就必须在这非常紧迫的时间内废寝忘食，像抢救你的头一样，像丧失身家性命一样，深心自救，放弃各种追求，让心神停歇，这样才可以有一些与禅门宗旨相近的地方。如果不是这样，明天后天，你就会被你的世俗见解带了去，这有什么自由呢？

“如今有些人却连那些没有生命的物体都不如，这些物体都在十分明白地宣扬佛法，土块、木头和石头，它们的说法都非常真实，只有少数人才能知晓，如果听到了它们的说法，才可以有商量的余地。你们说，无情之物说的法究竟如何来商量？说说看。不可以说‘没有言说’啊！‘没有看到，没有听到’啊！不可以说‘没有人问就自己说法，称颂赞叹我的道法’。你不见善财童子参访五十三个大善知识，最后见弥勒，弹指之间就入了门，刚一入门，大门就关闭了，善财童子在楼阁之间看到成百上千的众佛以往所舍的佛身、所受的佛身，他所参访过的一百二十个善知识，都在楼阁中化现其境界，一齐显现，为他做证明，善财童子疑虑之心顿时息灭。

“凡是在三条椽下的禅僧，如果具备这个真实见解，发明本心，就可以有商量的余地，就可以处在四生六道之境而看作如在诸佛所处净土世界，还惧怕什么生死？况且是谁知道一切诸法都没有自己的真实体性？至于在灵山法会上迦叶亲耳所闻的付法之事，也如同以语言来讨论月亮般的佛性。古代大德说：‘善法和恶法都不要去分别。’这种说法仍是如同以手来指月。甚至三乘人所至境界、得解脱的菩萨、涅槃等，都如同空中的花，兔子的角。不是说‘看这人世间，如同梦中事’？人们造作而有的有为之法，不可以依赖，如果要依赖它的话，时间一久，你会发现对自己毫无利益。这只是因为你违背了真性，背弃了本体，对凡俗之事生厌离心，而倾心于圣事，而有这样的想法了，就不能超出凡圣之限，抛不掉五阴之身。难道没有听说过‘万法没有恒常性，都是有生有灭的’？你只想一门心思向前走，怎么会理解这一道理？只有把这个道理彻底搞清楚了，才能知道它。如果没有穷尽究竟，那都只是些虚空世界的难以使人相信的事法。具足大根器的人，能够明确了知自己的现世情况。如果今生彻底明了，那么万劫之中，也都清楚明白。古代大德说：‘只要现世能了结，后世谁能再受殃？’各位保重吧！”

167　琅琊慧觉

原典

琅邪觉和尚示众曰："进前即死，退后即亡[①]。不进不退，落在无事之乡。何故如此？长安虽乐，不是久居。"

妙喜曰："啼得血流无用处，不如缄口过残春。"

注释

①**进前即死，退后即亡**：意谓必须超越对待之事，超越生死。

译文

琅琊慧觉和尚开示众人说："向前就要死，后退就会亡。不进不退，就处在无事上面。为什么这样？长安虽然多欢乐，不是我的久居地。"

妙喜和尚说："杜鹃啼得满口血，终究无用处，不如闭嘴不吱声，也好过残春。"

168 杨岐方会

原典

杨岐会和尚示众，拈拄杖云："一即一切，一切即一。"画一画，云："山河大地，天下老和尚百杂碎[①]，作么生是诸人鼻孔？"良久，云："剑为不平离宝匣，药因救病出金瓶。"喝一喝，卓一下[②]。

注释

①**百杂碎：**杂乱的破碎片。

②**卓一下：**打一下、击一下。

译文

杨岐方会和尚开示众人，拄起拄杖子说："一不离一切，一切不离一。"用拄杖画一画，说："山河大地，天下的老和尚，这些破碎片，什么是人们的鼻孔？"沉默一会，说："宝剑为了削除不平事而出剑鞘，良药为了救治世间病而离金瓶。"喝一声，打一下。

169　灌溪志闲

原典

灌溪闲和尚示众云："十方无壁落，四面亦无门，露裸裸，赤洒洒，没可把[①]。"

僧问："如何是祖师西来意？"

曰："钵盂盛饭，桶里盛羹。"

云："学人不会。"

曰："饥即吃，饱即休。"

问："久向灌溪，到来只见沤麻池[②]。"

曰："你只见沤麻池，且不见灌溪。"

云："如何是灌溪？"

曰："劈箭急。"

注释

①**露裸裸，赤洒洒，没可把：**坦露空寂，清净无污，没有相状，超越空间。

②**沤麻池：**谓平常之处，没有什么特色。

译文

灌溪志闲和尚开示众人说："十方世界没墙壁，四面周围也没有门，坦然显露，清净无污，没有相状。"

有僧人问："什么是达磨祖师西来东土的意旨？"

灌溪说："钵盂可盛饭，桶里可盛汤。"

僧人说："学生不懂。"

灌溪说："饿了就吃饭，吃饱了就不吃。"

僧人说："我早就向往您灌溪，到这里却发现您不过像个沤麻的池子。"

灌溪说："你只看到沤麻的池子，却不见我灌溪。"

僧人问："什么是灌溪？"

灌溪说："急速地劈箭。"

170　龛上座

原典

龛上座①参德山，德山才见便作抽坐具势。龛云："遮个则且止，心境一如底来，向他道个甚么，即免诸方检责？"

曰："犹较昔日三步在，别作个主人翁来。"

龛便喝，山不对。

龛云："塞却遮老野狐咽喉。"

沩山闻举，云："龛上座虽得便宜，争奈掩耳偷铃。"

注释

①**龛上座：**唐代临济宗禅僧，临济义玄法嗣，南岳下第四世。

译文

有一位龛上座参访德山宣鉴时，德山一看到他，就装出要把坐具抽走的样子。上座说："别这样，内心外境一体的人来了，你对他说什么，就可以使他避免遭到各地长老的批评？"

德山说："和以前相比还差三步。你另外做个主人翁来吧！”

上座就大喝一声，德山并没有理他。

上座就说：“把你这个老狐狸的咽喉塞住。”

沩山灵祐听到这个机缘后，就说：“这龛上座虽然得了些便宜，怎奈何他是掩耳盗铃啊！”

171 颖桥安

原典

颖桥安[①]铁胡一日在风穴[②]，团炉内坐，有钟司徒来见，便问：“三界焚烧，如何出得？”

安将火匙拨火开，司徒拟议，安曰：“司徒！司徒！”

注释

①**颖桥安：**号铁胡，南院慧颙法嗣，南岳下第七世。

②**风穴：**风穴延沼禅师，也属南院慧颙法嗣。

译文

颖桥安和尚，号铁胡，他有一天在风穴延沼禅师门下，正当他坐在团炉内烤火，有位姓钟的司徒来参学，钟司徒问："三界之内要是燃烧起来的话，怎么能逃得出去？"

安铁胡用火钳子把火拨开，司徒略一迟疑，安铁胡说："司徒！司徒！"

172 三圣慧然

原典

三圣和尚参德山，才欲展坐具，山云："住，不用展炊单[①]，遮里无残羹馊饭与汝。"

曰："赖遇无，设有，向甚么处着？"

山便打，圣接住，推倒向床上。山大笑，圣哭："苍天！"便下参堂。

堂中首座号踢天泰，问："行脚高士，须得本道公验[②]。作么生是本道公验？"

圣云："道甚么？"

座再问，圣打一坐具，云："遮漆桶，前后触忤多少贤良。"

座拟人事[③]，圣便过第二座人事。

注释

①**炊单**：炊巾，僧人吃饭时用。

②**公验**：正式验证，也指僧人受戒时官方所发的证明书。

③**人事**：应酬。

译文

三圣慧然和尚参访德山宣鉴和尚时，刚要展开他的坐具，德山就对他说："停下，你不要打开炊巾了，我这里并没有残羹馊饭给你吃。"

三圣说："幸好没有，要是有的话，我向什么地方着力？"

德山就打他，三圣把棒子接住，一把推向禅床。德山哈哈大笑，三圣却哭道："苍天啊！"就离开德山参堂去了。

参堂室中的首座外号是踢天泰，他问三圣说："凡是行脚到此的高人，都必须经过我的正式验证。什么是我的正式验证？"

三圣反问道："你说什么？"

首座又再问了一遍，三圣打一打他的坐具，说："这个黑漆桶，前前后后触犯了多少贤良之士。"

首座还想和三圣搭话，三圣却去和第二座应酬去了。

173　大愚守芝

原典

大愚芝和尚示众，举盘山颂云："光非照境，境亦非存。光境俱忘，复是何物？"乃竖起拂子云："微尘诸佛光明，总在遮里，照破你诸人心肝五脏，衲僧面前不得道着，切宜忌口①。"

小参②，示众云："一击响玲珑，喧轰宇宙通。知音才侧耳，项羽过江东。恁么会，恰认得驴鞍桥③作阿爷下颔。"

注释

①**忌口**：闭口不说，道不可说。

②**小参**：禅寺中在规定时间以外的参问或说法，其规模要比"上堂"小。

③**驴鞍桥**：驴骨中形状很像马鞍的那一块，马鞍又如同桥的形状，故名。它虽似马鞍，又不是真马鞍，但却有愚痴的人认它为父亲的遗骨。禅家以此喻愚笨或不辨真假的情形。

译文

大愚守芝和尚开示众人，举出盘山宝积的一则颂说：“光不照外境，外境也不存。光和境都忘，又是什么呢？”他竖起拂子说：“无数佛的光明，都在这里边，照破你们这些人的心肝五脏，在禅僧面前，不能说出来，应该闭口不言。”

小参的时候，大愚开示众人说：“敲击一声，响声悦耳，喧嚣之声，响彻宇宙。知音刚要侧耳听，项羽已经过江东。这么领会，恰恰像那些痴人把驴的马鞍形骨块当作父亲的遗骨了。”

174 翠岩可真

原典

翠岩真和尚举：“黄檗在南泉作首座，甘贽行者[①]请施财。檗云：‘财法二施，等无差别。’行者舁钱出堂[②]，须臾复云：‘请施财。’檗云：‘财法二施，等无差别。’贽便行钱[③]。”“甘贽行者黠儿落节[④]，黄檗施财，何曾梦见？”

妙喜曰：“等是随邪逐恶，遮云居罗汉[⑤]较些子。”

注释

①**甘贽行者**：唐代修佛者，南泉普愿法嗣，南岳下第三世。

②**舁钱出堂**：把钱拿走了。

③**行钱**：施钱。

④**落节**：吃亏。

⑤**云居罗汉**：指可真。

译文

翠岩可真和尚举古德机缘说："黄檗希运在南泉普愿门下当首座时，有位叫甘贽的行者要求施舍财物。黄檗说：'施财和施法，两者并没有差别。'甘贽行者就把钱拿走了，不一会他又说：'请施舍财物。'黄檗还是说：'施财和施法，两者并没有差别。'甘贽就施舍钱财。"翠岩说："甘贽行者这个机灵儿吃了亏了，黄檗施财物，他哪里梦见过？"

妙喜和尚说："一样是追随邪恶的人，这个云居罗汉还较好一些。"

175　鼓山神晏

原典

鼓山和尚示众云：“大事未办，宗脉①不通，切忌记持言句，意识里作活计。不见道‘意为贼，识为浪，尽被漂沦没溺去，无自由分’？诸和尚，必若大事未通，不如休去、大歇去，身心纯静去好，时中莫驻着事，却易得露。遮个是事不得已相劝之言，古人唤作‘死马医’。若是个汉，向他与么道，如同寐语一般。且诸人分上作么生？十二分教还用得一字么？诸方老宿还用得一句么？若十二分教是，兄弟在阿那教中？若诸方老宿语当得，兄弟在阿那句中？所以道，十二分教唱不得，凡圣摄不得，今古流不得，言句该不得。与么说话，盖为刺头入在教门里②，且与伊拆开。若有个汉，总未通遮个消息，向他与么道，被伊蓦口掴屎沸作么？不可怪得他也。兄弟，大须甄别，莫吉凶不辨。有辨者，出来对众验看？时寒久立！”

注释

①**宗脉：**指禅宗思想的基本精神。

②**刺头入在教门里：**一头埋入经教中，指泥于教而不知禅。

译文

鼓山神晏和尚开示众人说：“大事不明，对禅的精神也不贯通的人，千万不要记些言语，在意识里做文章。不是有‘意是贼，识是浪，都被它们漂流了去，淹没了去，就没有自由’这样的话吗？各位和尚，如果你们确实大事不明，倒不如休息着、停歇着，让心纯洁清净着好，不要执着任何事法，这样倒是容易使真心显露。我这样说，也只是不得已的相劝之言，古人称此为‘死马当作活马医’。如果是个男子汉，我对他这样讲的话，他觉得如同梦话一样。你们是怎么想的呢？十二分教还用得着一个字吗？各地长老说的话还用得着他一句吗？如果说十二分教所讲的是在理的，那兄弟们在哪一教中呢？如果说各地长老说得对，兄弟们在他们说的哪一句话中？所以说，十二分教也没有讲到，凡圣也摄持不着，过去、现在也不流经它，语言文字也包含不了。我这么说都是因为你们把头埋在经教之中，我才权且把你们与经教分开。如果哪位男子汉总是对这点不明白，对他这样讲的话，被他当口打得屁股发热做什么？不能责怪他。兄弟，你们要分辨清楚，不要分不清吉凶。有分辨得清的人吗？站出来当着大家勘验看看？天气寒冷，你们也站得太久了。”

176 黄龙慧南

原典

黄龙南和尚示众云：“鹤勒那①空中变现曼拏罗②，指地为泉。德山会下光前绝后，临济门前只得一边。”良久，云：“作么生是那一边③？”

注释

①**鹤勒那：**又称鹤勒那会、鹤那，为禅宗西天祖师的第二十二祖（一说二十三祖）。

②**曼拏罗：**又译作曼荼罗、曼陀罗等，意译为坛、坛场、轮圆具足、聚集等。

③**那一边：**超尘越俗、超越空间的禅悟境界。

译文

黄龙慧南和尚开示众人说：“禅宗西天祖师鹤勒那在空中变现坛场，以手指地，地下涌出泉水。德山门下，空前绝后，临济门下，只是得到了这一边。”沉默一会，问道：“什么是那一边？”

177　南院慧颙

原典

僧问南院："从上诸圣甚么处去？"

曰："不上天堂，即入地狱。"

云："和尚作么生？"

曰："还知宝应①老落处么？"

僧拟议，院以拂子蓦口打。复唤僧近前，曰："令合是汝行。"又打一拂子。

雪窦云："令既自行，且拂子不知来处②。雪窦道个'瞎'，且要雪上加霜。"

妙喜曰："权衡临济三要三玄，须还他南院始得，雪窦为甚么却道'拂子不知来处'？妙喜亦道个'瞎'！且图两得相见。"

注释

①**宝应：**即南院慧颙，慧颙曾住持宝应禅院，故也称其为宝应禅师。

②**拂子不知来处：**打得没道理。

译文

有僧人问南院慧颙和尚说：“自古以来的各位圣人，都到什么地方去了？”

南院说：“不是上了天堂，就是进了地狱。”

僧人又问：“和尚您将来准备到什么地方去呢？”

南院问：“你还知道我宝应老汉的落脚处吗？”

僧人略有迟疑，南院就用拂子劈口打过去。接着又叫他上前来，对他说：“按规定也该是你走了。”又打他一拂子。

雪窦重显说：“按照规定，他自己会走，既然这样，拂子却不知是从哪儿打过来的。雪窦我要说他一声‘瞎子’！真是要雪上加霜啊！”

妙喜和尚说：“要说对临济义玄三要三玄法门的领会运用，还是首推他南院慧颙，雪窦却为什么要讲‘拂子不知是从哪儿打过来的’？妙喜我也要说一声‘瞎子’！图个两人见见面。”

178 百丈怀海

原典

百丈[1]问赵州：“近离甚处？”

曰："南泉。"

丈云："南泉有何言句？"

曰："未得之人，直须悄然。"

丈便喝，州作怕势。丈云："大好悄然。"州乃作舞而出。

注释

①**百丈：**百丈怀海，唐代禅僧，马祖道一法嗣，南岳下第二世。

译文

百丈怀海禅师问赵州从谂说："你最近到什么地方去了？"

赵州说："南泉普愿处。"

百丈问："南泉他有些什么说法？"

赵州说："没有得道的人，就应该不声张。"

百丈便大喝一声，赵州装出害怕的样子。百丈就说："不声张真好。"赵州就手舞足蹈地出去了。

179　司空本净

原典

司空山净[①]禅师因学者请问，师以颂答之，今录三首：

“四大无主复如水，遇曲逢直无彼此。净秽两处不生心，壅决何曾有二意？触境但似水无心，在世纵横有何事？”

“见闻觉知无障碍，声香味触常三昧。如鸟空中只么飞，无取无舍无憎爱。若会应处本无心，始得名为观自在。”

“见道方修道，不见复何修？道生如虚空，虚空何所修？遍观修道者，拨火觅浮沤。但看弄傀儡，线断一时休。”

注释

①**司空山净：**司空本净，唐代禅僧，六祖惠能旁出法嗣。

译文

司空山本净禅师在学生提问时，以偈颂的形式加以回答，现在录出三首：

“四大无自性，如同河中水，遇曲则为曲，遇直则为直，无彼也无此。对于净和秽，都不生执心，水壅和水决，从未有二意。众生面对境，应如水无心。在世任纵横，还能有何事？”

“见闻和觉知，都没有障碍，色声香味触，常在三昧中。如同空中鸟，就像这样飞，没有取和舍，也没有爱憎。若这样领会，应当持无心，这种无心境，才叫观自在。”

“看到了道才修道，看不到道如何修？大道犹如虚空界，虚空究竟怎么修？看遍那些修道者，都在拨火寻水泡。只要看看耍木偶，绳子断了没法耍。”

180　德山宣鉴

原典

德山问维那[①]：“今日几人新到？”

曰：“八人。”

山云：“唤来一时生按过。”

注释

①**维那**：寺院中的职事僧，主持法事仪式，管理僧众纪律等。

译文

德山宣鉴问维那说："今天有几个人是新来的？"

维那说："八人。"

德山吩咐他："都叫他们来一起过一遍。"

181　真净克文

原典

真净和尚解夏示众，云："有问话者么？"乃以拂子击禅床云："天地造化，有阴有阳，有生有杀。日月照临，有明有暗，有隐有显。江河流注，有高有下，有壅有决。明王治化，有君有臣，有礼有乐，有赏有罚。佛法住世，有顿有渐[①]，有权有实，有结有解[②]。结也四月十五，十方法界，是圣是凡，若草若木。"以拂子左边敲，云："从遮里一时结。"举拂子云："总在拂子头上，还见么？"

乃喝云:“解也七月十五日，十方法界，若草若木，乃圣乃凡。”以拂子右边敲，云:“从遮里一时解。”举拂子云:“总在拂子头上，还见么?”

乃喝云:“只如四月十五日已前，七月十五日已后，且道是解是结?”举拂子云:“总在拂子头上，还见么?”

乃喝云:“诸高德，此三喝中，有一喝是金刚王宝剑③，有一喝是踞地师子④，有一喝是探竿影草⑤。若人一一辨得，始见临济大师道出常情，黄檗被掌，大愚遭筑。虽相去三二百年，许汝亲为嫡子，然后大开不二妙门，权诸祖道，摧邪显正，扶宗立教，整顿颓纲。纵大知见，耀大法眼，不动本际，决胜魔军。”乃喝云:“更须知有一喝不作一喝用⑥，到遮里，须是具烁迦罗眼⑦，向未屙已前蓦提得去。诸高德，且道提得个甚么?”良久，喝一喝。

注释

①**有顿有渐**：佛法顿渐，有众佛说法的顿渐，称性顿说或应机渐说；有众生发心修行的顿渐，顿时发心或渐渐发心；也有根性悟入的顿渐，一时顿悟或渐渐觉悟。

②**有结有解**：结夏和解夏，四月十五日开始结夏，

七月十五日解夏。

③**金刚王宝剑：**喻临济喝中的第一喝。这一喝能顿时斩断众生一切执着烦恼。

④**踞地师子：**喻临济喝中的第二喝。这一喝如狮子吼，震得愚昏众生猛醒。

⑤**探竿影草：**喻临济喝中的第三喝。这一喝如竹竿探草，看是否有蛇，探学人根机深浅。

⑥**一喝不作一喝用：**喻临济喝中的第四喝。这一喝没有什么确定的意义。

⑦**烁迦罗眼：**金刚眼、坚固眼，能明定正邪、辨别是非之眼。

译文

真净克文和尚在解夏时开示众人说："有想问话的人吗？"就以拂子敲敲禅床说："天地的创造，都是有阴有阳，有生有灭。日月照万物，都是有明也有暗，有隐也有显。江河奔流，总是有高也有下，有堵塞也有决口。贤明的君王治理教化，总是有君也有臣，有礼也有乐，有赏也有罚。佛法出现于世，总是有顿也有渐，有权也有实，有结夏也有解夏。结夏则在四月十五日，十方世界，不论是圣是凡，是草是木。"他以拂子在左边敲一敲，说道："从这里一齐结。"他又举起拂子说：

"都在这拂子头上，看见了吗？"

于是他就喝了一声，说道："解夏是在七月十五日，十方世界，不论是草是木，是凡是圣。"他用拂子在右边敲敲，说道："从这里一齐解。"他又举起拂子说："都在这拂子头上，看见了吗？"

于是他又喝了一声，说道："那么在四月十五日以前，七月十五日之后，你们说是结夏还是解夏？"他举起拂子说道："都在这拂子头上，看见了吗？"

于是他又喝了一声，说道："各位大德，这三声喝当中，有一喝是金刚王的宝剑，有一喝是蹲在地上的狮子，有一喝是探草的竹竿。你们如果能一一分辨清楚，才能体会到临济义玄大师的禅法超出常情，黄檗希运遭临济掌打，大愚守芝遭他拳捣。虽然离现在已经二三百年了，也同意你们亲身做他的嫡传子孙，然后再大开不二法门，权衡诸祖道法，摧毁邪魔，突显正法，扶植宗门，建立教法，整顿旧纲。即使是具有大知见的人，大法眼的人，能够保持不动的本体，战胜恶魔的军队。"他喝了一声说："更应该知道，还有一喝并不作为一喝来使用，到这里，必须具备金刚眼才行，向还没有拉屎之前突然提撕。各位大德，你们倒是说说，提撕个什么东西？"沉默一会，喝了一声。

182 沩潭文准

原典

沩潭准和尚示众云：“今朝腊月十，夜来天落雪。群峰极目高低白，绿竹青松难辨别。必是来年蚕麦熟，张公李公皆欣悦。皆欣悦，鼓腹讴歌笑不彻，把得云箫撩乱吹，依稀又如《杨柳枝》。又不觉手之舞之，足之蹈之，左之右之。”喝一喝，云：“禅客[①]相逢只弹指[②]，此心能有几人知？”

注释

①**禅客：** 指禅僧。

②**弹指：** 悟道之人以此互相交流心得，不涉语言，迅捷奇特。

译文

沩潭文准和尚开示众人说：“今天是腊月初十，夜里下起了雪。极目群峰，高低都是一片白，分不清绿竹和青松。来年肯定蚕多麦子熟，张家李家都高兴。都高兴，鼓起肚皮唱个不停，拿起云箫胡乱吹，曲名像是《杨柳枝》。又不知不觉地手舞足蹈，左右摇动。”

他喝了一喝，说道：“禅僧相遇只须弹指，此心能有几人知晓？”

183 异见王

原典

异见王[①]问波罗提[②]曰：“何者是佛？”

答曰：“见性是佛。”

王曰：“师见性否？”

曰：“我见佛性。”

王曰：“性在何处？”

曰：“性在作用。”[③]

王曰：“是何作用？我今不见。”

曰：“今现作用，王自不见。”

王曰：“于我有否？”

曰：“王若作用，无有不是。王若不用，体亦难见。”

王曰：“若当用时，几处出现？”

曰：“若出现时，当有其八[④]。”

王曰：“其八出现，当为我说。”

波罗提曰：“在胎曰身，处世名人，在眼曰见，在耳曰闻，在鼻辨香，在舌谈论，在手执捉，在足运奔。遍现俱该，法界收摄，在一微尘，识者知是佛性，不识唤作精魂。”王闻心即开悟。

妙喜曰：“即今敢问诸人，哪个是佛性？哪个是精魂⑤？”

注释

①**异见王：**此王因烦恼而生起恶见。

②**波罗提：**人名，为清净之意。

③**性在作用：**佛性体现在各种现象之中，动作起用当中。

④**当有其八：**八种作用，即身、人、见、闻、香、谈论、执捉、运奔。

⑤**精魂：**指人之神识或物之精。又作精神、魂神、精识。

译文

异见王问波罗提说：“什么是佛？”

波罗提说：“发现了本性就是佛。”

异见王又问：“老师您发现本性了吗？”

波罗提说：“我已发现了。”

异见王又问：“佛性在什么地方呢？”

波罗提说：“佛性体现在各种作用之中。”

异见王问：“是什么作用，我怎么看不到？”

波罗提说：“现在就有作用，是大王您自己看不到。”

异见王又问：“我有作用吗？”

波罗提说：“大王如果有作用，没有一样不是佛性。大王如果没有作用，就难以发现本体。”

异见王问：“如果正在起作用时，在哪些地方出现这种作用？”

波罗提说：“如果有作用，应该有八处。”

异见王说：“如果八种作用出现了，你要说给我听听。”

波罗提说：“在娘胎时的作用是身体，出娘胎后的作用是人，在眼睛上的作用是看，在耳朵上的作用是听，在鼻子上的作用是辨别气味，在舌头上的作用就是讲话，在手上的作用就是拿东西，在脚上的作用就是奔跑。这些作用普遍显现，总该万法，把法界收摄在一粒微小尘土中，知道的人明白这就是佛性，不知道的人称它为精灵鬼魂。”异见王听后，心中开悟。

妙喜和尚说：“我现在请问各位，哪个是佛性？哪个是精灵鬼魂？”

184 提婆达多

原典

调达[①]谤佛，生身陷地狱，佛令阿难传旨："汝在狱中安否？"达云："我虽在狱中，如三禅天乐。"

佛又令阿难问："汝还求出否？"达云："我待世尊来便出。"阿难云："世尊是三界大师，岂有入地狱分？"达云："我岂有出地狱分？"

翠岩真云："亲言出亲口。"

注释

①**调达：**又作提婆达多，是与佛作对的恶比丘。

译文

提婆达多毁谤佛世尊，陷身于地狱之中，佛世尊叫阿难传来问话："你在地狱中可安好吗？"提婆达多说："我在地狱中，如同在三禅天一样快乐。"

佛世尊又叫阿难来问他："你还想出离地狱吗？"提婆达多说："我要等到世尊来了才出地狱。"阿难说："世尊是三界中的大师，哪有到地狱来的道理？"提婆达多说："我哪有出离地狱的道理？"

翠岩可真说："亲近之言出自亲人之口。"

185　云门文偃

原典

云门问曹山①："如何是沙门行？"

山曰："吃常住苗稼者是。"

门云："便恁么去是②如何？"

曰："汝还畜得么？"

门云："畜得。"

山曰："汝作么生畜？"

门云："着衣吃饭有甚么难？"

山曰："何不道披毛戴角③？"门便礼拜。

注释

①**曹山：** 曹山本寂，曹洞宗创始人之一，洞山良价法嗣，青原下第四世。

②是，《五灯会元》卷十三中"是"作"时"，较妥。

③**披毛戴角：** 堕为畜生。

译文

云门文偃问曹山本寂禅师说："什么是沙门应有的行为？"

曹山说："就是吃常住不变的庄稼苗。"

云门问："这样做又怎么样呢？"

曹山反问："你还蓄藏什么吗？"

云门说："蓄藏啊！"

曹山问："你如何蓄藏？"

云门说："穿衣吃饭又有什么困难的？"

曹山说："为什么不讲身上披毛头长角？"云门就向曹山礼拜。

186　长沙景岑

原典

长沙和尚[1]，有秀才看《千佛名经》，问曰："百千诸佛，但闻其名，未审居何国土？还化物也无？"

曰："黄鹤楼崔颢题后，先辈还曾题未？"

曰："未曾。"

曰："无事题取一篇。"

黄龙新颂云："黄鹤楼前法战时，百千诸佛竖降旗。渠无国土归何处？赢得秀才一首诗。"

注释

①**长沙和尚：** 即长沙景岑。

译文

长沙景岑和尚看到有一位秀才在看《千佛名经》，秀才问他："成百上千的佛，只看到他们的名号，不知道居住在哪个国土？他们还化现万物吗？"

长沙反问道："黄鹤楼在崔颢作过一篇诗作之后，先辈您可曾作过？"

秀才说："没有。"

长沙说："要是没有什么事就作上一篇吧！"

黄龙死心悟新赞颂说："黄鹤楼前斗法之时，众佛纷纷竖起降旗。他没国土归向何方？赢来秀才一首小诗。"

187　五祖法演

原典

五祖演和尚白云示众，举："雪峰问德山：'从上诸圣以何法示人?' 山云:'我宗无语句,亦无一法与人。' 雪峰从此有省。僧问雪峰:'和尚见德山,得个甚么便休去?' 峰云:'我空手去,空手归。'

"白云今日说,向透未过者,有两个人从东京来,问伊:'甚么处来?' 他却道:'苏州来。' 便问伊:'苏州事如何?' 伊道:'一切寻常。' 虽然如是,谩白云不过,何故?只为语音各别,毕竟如何?苏州菱,邵伯藕。"

又示众,举:"僧问曹山:'佛未出世时如何?' 曰:'曹山不如。''出世后如何?' 曰:'不如曹山。'

"若以世谛①观之,曹山合吃二十棒。若以祖道②观之,白云合吃二十棒。然虽如是,棒头有眼,两人中一人全肯,一人全不肯。若人点检得出,许你具半只眼。"

注释

①**世谛:** 世俗谛,常人的常见。

②**祖道:** 禅宗之道,含有对万法本质的真实看法。

译文

五祖法演和尚在白云山开示众人时,举例说道:"雪峰义存问德山宣鉴说:'过去的各位圣人以什么法门指示人？’德山说：‘我宗门之下没有话可讲，没有一法指示给别人。’雪峰从此有了省悟。有僧人问雪峰：‘您在德山门下得了个什么就休歇着了？’雪峰说：‘我是空手去了空手回。’

“白云我今天要讲的，是以前有两个没有透彻禅理的人从东京过来，我问他：‘从哪里来？’他却说：‘从苏州来。’于是就问他：‘苏州的情况怎么样？’他说：‘一切都很平常。’虽然这样，也瞒不过我白云，为什么？因为口音不同。那么究竟怎么样呢？苏州的菱角，邵伯的藕。”

五祖又开示众人，举例说：“有僧人问曹山本寂禅师：‘佛没有出世时怎么样？’曹山说：‘我曹山不如他。’又问：‘佛出世后又怎么样呢？’曹山说：‘他不如我曹山。’

“如果以世俗真理的眼光来看，曹山应该吃二十棒。如果从禅宗之道的角度来看，我白云该吃二十棒。虽然这样，棒子头上带着眼睛，两个人当中，一个人全部赞同，一个人全部不同意他。如果你们有谁能分辨得出，我就觉得他具备了半只法眼了。”

188　兴阳归静

原典

兴阳静[①]和尚初参西院[②]，便问："拟问不问时如何？"院便打。

静良久，院云："汝若唤作棒则眉须堕落。"静于言下大悟。

注释

①**兴阳静：** 兴阳归静，西院思明法嗣，南岳下第七世。

②**西院：** 西院思明，临济宗僧人，宝寿沼禅师法嗣，南岳下第六世。

译文

兴阳归静和尚首次参访西院思明时，问西院说："欲问又不问时怎么样？"西院就打他。

归静沉默一会，西院说道："你要是认为我用棒打你了，你将会眉毛胡子都脱落。"归静听后大悟。

189　琅琊慧觉

原典

琅邪觉和尚示众，举："汾阳先师颂[①]云：'三玄三要事难分，得意忘言道易亲。一句分明该万象，重阳九日菊花新。'"乃喝一喝，云："是第几玄？"良久，云："汝也有没量罪过，我也有没量罪过。"

僧问："如何是佛？"

曰："铜头铁额。"

僧云："不会。"

曰："鸟嘴鱼腮。"

注释

①**汾阳先师颂：**此处指汾阳颂三玄三要，详见《人天眼目》卷一。

译文

琅琊慧觉和尚开示众人时，举："汾阳善昭先师颂道：'三玄三要难区分，得意忘言易亲近。一句分明含万象，重阳时节菊花开。'"于是喝了一喝，说道："这是第几玄？"沉默一会，说道："你也有无数罪过，我也有无数罪过。”

有僧人问：“什么是佛？”

琅琊说：“铜头铁额。”

僧人说：“我不明白。”

琅琊说：“鸟的嘴巴鱼的腮。”

190 大龙智洪

原典

僧问大龙和尚[①]：“色身败坏，如何是坚固法身？”

曰：“山花开似锦，涧水湛如蓝。”

妙喜曰：“若以此两句明坚固法身，生身入地狱。”

注释

①**大龙和尚：**大龙智洪，青原系僧人，白兆志圆法嗣，青原下第七世。

译文

有僧人问大龙智洪和尚：“色身坏灭之后，什么是坚固不变的法身？”

大龙说：“山花烂漫似锦，涧水湛然如蓝。”

妙喜和尚说：“如果要用这两句话来描述坚固不变的法身，那他此身就将坠入地狱。”

191　翠岩可真

原典

翠岩真和尚在归宗南①和尚会中为首座时，南问：“承闻首座常将女子出定②话为人，是否？”

真云：“无。”

南曰：“奢而不俭，俭而不奢，为甚道无？”

真云：“若是本分衲僧，也少他盐酱不得。”

南却回首唤侍者：“报典座③明日只煮白粥。”

注释

①**归宗南：**即黄龙慧南，他曾在归宗寺任住持。

②**女子出定：**据《诸佛要集经》卷下载，昔时离意女在释尊座前入于三昧，大智慧者文殊菩萨虽为过去七佛之师，却无法近佛而坐，欲令离意女出定而问之，然施以神力，犹不能令其出定。而罔明菩萨仅仅为弃诸妄想分别之初地菩萨，却能至此女子之前鸣指一下，便使离意女从定中而出。故禅宗参究此事，每以果位低下之

罔明菩萨却能使女子出定之不合理处，视为该公案之要旨。

③**典座**：禅林中负责大众斋粥之职务。

译文

翠岩可真和尚在归宗慧南和尚门下做首座时，慧南曾问他："听说首座你经常把女子出禅定的典故讲给人听，是吗？"

可真说："没有的事。"

慧南问："奢侈而不俭省，俭省而不奢侈，你为什么说没有的事？"

可真说："如果是真正的禅僧，也不会少他的油盐酱醋的。"

慧南就回头喊侍者说："告诉典座去，明天只要煮白粥就行了。"

192　玄沙师备

原典

玄沙和尚侍雪峰行次，峰指面前地云："遮一片田地好造个无缝塔。"

沙曰："高多少？"

峰乃上下顾视①。沙曰："人天福报②即不无，和尚灵山授记未梦见在。"

峰云："汝作么生？"

沙曰："七尺、八尺。"

琅邪觉云："国清才子贵，家富小儿娇。"

注释

①**上下顾视：**意为无量高。

②**福报：**依诸善业因而获得之福德果报，即称为福果，亦可称为福报，如于六趣中得人、天之善果。

译文

玄沙师备和尚侍候雪峰义存行路的时候，雪峰指着面前的一块地说："这一片土地，正好造一个没有缝的塔。"

玄沙问："有多高呢？"

雪峰就抬头看看天上，低头看看地下。玄沙说道："人界和天界的福德果报不是没有，但和尚您没有梦见过佛祖在灵山法会上授记的事情。"

雪峰就问："那你认为应有多高？"

玄沙说："七八尺的样子吧！"

琅琊慧觉和尚说："国家清明才子尊贵，富家的小孩都很娇纵。"

193　法眼文益

原典

法眼[①]因僧来参次，以手指帘，寻有二僧齐去卷。法眼云："一得一失。"[②]

注释

①**法眼：**即清凉文益，谥号为"大法眼禅师"。

②**一得一失：**一人有得，另一人有失。另一层含义，有得必有失。肯定一方时，同时相对地就否定了另一方。

译文

法眼文益禅师在僧人来参访他的时候，用手指指门帘，立即有两位僧人去卷帘子。法眼说："一个有得，一个有失。"

194　龙济绍修

原典

龙济问僧："甚处来？"

云："翠岩来。"

曰："翠岩有何言句示徒？"

云："常道：'出门逢弥勒，入门见释迦。'"①

曰："与么道又争得？"

僧便问："和尚又如何？"

曰："出门逢阿谁？入门见甚么？"僧于言下有省。

注释

①**出门逢弥勒，入门见释迦**：意为处处有佛，佛遍一切处。

译文

龙济绍修和尚问僧人说："你从什么地方来的？"

僧人答道："从翠岩可真那里来。"

龙济又问："翠岩说些什么来指示学人？"

僧人答："他常说：'出门的时候遇着弥勒菩萨，进门的时候看到释迦牟尼佛。'"

龙济说："这么讲又怎么能行？"

僧人问："那么和尚您说些什么来指示人呢？"

龙济说："出门时逢着谁了？进门时看到什么了？"僧人于是有了省悟。

195　大乘德遵

原典

大乘遵[①]和尚在慈照[②]会中，一日问："古人索火，意旨如何？"

照曰："任他灭。"

云："灭后如何？"

曰："初三、十一。"

云："恁么则好时节也。"

曰："汝见甚么道理？"

云："今日一场困。"照便打。

遵乃有颂："索火之机实快哉，藏锋妙用少人猜。要会我师亲的旨，红炉火尽不添柴。"

注释

①**大乘遵：**大乘德遵，宋代临济宗僧人，谷隐蕴聪

法嗣，南岳下第十世。

②**慈照**：石门慈照，宋代临济宗僧人，首山省念法嗣，南岳下第九世。“石门”是其弘法道场，在襄州（今湖北襄阳），“慈照”是其谥号。也称其为谷隐蕴聪。

译文

大乘德遵和尚在石门慈照门下时，有一天他问慈照说：“古人取火，是什么道理？”

慈照说：“随它灭掉。”

德遵又问：“灭掉后又怎么样呢？”

慈照说：“初三和十一。”

德遵说：“这么说的话真是好时光啊！”

慈照问：“你明白了什么道理？”

德遵说：“我今天睡了一觉。”慈照就打他。

德遵后来作了一首颂：“取火机缘真快活，含藏机锋很难猜。要想领会我师意，炉中火灭别加柴。”

196　广慧元琏

原典

广慧琏[①]和尚示众云：“祖令当行，人天泯迹。若通一线道[2]，且与说葛藤。何故如此？拟议之间，早是丧身失命了也。山僧不避诸方检责，入泥入水[3]，为汝诸人。莫有会底么？试通个消息。”良久，云：“看！看！总在魔界里作活计也。”遂拈拄杖云：“速道！速道！”众拟议，乃喝一喝。

僧问：“如何是无位真人[4]？”

曰：“上木下铁。”

云：“恁么则罪归有处也。”

曰：“判官掷下笔。”

僧礼拜，琏云：“拖出。”

注释

①**广慧琏：**广慧元琏，宋代禅僧，事见《罗湖野录》下。

②**通一线道：**放开一线通道，让学人有路可循。为接引的方便法门。

③**入泥入水：**喻禅师苦口婆心地启发学人。是一种方便法门。

④**无位真人：**指最高本体，佛性、法性、真如等。

译文

广慧元琏和尚开示众人说："祖师法令应该通行，人界天界泯除踪迹。如果能放开一线通道，再和你们说些语言葛藤。为什么这样？迟疑之际，早就丢了身家性命了。山僧我也不怕各地的批评了，要入泥水中，为大家说法。是不是有人明白了？出来说说看。"沉默一会，又说："看！看！你们老是在恶魔世界里混日子。"于是他捏起拄杖子说："快讲！快讲！"大家略一迟疑，他就大喝一声。

有僧人问他："怎样才是无位真人？"

他回答道："上面是木头的，下面是铁的。"

僧人说："这样的话则有归罪的地方了。"

他说："判官扔下了笔。"

僧人便向元琏施礼，元琏说："把他拖出去。"

197 罗汉桂琛

原典

罗汉琛[①]和尚问保福僧："彼中佛法如何示人？"

曰："保福有时示众云：'塞却汝眼，教汝觑不见；塞却汝耳，教汝听不闻；坐却汝意根，教汝分别不得。'"

琛云：“吾问汝，不塞汝眼，汝见个甚么？不塞汝耳，汝闻个甚么？不坐汝意根，汝作么生分别？”僧于言下有省。

妙喜曰：“富嫌千口少，贫恨一身多。”

注释

①**罗汉琛：**罗汉桂琛，唐代青原系禅僧，玄沙师备法嗣，青原下第七世。

译文

罗汉桂琛和尚问保福从展门下的僧人说：“保福的佛法是如何指示学人的？”

僧人回答说：“保福有时就指示众人说：‘塞住你的眼睛，教你看不见；塞住你的耳朵，教你听不到；截断你的意识，教你不能分别事物。’”

桂琛说：“我问你，不塞住你的眼睛，你看到了什么？不塞住你的耳朵，你听到了什么？不截断你的意识，你怎么分别事物的？”僧人听后，有了省悟。

妙喜和尚说：“富家还嫌吃千口饭都少，穷人都恨一身破衣还多。”

198　投子大同

原典

投子和尚在桐城县因赵州问："莫便是投子庵主么？"

师云："茶盐钱布施我来。"

州先归庵，晚间见师自携油回，州云："久向投子，到来只见卖油翁。"

师云："汝只识卖油翁，且不识投子。"

州云："如何是投子？"

师提起油瓶云："油！油！"

译文

投子大同和尚在桐城县的时候，赵州从谂问他："这不是投子和尚吗？"

投子说："布施一点茶钱盐钱给我。"

赵州先回茅庵，晚上看到投子自己提了油回茅庵来，赵州就说："我向往投子很久了，到这里后却只看到一个卖油老汉。"

投子说："你只看到卖油老汉，却没看到我投子。"

赵州问："什么是投子？"

投子提起油瓶说："油！油！"

199　曹山本寂

原典

曹山因纸衣道者[1]来，山问："莫便是纸衣道者否？"

衣云："不敢。"

山曰："如何是纸衣下事？"[2]

衣云："一裘才挂体，万法悉皆如。"

山曰："如何是纸衣下用？"

衣近前应诺，便立脱去。

山曰："汝既解恁么去，何不恁么来？"

纸衣忽然开眼。

问："一灵真性[3]不假胞胎时如何？"

山曰："未是妙。"

衣云："如何是妙？"

山曰："不借借。"

纸衣珍重，却便坐化。

山乃有颂曰：

觉性圆明无相身，莫将知见妄疏亲。
念异便于玄体[4]昧，心差不与道相邻。
情分万法沉前境，识鉴多端丧本真。

如是句中全晓会，了然无事昔时人。

僧问："一牛饮水，五马不嘶时如何？"

曰："曹山解忌口。"

注释

①**纸衣道者**：涿州纸衣，唐代临济宗僧人，临济义玄法嗣，南岳下第五世。

②**如何是纸衣下事**：问纸衣和尚的本心是什么。

③**一灵真性**：灵灵不昧的众生自心的真实本性。

④**玄体**：玄妙的本体。指真性本体。

译文

曹山本寂和尚见涿州纸衣和尚到来，便问他说："这不是纸衣和尚吗？"

纸衣说："不敢。"

曹山问："什么是纸衣里面的事情？"

纸衣答道："一袭裘衣刚穿上，万法全都同真如。"

曹山又问："什么是纸衣里面所显现的作用？"

纸衣走上前，答应一声，便立即离开。

曹山说："你既然懂得这样离开，为什么不这样来呢？"

纸衣忽然慧眼大开。

纸衣问曹山："独一无二的灵明真性不依赖娘胎时该怎么办？"

曹山说："这不是玄妙。"

纸衣问："那什么是玄妙？"

曹山说："不依赖任何一法。"

纸衣和尚说声保重，就坐化了。

曹山于是作颂一首："圆觉之性灵明周备，没有相状，别用世俗知识见解，论亲论疏。一念之间如有差异，违背本体，心中如有妄念存在，离道就远。情识如果分辨万法，沉入万境，情识如果多方鉴照，丧失真性。对于这些思想，如果全部明白，就会了然无事可做，仍同以往。"

有僧问曹山："当一头牛喝水，五匹马不嘶鸣时怎么样？"

曹山说："我曹山懂得怎样闭口不言。"

200　赵州从谂

原典

赵州和尚示众云："兄弟，若从南方来者，即与下载。若从北方来者，即与装载。所以道，近上人[1]问道即失道，近下人②问道即得道。兄弟，正人说邪法，邪法亦随正。邪人说正法，正法亦随邪。诸方难见易识，我遮里易见难识。”

又示众云：“此事如明珠在掌，胡来胡现，汉来汉现。老僧拈一枝草作丈六金身用，将丈六金身作一枝草用。佛即是烦恼，烦恼即是佛。”

注释

①**上人**：上根器者。

②**下人**：根性低下者。

译文

赵州从谂和尚开示众人说：“兄弟们，你们如果是从南方来的，就给我下去。如果是从北方来的，就给我上来。所以说，接近上根器者，向其问道，就失去此道；接近下根器者，向其问道，就得到道。兄弟们，正直的人宣说邪恶之法，邪恶之法也会是正确的。邪恶的人说正确的法，正确的法也会是邪恶的。其他各地宗门的特点是难以发现，容易理解，我这里则是容易发现，难以理解。”

赵州又开示众人说：“这件事情就如同握一颗明珠

在手掌心中，外族人来它能映现外族人，汉族人来它又能映现汉族人。老僧我捏起一根草，就可以作为一丈六尺的金佛像用，我又可以把一丈六尺的金佛像当作一根草来用。佛不离烦恼，烦恼不离佛。”

201 资福如宝

原典

僧问资福①："如何是一尘入正受②？"福作入定势。

僧云："如何是诸尘三昧起？"

福曰："汝问阿谁？"

云门云："遮阿师，话堕也不知。"又云："前头早是葛藤，又道'汝问阿谁'。"

注释

①**资福**：资福如宝，沩仰宗西塔派僧人，仰山慧寂再传法嗣，南岳下第六世。

②**正受**：禅定的另一种说法，正确的禅定。定心离却种种邪乱为"正"，以无念无想的状态受纳种种法为"受"。

译文

有僧人问资福如宝和尚说：“什么是一粒微尘入禅定？”资福做出入定的样子。

僧人又问：“什么是众微尘从三昧中出来？”

资福问道：“你在问谁啊？”

云门说：“这位禅师，话说错了，自己都不知道。”又说：“前面的做法早就是葛藤缠绕了，又说什么‘你在问谁啊’。”

202　南泉普愿

原典

南泉问黄檗：“定慧等学[1]，明见佛性，此理如何？”

檗曰：“十二时中，不依倚一物始得。”

泉云：“莫便是长老见处么？”

檗曰：“不敢。”

泉云：“浆水钱且置，草鞋钱教谁还？”檗休去。

妙喜曰：“不见道‘路逢剑客须呈剑，不是诗人不献诗’？”

注释

①**定慧等学：**定慧融通无二，定中有慧，慧中有定。是六祖惠能的理论，详见《坛经》。

译文

南泉普愿问黄檗希运说："禅定和智慧融通无二的理论，发明本心、见性成佛的理论，究竟怎么样啊？"

黄檗说："一天十二个时辰中，不依赖任何一物才行。"

南泉说："这不会就是长老您的看法吧？"

黄檗说："不敢当。"

南泉说："酒水钱就算了，草鞋钱叫谁来还呢？"黄檗终于无话可说了。

妙喜和尚说："不是有'路上遇着剑客应该拔出剑，不是诗人你就不要献上诗'这样的说法吗？"

203 叶县归省

原典

叶县省和尚，僧问："忽逢大阐提人[1]来，师还相为也无？"

曰：“法久成弊。”

云：“慈悲何在？”

曰：“年老成魔。”

问：“宝剑未出匣时如何？”

曰：“劈口着。”

云：“出匣后如何？”

曰：“拈却牙齿。”

问：“如何是‘论顿也不留朕迹’？”

曰：“日午打三更[2]，石人侧耳听。”

云：“如何是‘语渐也返常合道’？”

曰：“问处分明，觌面相呈。”

问：“如何是超师之作？”

曰：“老僧眉毛长多少？”

问：“如何是尘中独露身？”

曰：“塞北千人帐，江南万斛船。”

云：“恁么即非尘也。”

曰：“学语之流，一札万行。”

问：“如何是和尚深深处？”

曰：“猫有缩血之功，虎有起尸之德。”

云：“莫便是也无？”

曰：“碓捣东南，磨推西北。”

注释

①**大阐提人：**断绝善根的大恶人。

②**日午打三更：**中午时分打晚上三更的锣号。这表示超越对待分别的境界。

译文

叶县归省和尚，有僧人问他：“要是忽然遇着一个大恶人来，老师您还为他指示吗？”

归省说：“佛法存在的时间一长，也会产生弊端的。”

僧人又问：“那么出家人讲的慈悲心到哪里去了？”

归省说：“年纪一大，就成恶魔了。”

又问：“宝剑没有出鞘时怎么样？”

归省说：“劈着你的嘴。”

又问：“出鞘后又怎么样呢？”

归省说：“敲掉你的牙齿。”

又问：“为什么说‘论顿则不留一丝踪迹’？”

归省说：“中午时打晚上三更天的锣号，石头人侧着耳朵在听。”

又问：“为什么说‘讲渐则返归恒常本体，与道契合’？”

归省说：“问的地方很清楚，当场显示出机锋。”

又问：“什么是超越祖师的作为呢？”

归省说：“你看老僧我的眉毛有多长？”

又问：“什么是在尘世中独自显露的法身？”

归省说：“塞北有供千人居住的大帐篷，江南有可装万斛粮的大木船。”

又问：“这么讲的话就不是尘世俗物了。”

归省说：“学别人说话的人，总是有各种各样的想法。”

又问：“和尚您内心深处的那个东西是什么？”

归省说：“猫有收缩血脉的功能，老虎有起死回生的德行。”

又问：“这不会就是了吧？”

归省说：“在东南方向踏碓，西北方向推磨。”

204 石门蕴聪

原典

石门聪[①]和尚，僧问：“日往月来迁，不觉年衰老。还有不老者[②]么？”

曰：“有。”

云：“作么生是不老者？”

曰："虬龙筋力高声叫，晚后精灵转更多。"

问："如何是学人深深处？"

曰："乌龟水底深藏六。"

云："未审其中事若何？"

曰："路上行人莫与知。"

问："承古有言'只遮如今谁动口'，意旨如何？"

曰："莫认驴鞍桥作阿爷下颔。"

注释

①**石门聪：**即石门慈照，见第一九五则注②。

②**不老者：**喻指超越生死的终极本体。

译文

石门慈照蕴聪和尚，僧人问他："日月来往迁运，不觉年纪变老。还有不老的人吗？"

蕴聪说："有的。"

僧人又问："什么是不老的人？"

蕴聪说："虬龙使劲大声叫，晚间精怪更加多。"

又问："什么是学生我内心深处的东西？"

蕴聪说："如乌龟把头足深藏潜入水底。"

又问："不知这种事表示什么意义？"

蕴聪说："不要让路上的行人知道。"

又问："听说古人讲过'只是这样的话，如今还有谁能开口'，这是什么意思？"

蕴聪说："不要把驴子的马鞍形骨头当作你父亲的遗骨。"

205　报恩契从

原典

报恩从[①]和尚，僧问："师子未出窟时如何？"

曰："锋铓难击。"

云："出窟后如何？"

曰："藏身无路。"

云："欲出不出时如何？"

曰："命似悬丝。"

云："向去[②]事如何？"

曰："拶[③]。"

注释

①**报恩从：**报恩契从禅师，明招德谦法嗣，青原下第八世。

②**向去**：以后。

③**拶**：禅师截断学人思路的一种施设。另一含义是挤、夹。

译文

报恩契从和尚，有僧人问他："狮子没有出洞怎么样？"

报恩说："锋芒难以击着它。"

又问："出洞后怎么样？"

报恩说："没有地方藏身。"

又问："想出洞又不出洞时怎么样呢？"

报恩说："命如游丝。"

又问："以后的事怎么办呢？"

报恩说："夹起来。"

206 翠岩可真

原典

翠岩真和尚示众，举："僧问巴陵[1]：'如何是道？'答云：'明眼人落井。'又问宝应[2]：'如何是道？'答云：'五凤楼前。'又问首山：'如何是道？'答曰：'脚下深三尺。’此三转语，一句壁立千仞，一句陆地行船，一句宾主交参。众中莫有拣得者么？出来道看。如无，且行罗汉慈，破结贼故；行菩萨慈，安众生故；行如来慈，得如相故。”

注释

①**巴陵：**巴陵颢鉴，五代云门宗僧人，云门文偃法嗣，青原下第七世。

②**宝应：**即南院慧颙，慧颙曾住宝应禅院。

译文

翠岩可真和尚开示众人，举例说：“有僧人问巴陵颢鉴：‘什么是道？’巴陵答道：‘眼睛明亮的人掉落在井里。’又问宝应慧颙：‘什么是道？’宝应说：‘五凤楼前面。’又问首山省念：‘什么是道？’首山说：‘脚跟底下三尺深。’这三句话，一句如同峭壁高千仞，一句如同在陆地上走船，一句则主位宾位相互交融。你们当中可有分辨得清楚的？站出来说说看。要是没有，可以施行罗汉的慈悲心，可以破烦恼贼；施行菩萨的慈悲心，可以安定众生；施行如来的慈悲心，可以得如来之相。”

207　克符

原典

克符道者[①]问临济：“如何是夺人不夺境[②]？”

曰：“煦日发生铺地锦，婴儿垂发白如丝。”[③]

云：“如何是夺境不夺人[④]？”

曰：“王令已行天下遍，将军塞外绝烟尘。”[⑤]

云：“如何是人境俱不夺[⑥]？”

曰：“王登宝殿，野老讴歌。”[⑦]

云：“如何是人境俱夺[⑧]？”

曰：“并汾绝信，独处一方。”[⑨]

师于言下领旨，深入三玄、三要、四句之门，颇资玄化。

注释

①**克符道者：**临济义玄会下的一位禅僧。

②**夺人不夺境：**临济四料拣之一，夺人存境，对执人不执境者用。

③**煦日发生铺地锦，婴儿垂发白如丝：**前一句存境，后一句夺人。

④**夺境不夺人：**四料拣之二，夺境存人，对执着于

境者使用。

⑤**王令已行天下遍，将军塞外绝烟尘：**前一句夺境，后一句存人。

⑥**人境俱不夺：**四料拣之三，存境又存人，对人、境都不执着者用。

⑦**王登宝殿，野老讴歌：**两句上不夺境，下不夺人。

⑧**人境俱夺：**四料拣之四，对既执着于境，又执着于人者用。

⑨**并汾绝信，独处一方：**上句夺境，下句夺人。“并”“汾”为两个州名。

译文

有位叫克符的僧人问临济义玄说：“什么是夺人不夺境？”

义玄说：“温暖的太阳升起来了，遍地锦簇；小小的婴孩，白发披垂。”

又问：“什么是夺境不夺人？”

义玄说：“君王的法令已经昭示天下，将军在塞外绝尘飞奔。”

又问：“什么是人和境都不夺？”

义玄说：“君王登上宝座，乡野老汉唱歌。”

又问：“什么是人和境都夺去？”

义玄说："并州和汾州没了消息，只能独自处在一方。"

克符听后，领会了临济宗旨，对三玄、三要、四句等临济宗旨都能深入理解，并有助于他弘传玄妙之法。

208　法眼文益

原典

法眼指凳子云："识得凳子，周匝有余①。"

云门云："识得凳子，天地悬殊②。"

天衣云："识得凳子，棕楠木做③。"

妙喜曰："识得凳子，好剃头洗脚。虽然如是，大有人错会在。"

注释

①**周匝有余：**识得凳子的本性，就是认识了整个世界的本性。

②**天地悬殊：**识得凳子的本性，与世界的本性还差得极远。

③**棕楠木做：**凳子只是凳子，由楠木做成，没有奇特处。

译文

法眼文益禅师指着凳子说："懂得了这个凳子，也就懂得了周围的整个世界。"

云门文偃说："懂得了这张凳子，与世界的本性之间还有天和地一般的差距。"

天衣义怀说："懂得这张凳子，是要知道它是楠木做的。"

妙喜和尚说："懂得这张凳子，就是知道它在剃头洗脚时用得上。即使这样，仍有许多人理解错了。"

209　德山宣鉴

原典

德山和尚，一日饭迟，先托钵下堂，雪峰时作饭头，才见便问："遮老汉，钟未鸣，鼓未响，托钵向甚么处去？"山便归方丈。

雪峰举似岩头，头云："大小德山不会末后句[①]。"

山闻举，令侍者唤岩头来，问："汝不肯老僧那？"岩头密启其意。山来日上堂，与寻常说话不同。头向堂前抚掌大笑，云："且喜堂头[②]老汉会末后句，他后天下人不奈何。虽然如是，只得三年。"后三年果迁化[③]。

注释

①**末后句**：达到彻底省悟的最后一句话，也是最关键的一句话。

②**堂头**：指寺院的住持和尚。

③**迁化**：指僧人死亡。

译文

德山宣鉴和尚有一天因为开饭迟了点，他就先托着钵盂到饭堂里来了，当时正好是雪峰义存在做饭头，他一见到德山，就问他："你这老家伙，钟也没有响，鼓又没有敲，你托着钵想到哪里去？"德山就回方丈室去了。

雪峰把这件事对岩头全奯禅师讲了，岩头说："德山及其门下的人都不懂最后的一句关键的话。"

德山听到后，就叫侍者去把岩头喊来，他问岩头说："你不同意我的禅法吗？"岩头就秘密地告诉他自己这样说的意思。第二天，德山上堂说法时，就同平常不一样。岩头在法堂前面拍着手掌大笑，说道："真高兴这老家伙已经领会了最后一句关键的话了，今后天下人就奈何他不得了。但即使这样，也不过只有三年。"后来三年一到，德山果然圆寂了。

210　于頔

原典

于頔相公问紫玉①："佛法至理，乞师一言。"

玉曰："相公，佛法至理，须去其情理。"

公云："便请和尚去其情理。"

玉曰："便请问来。"

公云："如何是佛？"

玉召相公，公应诺。玉曰："更莫别求。"

药山后闻此语，曰："噫！可惜于相公生埋向紫玉山下。"相公闻得，特访药山，乃问："如何是佛？"山召云："相公！"公应诺，山曰："是甚么？"公于此有省。

招庆②共罗山举次，庆曰："一等是道，甚是奇特，云泥有隔。"罗山云："大师也不得草草，当时赖遇于相公，可中草窠里若拨着个焦尾大虫，何处有药山也！"庆曰："作么生？"罗山曰："还知于相公是锻了金么？"

注释

①**紫玉：**紫玉道通，唐代南岳系僧人，马祖道一法嗣，南岳下第二世。

②**招庆**：招庆道匡，青原系禅僧，长庆慧棱法嗣，青原下第七世。

译文

有一位叫于頔的相公问紫玉道通和尚说："佛法至极之理，求老师说说。"

紫玉说："相公啊！佛法至极之理，必须去除常情才能认识到。"

相公说："那么就请和尚您去除我的常情吧！"

紫玉说："那么就请相公来问吧！"

相公就问："什么是佛？"

紫玉就喊声相公，相公答应了。紫玉说："不要再去求别的东西了。"

药山惟俨听到这话之后，说道："啊！可惜这个于相公把自己活活埋在那紫玉山下面了。"于相公听到此话，特地来拜访药山，他问药山："什么是佛？"药山喊他说："相公！"于相公答应了，药山说："是什么？"于相公于是有了省悟。

招庆道匡和罗山道闲讲到这件事的时候，招庆说道："同样是说，都很奇妙独特，但却有着天上的云和地上的泥土一般的差别。"罗山说："大师你可不要马马虎虎的，当时也幸好遇上了于相公，如果在这草堆里拨出一只焦尾巴的大老虎来，哪里还有他药山啊！”招庆说：“你认为怎么样？”罗山说：“你可知道这于相公是镀了金的吗？”

211　雪窦重显

原典

雪窦和尚曰：“十方无壁落，四面亦无门，古人向甚处见客？或若道得接手句，许汝天上天下[①]。”

注释

①**天上天下：**喻指最尊贵崇高的地位。

译文

雪窦重显和尚说：“十方世界没有墙壁，四面周围也没有门窗，古人在什么地方会见客人？如果有人说得出下一句，我就认可你们处在天上天下的至尊地位。”

212　云门文偃

原典

云门到天童①，童云："汝还定当得么？"

门云："和尚道甚么？"

童云："不会即目前包裹。"

门云："会即目前包裹。"

妙喜曰："十字街头石敢当。"

注释

①**天童：**即天童正觉，也称宏智正觉，宋代曹洞宗僧，丹霞子淳法嗣，青原下第十三世。

译文

云门文偃到天童正觉那里去，天童说："你还能搞得妥当吗？"

云门说："和尚您说什么？"

天童说："你要是不明白就马上包了头走吧！"

云门说："你要是明白了就马上包了头走吧！"

妙喜和尚说道："十字街头的石敢当。"

213　天衣义怀

原典

天衣怀和尚色空①颂二首："色空空色色空空，碍却潼关路不通。劫火②洞然毫末尽，青山依旧白云中。""东西南北，十万八千。空生罔措，火里生莲③。"

注释

①**色空**：佛教世界观的两个基本概念，色指现象，空指本体。

②**劫火**：毁灭世界的大火。

③**火里生莲**：也称火里莲，是超越对待分别的一种本体境界。

译文

天衣义怀和尚有色空颂两首，其一曰："色空空色色空空，挡住通向潼关道。大火烧得一切净，青山仍在白云中。"其二曰："东西和南北，相隔十万八。空中无处安，火里生莲花。"

214　保福从展

原典

保福问僧："殿里是甚么佛？"[①]

僧云："和尚定当看。"

曰："释迦佛。"

云："和尚莫谩人好。"

曰："却是汝谩我。"

又问僧："汝名甚么？"

云："咸泽。"

曰："忽遇枯涸者如何？"

云："谁是枯涸者？"

曰："我是。"

云："和尚莫谩人好。"

曰："却是汝谩我。"

又问饭头[②]："镬阔多少？"

曰："和尚试量看。"

师以手作量势，曰："和尚莫谩某甲。"

曰："却是汝谩我。"

又见一僧，乃曰："汝作甚么业来，得恁么长大？"

曰："和尚短多少？"

师蹲身作短势，僧曰："和尚莫谩人好。"

曰："却是汝谩我。"

注释

①**殿里是甚么佛：**意在说明众生自有佛性。

②**饭头：**寺院中专事做饭的僧人。

译文

保福从展和尚问僧人说："殿里供着的是什么佛？"

僧人说："请和尚您说说看。"

保福说："是释迦牟尼佛。"

僧人说："和尚您不要欺骗我。"

保福说："其实是你欺骗了我。"

保福又问一位僧人说："你叫什么名字？"

僧人答道："咸泽。"

保福问："忽然遇上叫枯涸的人来你怎么办呢？"

僧人问："谁是枯涸？"

保福说："我就是。"

僧人说："和尚你可不要欺骗我。"

保福说："其实是你欺骗了我。"

保福又问一位做饭的饭头说："锅子有多宽？"

饭头说："请和尚您量量看。"

保福用手装出要量的样子，饭头说："和尚您不要欺骗我。"

保福说："其实是你欺骗了我。"

保福又看到一位僧人，就对他说："你做了些什么事，使得你长得这么高大？"

那位僧人问保福："和尚您有多矮呢？"

保福就蹲下来做出这么矮的样子，僧人说："和尚您可不要欺骗我。"

保福说："其实是你欺骗了我。"

215 赵州从谂

原典

赵州问投子："大死底人[①]却活时如何？"

投子云："不许夜行，投明须到。"[②]

注释

①**大死底人：**经过大死一番的经历的人。"大死"，指彻底的否定。禅的境界不能直线达到，必须经过一番

转折，相对的生死被超越，而致大死。大死一番之后，才可以大活，而得彻悟。

②**不许夜行，投明须到：**夜里不许行路，但天一亮就要赶到。无须中间过程，当下就能领悟。也喻指明和暗并无区别对立。

译文

赵州从谂问投子大同说："经过大死一番的人活过来怎么样呢？"

投子说："夜里不许走路，但天亮时一定要赶到。"

216　罗山道闲

原典

罗山在禾山，送同行矩长老出门次，师把拄杖向前一撺，矩无对。师云："石牛拦古路，一马勿双驹[1]。"后有僧举似疏山，山云："石牛拦古路，一马生三寅。"

注释

①一马勿双驹，《五灯会元》卷七中"勿"作"生"，较妥。

译文

罗山道闲和尚在禾山无殷门下时，有一次送同去的矩长老出门，罗山把拄杖向前一抛，矩长老无言以对。罗山说："石牛拦住古道，一马生下两驹。"后来有僧人把这事告诉了疏山匡仁，疏山说："石牛拦住古道，一马寅时生三驹。"

217　沩潭洪英

原典

沩潭英和尚示众云："释迦老子当时一手指天，一手指地，云：'天上天下，唯我独尊。'释迦老子可谓傍若无人，当时若遇个明眼衲僧，直教他上天无路，入地无门。然虽如是，也须是铜沙罗里油盛[①]始得。"

妙喜曰："可贵可贱。"

注释

①**铜沙罗里油盛：**喻指必须是个大根器僧，能承当得起。"沙罗"，或称"沙锣"，古代军用洗脸用具。

译文

沩潭洪英和尚开示众人说：“释迦牟尼老头子当初一只手指着天，一只手指着地，说道：‘天上天下，只有我最为尊贵。’释迦老头子真可以说是旁若无人了，当时如果遇着个心明眼亮的禅僧，要让他上天没有路，入地没有门。但是即使这样，也应该是铜沙罗里装得了油才行。”

妙喜和尚说：“可贵也可贱。”

218　荐福思

原典

荐福思[①]和尚，僧问：“古殿无佛时如何？”

曰：“梵音何来？”

又问：“不假修证，如何得成？”

曰：“修证即不成。”

注释

①**荐福思：**五代曹洞宗僧人，护国守澄法嗣，青原下第七世。

译文

荐福思和尚，有僧人问他："古殿里没有佛时怎么样？"

荐福说："梵音从什么地方来？"

僧人又问："不依赖修行，怎么能够成道？"

荐福说："要修行就不能成道。"

219　法眼文益

原典

法眼禅师《三界唯心颂》："三界唯心，万法唯识。唯识唯心，眼声耳色。色不到耳，声何触眼？眼色耳声，万法成办[①]。万法匪缘，岂观如幻？大地山河，谁坚谁变？"

又《华严六相[②]颂》："华严六相义，同中还有异。异若异于同，全非诸佛意。诸佛意总别，何曾有同异？男子身中入定时，女子身中不留意。不留意，绝名字，万象明明无理事。"

注释

①**成办**：成功。

②**华严六相**：指总别、同异、成坏等六相。法眼引华严入禅，是为“华严禅”的一种体现。

译文

法眼文益的《三界唯心颂》是这样说的：“三界只是心，万法只是识。只是心和识，眼耳对色声。色不到耳，声音不触眼。眼色耳声等，万法能形成。万法如无缘，怎能如虚幻？大地和山河，都是谁变现？”

又有《华严六相颂》：“华严六相之理，有同也有差异。如果只有差异，不是诸佛的意思。诸佛讲总和别，哪有什么同异？男人入定之时，女人并不在意。不在意，绝名字，万法分明没有理事。”

220 青原行思

原典

青原[①]问神会[②]：“从甚么处来？”

会云：“曹溪来。”

曰：“将得甚么物来？”

会振身而立。师曰："犹带瓦砾在。"

会云："和尚莫有真金③与人否？"

曰："设有，汝向甚么处着？"

注释

①**青原：**青原行思，唐代禅宗僧人，六祖惠能法嗣，为青原系禅宗的源头。

②**神会：**唐代僧人，禅宗荷泽宗创始人，六祖惠能法嗣，为南宗争正统者。

③**真金：**喻指真如佛性。

译文

青原行思问荷泽神会和尚："你从什么地方来？"

神会说："从曹溪惠能那里来。"

青原问："带什么东西来了？"

神会挺身站在那里。青原说："还是带了瓦砾来了。"

神会问："和尚您难道有真金给别人吗？"

青原说："即使有，你到什么地方去找？"

221　罗汉系南

原典

罗汉南[①]和尚示众云：“红霞穿碧落，白鹭点沧洲。不是寒山子，时临古渡头。骑骏马，骤高楼，万里银河辊玉球[②]。别明真解脱，拨火觅浮沤[③]。”

又示众云：“禅不禅，道不道，三寸舌头胡乱扫。昨夜日轮飘桂花，今朝月窟出芝草。阿呵呵，万两黄金无处讨，一句绝思量，诸法不相到。”

注释

①**罗汉南：** 罗汉系南，宋代临济宗僧人，云居元祐法嗣，南岳下第十三世。为了区别于师爷辈的黄龙南，丛林中称其为“小南”。

②**辊玉球：** 源自公案“辊玉球”，根据《五灯会元》卷七载，有一天升座，大众集定，雪峰义存辊出木球，玄沙师备捡来放在原处。

③**拨火觅浮沤：** 拨开木炭来寻找水泡。喻指不可能的事，也指水火不可相容。

译文

罗汉系南和尚开示众人说：“红霞穿过碧空，白鹭散落沧洲。不是寒山和尚，已到古渡边头。骑上骏马，聚会高楼，银河万里滚玉球。要求真正解脱，火中寻找水泡。”

他又开示众人说：“是禅或不是禅，是道或不是道，全是三寸舌头胡乱搅。昨夜里，太阳飘出桂花香，今朝里，月亮长出灵芝草。啊哈哈！没有地方去要那万两黄金，不说一句，断绝思想，万法不会来到。”

222　雪峰义存

原典

雪峰云：“饭箩边坐饿死人，临河渴死汉。”[①]玄沙云：“饭箩里坐，饿死汉；水里没头浸，渴死汉。”云门云：“通身是饭，通身是水。”

妙喜举了，喝云：“多嘴阿师，可杀，忍俊不禁。‘通身是饭，通身是水’，那里得遮消息来？”

注释

①**饭箩边坐饿死人，临河渴死汉**：喻指不识自心本性，而流浪生死。

译文

雪峰义存说："在饭箩旁边坐着却饿死了人，在河边住着却渴死了人。"玄沙师备说："在饭箩里面坐着，却饿死了人，被河水没了头顶浸着，却渴死了人。"云门文偃说："浑身都是饭，满身都是水。"

妙喜和尚举了这个例子之后，喝一声，说道："真是个多嘴的人，该杀，叫人忍不住要笑。'浑身是饭，满身是水'，什么地方知道这个消息的？"

源流

《正法眼藏》与《宗门武库》

在讨论《正法眼藏》的流变时，主要分析《宗门武库》。

《宗门武库》，一卷，是宗杲去世后由门人道谦编集而成，全称《大慧普觉禅师宗门武库》，又略称《大慧宗门武库》《大慧武库》等。此书编成时，《正法眼藏》早已流通于世，《宗门武库》中已提到此书，“洞山宝禅师……尝作《达磨祖师赞》，最播丛林，琅琊觉和尚和之，今载《正法眼藏》”。

虽都是提举古人机缘，但《正法眼藏》的时间跨度长，所举人物的面很广，涵盖各家禅宗，而《宗门武库》所举，绝大多数是前世或当世临济和云门宗人，有少量是过去的人物，如有一则举世尊弟子中解空第一的须菩提，有一则举罗什门下生、肇、融、叡四位高弟。

《宗门武库》所提到的人物有一二〇位左右，其中比较重要的有四〇位左右（至少在两则中被提出），出现频率最高的是真净克文、圆悟克勤（至少在十五则中被提到），稍次为五祖法演、湛堂文准（至少在十则中被提出）。《宗门武库》全篇共一二二则，其中有十九则是记载宗杲自己的法语和事迹。

可以看一看《宗门武库》中所提及的一些主要人物所属的宗派：

曹洞宗系：洞山微。

云门宗系：德山慧远、雪窦重显、云居晓舜、五祖师戒、洞山自宝、天衣义怀、长芦智福、法昌倚遇、法云法秀、长芦应夫、法云善本、慧林宗本。

临济宗系：兴化存奖、琅琊慧觉、汾阳善昭、广慧元琏、叶县归省、谷隐蕴聪、大愚守芝、浮山法远、定慧超信、兴教坦、大沩真如、翠岩可真。

杨岐宗系：杨岐方会、白云守端、保宁仁勇、五祖法演、昭觉克勤、太平慧勤、龙门清远。

黄龙宗系：黄龙慧南、黄龙祖心、宝峰克文、云盖守智、黄龙悟新、法云杲、兜率从悦、泐潭文准、兜率慧照、张商英、慧洪觉范。

这里提举的人物有一些是《正法眼藏》中未涉及的，像圆悟克勤、浮山法远、慧洪觉范等人。

这部作品在丛林中影响很大，远远超出《正法眼藏》的影响。宋以后的禅宗发展，以临济一系子孙为主脉，而《宗门武库》多为记录临济系诸大德的法语和事迹，展示的是临济的宗风，自然受丛林欢喜。《宗门武库》收入了较多的云门系僧人，实际上宗杲自己也是非常赞赏云门宗风的，云门和临济都是适合于上根之器的，对于云门，一般人更是难以领悟，然临济大德却视之为同道，而且当时的云门大德，多有参临济高僧者，像法秀圆通曾参浮山法远。虽然宗杲收入的云门宗人较多，临济宗人仍是十分喜好。

《宗门武库》在记载当世大德的机缘时，多有亲自经历、亲见亲闻之事，有时编者也特别指出某一则所记是“妙喜亲见”。因此，此书的真实性是可信的，这种真实性，更使其具有极高的学术价值。而且宗杲所记，有许多是一般史料中没有的，或者虽有，却是不详尽的，所以要研究两宋禅宗思想，特别是临济、云门两宗思想，此书是必不可少的资料。

《宗门武库》中所记的故事，大致有参学故事、作家相见故事、开悟故事、灵异故事、转世故事、因果报应故事等。如第三则记湛堂文准第一次参真净克文和尚，真净问：“最近到什么地方去过了？”湛堂答：“大仰山。”又问：“夏天时你在什么地方？”答：“在大沩山。”又问：“你是哪里人？”答：“兴元府。”真净展开两手又问：“我的手像佛的手吗？”湛堂不知所措。又问：“你刚刚答得很流利，这一问怎么答不出？错在什么地方？”湛堂说：“我不明白。”这是参学故事。如第三十三则记湛堂文准死后，妙喜请张商英写塔铭。初见时，张问：“您怎么大老远的穿着草鞋到这里来了？”妙喜答：“我跑了数千里请求见您一面。”张又问：“你多大年纪了？”答：“二十四。”又问：“水牯牛多大年纪了？”答：“两个。”又问：“哪里学来这些虚伪的一套？”妙喜说：“今天终于亲眼看到您了。”张笑笑说：“快请坐，喝茶。”这是作家相见故事。妙喜曾称颂作家相见事，说觉悟的人和觉悟的人见面时，自然有纵有夺，非常好看。又如第二十八则记圆悟克勤听五祖法演给别人念两句艳诗“频呼小玉元无事，只要檀郎认得声”而有省。这是开悟故事。又如第二十则讲石门慈照禅师有一天遭太守无辜辱打，后来太守全家都死了。这是因果报应故事。

《宗门武库》所显示的禅学思想大致有这么几个方面：

第一，关于明心见性。禅宗讲众生自心本有佛性，原本就圆满无污，但被妄念覆盖，众生不见自性。达磨西来，直示众生心性，令众生发明本心，体悟自性。众生心中自有佛性，所以不能到外面去求佛，不能崇拜外在的佛，大丈夫膝下有黄金，不能拜倒在佛像脚下。第十八则记载了法云佛照杲禅师在景德的铁罗汉院烧木罗汉像取暖，烧了一个晚上，当时的僧众都把他看作是外道，而宗杲认为，佛照禅师是丹霞（以烧佛而闻名丛林）之辈，并非是俗眼所能认识的。

不但不能崇拜偶像，连丛林所重的大德舍利也不必珍视。第三十三则记载了张商英对舍利子的看法，他认为，人的肉体只是四大和合而成，缘散肉体就尽，舍利子并没有体性。出家人应该梵行精洁，灵明廓彻，如果做不到这样，却想使舍利子流传，有什么意义？

第七十则记载了湛堂文准所讲的众生自性清净的观点。他说，你这只瓶子本来是清洁明净的，却装了些污水在里面。必须把污水倒了，装一瓶洁净的水。

第二，关于明心见性的方法。首先是要在自己脚跟底下着手。第五十一则记载，三佛（佛鉴、佛眼、佛果三人）在五祖法演门下时，有一天晚上灯忽然灭了，五祖要三人各说一句禅话。佛鉴说：彩凤舞丹霄。佛眼说：铁蛇横古路。而佛果圆悟克勤说：看脚跟底下。五祖独推重佛果所说。看自己脚跟底下，就是要内省，从自心入手，从自己的情况入手。

既然从自己身心入手，就要自己把握住自己的特殊性，别管别人是怎么说的，别人说的是别人的情况。第七十一则记载说，你自己的情况，也许只要篱笆底下捡一根草就可以治病，别管什么朱砂、附子、人参、白术之类。但有的人却不问自己心性，只去问大沩真如是怎么说的，杨岐方会是怎么说的，这样越走越远。

其次要有悟，悟是关键，不在说得怎么样。而当时丛林中多是说心说性。就如第一一二则圆悟所指出的，祖师西来，是直指人心，见性成佛。而如今禅界，却是曲指人心，说性成佛。禅门中把语言称为葛藤，凡是好说禅者，在丛林中必遭大德耻笑。天衣义怀喜好说禅，云居晓舜就常讥讽他，等到天衣义怀一死，云居在法堂上说，太好了，葛藤树倒了。

觉悟是顿不是渐，顿悟是禅宗的生命所在，妙喜倡话头禅，参话头参到最后，有一个顿悟。第一〇一则说，你参话头，必须心灰意冷，灰来灰去，忽然会像冷灰中爆出一粒豆一样地顿悟。一悟而成永恒，顿悟之后，就是无事可做的人了。

如何参禅得悟？各人有各自的见解。第三十五则记湛堂文准的观点，参禅学道的人，要知道自己的“本命元辰”（即本性，本来面目）。妙喜和尚自己认为，参禅并不见得要有机锋，而一般人都是非常重视机锋的。妙喜强调，真实之事，并不是运用机锋能得到的（见第六十二则）。他又说，参禅在于一个“直”字，“直指人心”之“直”，应该是直心、直行、直言、直语，永远没有委曲之相（见第一〇六则）。第六十五则记载了五祖法演所讲的一则故事：得道菩萨刚入地狱时，先和狱卒搞好关系，有一天他取来酒肉给狱卒吃，把狱卒吃得大醉，然后他把自己身上的枷锁戴在狱卒身上，两人衣服互换，自己大摇大摆地从大门口走了。参禅也要像这样，在困难的境地中要自己想办法出来。五祖法演还讲过老贼把儿子陷入绝境，让其自己脱身的故事（见第一〇八则），意思与此相似，都是讲的禅的自主性。晦堂祖心则认为，参禅就要像猫捉老鼠一样专心：双目瞪视，不眨一瞬，四足踞地，一动不动，眼、耳、鼻、舌、身、意六根集中在一个目标上，然后发而无不中（见第五十三则）。

参学之人，要有参禅的决心和意志。保宁仁勇当初刚出家参雪窦重显时，被雪窦骂，保宁发誓说，我这辈子不超过雪窦，就决不回乡。后来果然名闻丛林。人怎么能没有志气呢（见第八十四则）？

第三，关于僧人的行为准则。此书强调僧人必须遵守的四条原则，即是五祖法演所说的：势不可使尽，福不可受尽，规矩不可行尽，好话不可说尽（见第七十四则）。有些僧人具有高风亮节，此书加以推崇。湛堂文准平时以戒律约束自己，扫地、烧茶，自己都亲自做，妙喜称他为“后昆良范”（见第十七则）。洞山自宝禅师行脚时，住在一家旅店，遇上了妓女。自宝和衣坐禅，把铺位让给妓女睡。第二天，妓女向他要嫖资，自宝也给了。但等妓女一出门他就把被褥烧掉了，妓女回家把实情告诉了父母亲，全家把自宝请回来，设斋致谢，称他为真佛子（见第一一九则）。

第四，关于佛道融合。此书中记载了这样的故事：张商英平时在家中，有一年正值荒年，他遇到化食的道士，就劝诵《金刚经》，遇到僧人来化缘，就劝其念《老子》（见第七十七则），主张佛道调和。这也是当时的大趋势。

《正法眼藏》与拈古禅风

在分析《正法眼藏》的源头时，必须讨论一下禅宗中流行的“拈古”。从风格上讲，《正法眼藏》本质上也是与这拈古有很大关系的。

关于拈古，一般公认的标准定义是圆悟克勤在其

《碧岩录》中所讲的“据款结案”。“款”就是所拈出的古德机缘，对这一“款”还要加以进一步的发挥，演释其中的深意，这叫“结案”。对于《正法眼藏》来讲，宗杲多数只是拈提出这些“款”，有极少部分也是结了案的，不过都十分简单，不过一句两句而已，与一般的结案也不完全相同。应该说，《正法眼藏》的形成是受了拈古风气影响的，虽然还不能把它和拈古等同。

拈古的流行，在汾阳善昭（公元九四七——一〇二四年）时代就开始了，自此之后，许多大德的开示中，都采用拈古的形式，语录中所标的“举”，都是提举古德机缘，有的人在集老师语录时，把拈古的部分归纳成卷了。

要逐一上溯拈古之源，是比较繁杂的，而且也没有很大的必要，这里以宗杲之师圆悟克勤为例，来看一看克勤的拈古。

《圆悟佛果禅师语录》卷十六、十七、十八中为圆悟的拈古，卷十八和卷十九是颂古，颂古分为两部分，一是拈出古德机缘，如《正法眼藏》的体裁，二是加以唱颂。其拈古的部分，这里不妨一起考察一下。

《圆悟佛果禅师语录》中共收入拈古九十四则，颂古八十则。颂古中所提举古德机缘，也有与拈古中所提有重复处。克勤所提举，有许多也在《正法眼藏》中出现过，这倒不是说宗杲一定是受了克勤的影响，而是这些古德机缘在禅宗史上的积极作用已成定论，不断被后人引用来开示学人。克勤在此提到的古德有八十多位，大多为六祖下青原、南岳二系僧，至五宗时，以临济宗人为多，云门等宗较少。《正法眼藏》也大致如此。不过与后来的《正法眼藏》相比，克勤似乎是有些厚古薄今的，即当世大德的机缘列举很少，大多是前世古德。而宗杲则不存在这些情况。

不妨把克勤提到的一些重要的大德也归入各自的宗系。

六祖惠能一系：惠能、南阳慧忠。

南岳怀让一系：马祖道一、百丈怀海、汾州无业、石巩慧藏、三角总印、麻谷宝彻、南泉普愿、章敬怀晖、大梅法常、乌臼和尚。

百丈怀海一系：沩山灵祐、黄檗希运、长庆大安、睦州陈尊宿、灵云志勤。

南泉普愿一系：赵州从谂、长沙景岑、陆亘大夫。

临济宗系：临济义玄、兴化存奖、三圣慧然、风穴延沼、谷隐蕴聪、琅琊慧觉、翠岩可真、大沩真如。

青原行思一系：石头希迁、药山惟俨、道吾宗智、翠微无学、云岩昙晟、渐源仲兴、石室善道、夹山善会、投子大同、德山宣鉴、岩头全奯、雪峰义存、云门文偃、玄沙师备、保福从展、镜清道怤、鼓山神晏、瑞岩师彦。

沩仰宗系：沩山灵祐、仰山慧寂。

曹洞宗系：曹山本寂、龙牙居遁、丹霞子淳、疏山匡仁。

云门宗系：香林澄远、洞山守初、智门光祚、五祖师戒。

黄龙宗系：黄龙慧南。

杨岐宗系：五祖法演。

解说

《正法眼藏》涉及的问题很多，人物也很多，对它进行解说，我不准备分开不同宗派、不同人物来讲，而是针对所选二卷中提到的各位大德所展现出来的思想，依照我对禅的理解，作一综合分析，并揭示其在现代生活中的积极意义。

关于佛性

禅学中，佛性是最关键的问题，达磨西来，所要指示的就是这种佛性；历代祖师、禅师开示，都是要指示这个佛性；学人入禅门，觉悟的就是这个佛性。

佛性不是外在的，不是别人赋予的，不是后天具有的，而是每个人心中先天就具有的。因此，在讨论分析

《正法眼藏》对佛性的描述之前，还是首先来分析一下这种包含佛性的自心。

心是什么？用哲学的术语来讲，心是本体，是万法的本质。万法没有自性，以心为本性。临济义玄曾讲“心法无形，贯通十方，目前见用”（见第一五七则），揭示了心的本质和作用。心没有形状可言，无形无象，但又普遍地存在于一切现象之中，这就是说心的作用具有普遍性，到处都可以看到心的作用。

这就涉及了心法关系。常言道，心生种种法生，心灭种种法灭。经中的这句话常为禅家所引用，成为禅家论心法关系的基本准则。临济说：“云何是法？法者是心法。”（见第一五七则）万法都可以归结到一心，都是心的作用所致。南岳怀让说：“一切万法，皆从心生。”（见第一二九则）但禅宗虽然指明心生万法，心灭万法，并不是要你去起心动念生起万法，也不是要你去故意生起一个灭万法的心去息灭万法。在这里，禅宗只是指示出心的本体作用和万法的本质。禅是反对心动的，它认为，心之所以能生起万法，是因为心中有了妄念，有了烦恼，有了欲求。心从本质上讲是清净无污的，称为自性清净心，但它常会被污染，如同明镜，常受尘蒙。一旦心受污染，它便会造作种种业，做出种种事来，离心的本性愈来愈远。禅宗的这种说法，和《大乘起信论》

中的一心二门论是一致的。被污染了的心，是妄心，生灭万法，是妄心所为。自性清净心也叫真心，被包裹在妄心之中，藏在妄心之中，因而也称其为如来藏。真心是不变不动的，是世界的终极本体。

空

空在这里有两层意义，一是心法无形，犹如虚空，是对心的描述。这种虚空般的心，在空间上无边无际，无限的广阔，从时间上讲无始无终，有无限的恒久性。二是讲心能生灭万法，万法本性虚空。这第二种意义上的空，是需要加以说明的，即这种空实质上是指的事物的条件性，不是常人所认为的绝对空、恶空或顽空，即不包含着有的空。而许多人，包括一些出家者，常常认为空就是什么都没有，一切皆空就是指的一切都不存在。历史上在翻译佛经的时候，经中有一个概念叫“舜若”，中文里找不到合适的词来表述它，就用了一个“空”字，也用过“无”字，由此常常会引起人们对这个重要概念的误解。历史上有许多人批评佛教，特别是批评这个空时，就是按照这种错误的理解来批评的，从早期《牟子理惑论》中的有关记载，到后来的张载、朱熹、王夫之等人，莫不如此，可以想见这种误解的情形是多么严重。

佛教怎么讲空的呢？龙树讲缘起性空，每一种事法都因着各种“缘”而生起灭绝，缘聚则生，缘散则灭。所谓“缘”，就是讲的条件，“因缘”之“因”，指主要条件，“缘”指次要条件。所以讲缘起性空时，是讲万法都由众缘和合而成，本身没有主宰自己的独立本性，没有自性，称为性空，这是讲的事物的条件性和相对性，是非常富于哲学智慧的理论。讲一个事物为空时，既要看到其本性空寂的一面，也要看到其存在的一面，作为虚假的无自性的存在，即“假有”，即不执着于性空的一面，也不执着于假有的一面，取其中道。禅门中则表述为“恁么也不得，不恁么也不得，恁么不恁么总不得”（见第一二三则）。这样也不行，不这样也不行，这样不这样都不行。英文中过去翻译这个“空”字，曾经按汉字的“空”，意译为“Kong”，现在一般按“舜若”的音译为“Sunya”，说明他们也注意到这个问题了，过去曾翻译为“Empty”等也是不准确的。

现在来看看《正法眼藏》中所讨论的空。

大宁道宽曾说：“真空为体，妙有为用。所以道，尽大地是真空，遍法界是妙有。”（见第一五九则）这是很有代表性的观点。“真空”是指万法虚幻不实，“妙有”指万法的本性，即众生之心，是微妙的存在。妙有是讲心的作用，从心现境；真空是讲摄境归心。天地万物，山河大地，都是空幻，如梦如影，如露如电。而天地万法，山河大地又莫不是由心显现。这个观点，玄沙师备曾这样表述：“森罗万像，一体同源。”（见第一六六则）万事万法都同归一体，即众生的自心之体，都出自同一本源，即自心之源。由这种本体看万法，万法皆空。这是讲法空，一切皆空。

空自然还包括我空，主体之我的虚幻不实。石霜楚圆把众生的色身称为“幻化空身”，此身本来虚假空寂。为什么讲我身是空？楚圆说，色身是由四大、五蕴等不同条件和合而成的（见第十九则），四大是指地、水、火、风，五蕴指色、受、想、行、识。四大都可以归入色蕴之中，色蕴是指构成色身的物质性条件，人的骨骼、肌肉结构，属于“地”这个要素，各种体液属于“水”这个要素，人的呼吸构成“风”，人体的热能来自“火”。五蕴中色蕴外的余四蕴，乃是构成人的精神性条件，“受”是指各种感觉，“想”指感觉、知觉、表象和形成概念等思维活动，“行”指判断、筹划、动机等思维和心理活动，“识”指眼、耳、鼻、舌、身、意六者的意识活动，或者指这六识的识体自身，即心王（在小乘，识蕴指六识，在大乘，识蕴指心王）。楚圆认为这四大、五蕴和合之身都是不洁净的，没有实体的。不仅如此，四大、五蕴本身也是空的。

不但我法皆空，连禅家所追求的所谓佛、圣人，本质上也是空的。有僧人问洞山良价："什么是佛？"良价说："所谓佛，就是非佛，不是佛。"（见第三十则）德山宣鉴告诫学人："汝莫爱圣，圣是空名。"（见第一五四则）这就扫除了人们对佛的执着。凡事一有执着，就成障碍，金屑虽好，掉在眼中，反而有害。这一点在后面还要进一步分析。

心佛关系

如果按纯哲学的意义来讲，上面所重的角度，是本体论。再从认识论的角度来分析心，就要讨论心的进一步的本质——性，佛性。

佛性是众生成佛的内在依据，究竟如何来描述这个佛性（或佛），禅门中一再强调是不可说的，因此我也不可能给出一个具体的答案，可以告诉各位一些禅师的回答。有僧人问石霜楚圆："什么是佛？"石霜答道："水出高源。"（见第三十一则）你说这是回答他了，还是没有回答？庞蕴居士问马祖道一大师说："不与万法为侣是什么人？"马祖答道："待你一口喝尽了西江之水时，我就告诉你。"（见第七十则）但是有谁能一口就喝尽西江之水呢？是不该问这样的问题，还是这种问题无法回答？有僧人问琅琊慧觉禅师："什么是佛？"琅琊答道："铜头铁额。"（见第一八九则）有僧人问道吾悟真和尚："什么是佛？"道吾答："洞庭为盖。"（见第一五一则）把洞庭湖来当作盖，但这与我问的问题有什么联系呢？真是不明白。不明白吗？就是要你不明白。

这些回答都有一个共同性，即表明佛、佛性不可以用语言来表述，因为语言，特别是肯定性的语言（表诠），都是有局限性的，不能涵盖像佛、佛性这样至高无上的本性。任何一种描述，其实都只反映它的局部，如果认为你这种描述就是了，反而要使人们对它产生错误的观念。不能说，又不得不说，所以禅师们就有了诸如上述类的种种回答，形成禅门中特有的奇特语言。

有的回答没有这样奇特，是以典型的否定性语言（遮诠）来表述的。大宁道宽和尚曾说："高大却不倾倒，盈满却不泛滥。在凡位时凡夫不舍弃它，在圣位时圣人难逃。"（见第八十四则）这是什么？你自然会想到，这就是佛性。

如果一定要求一个概念性的解释，那么，"佛"是觉悟者，"佛性"是觉悟之性，与烦恼、无明都是相对的。

佛性普遍存在。关于这一点，禅门中是有不同理解的。南阳慧忠国师讲"无情说法"，在丛林中传为美谈，

《正法眼藏》中多处提及。这个“无情说法”是讲一切没有如人类一样高等生命的存在，如山河大地、草木瓦石等类，都在向你宣说佛法。这也表明，无情之物都具有佛性。严阳善信和尚回答“什么是佛”的问题时，只说了两个字：“土块。”（见第五十四则）连土块这样的无情之物都是佛，都含有佛性。大珠慧海是反对无情有性说的，反对“青青翠竹，尽是法身；郁郁黄花，无非般若”之说的，他强调佛遍一切有情，不遍无情。如果黄花是般若，那么般若就是无情之物了，如果翠竹是法身，法身不与草木无异？（见第一一一则）这种观点，后来的青原、南岳二系禅人多不采纳。

波罗提曾讲，佛性体现在各种作用中，“性在作用”，体现在胎儿，佛性是色身；体现在已出娘胎的人身上，佛性是人；体现在眼睛上，佛性就是视觉，可以看东西；体现在耳朵上，佛性是听觉，可以辨声音；体现在鼻子上，佛性是嗅觉，可以闻气味；体现在手上，佛性是抓握的能力，可以抓握、提搬物品；体现在脚上，佛性是奔走能力，可以运足行路（见第一八三则）。临济义玄则强调佛性的六种作用（见第一五七则），即见、闻、嗅香、谈论、执捉、运奔。

佛性普遍存在于有情之物中时，主要讨论众生之心和佛心的关系、众生的本性和佛的本性的关系、众生和佛的关系。这三种表述都是一个意思。

禅宗在这个问题上的基本观点是即心是佛，众生即佛，烦恼即菩提。这都是表明这样的观点：一切众生都有佛性。这个观点在中国佛教界内被普遍接受，是经过一番曲折的，在经典不全的情况下，竺道生首先提出一阐提人都有佛性的看法，被当时的一些守文滞义的人视为异端。竺道生深受禅门推重，当时的守文之徒而今安在？禅的一个重要特色是独立的理解能力，没有这一点，是难入禅门的。

庞居士问马祖道一大师："什么是佛？"马祖说："即心是佛。"（见第七十则）

众生之心就是佛心，包含佛性，因此，佛就在众生心中，佛不离众生心。

这是禅宗最基本的一条准则，佛不在他方世界，就在众生心中，每个人都是佛。佛性在众生心中，如同一轮明月在空中。但是众生往往不知道自己心中有佛性，不知道自己与佛平等无二，所以流转于生死之间。如果他觉悟自心佛性，当即成佛，顿登佛地。长沙景岑和尚与仰山慧寂在一起赏月的时候，指着月亮对仰山说："人人都有这个，只是用不到。"（见第一三六则）为什么用不到？因为不知道，觉悟不到。为什么觉悟不到？还不是因为众生心中的烦恼太多，把圆明佛性掩盖住了。如同天上飘来一阵乌云，把明月遮住了。烦恼从何而来？既有先天的，也有后天积累的，追溯到最初的源头，实在是一个“无明”在作怪。

由于无明，即无知，对佛法真理的无知，人们执着自我为实有，整天想的就是我的名誉、我的地位、我的财物，执着外物为实有，追求它们来满足我的享受、我的欲望。一旦欲望不能满足，烦恼由此产生，使心不得清净，哪里还能看得清自性？

实际上，这些烦恼本质上也是空，认识到这一点，而能不离烦恼而得觉悟，不离无明而悟佛性，不离空幻之身而得佛的法身。因此石霜楚圆开示说“无明实性即佛性，幻化空身即法身”（见第十九则）。这不仅是即心成佛，也讲即身成佛。有的人在区分禅宗和密宗时，认为禅宗是讲即心成佛的，密宗是讲即身成佛的，这种区分只是一个大致情形，在这里，石霜不是也讲即身成佛吗？不过，不论是即心成佛还是即身成佛，在禅宗中都是要体悟到自心佛性之后才能实现。

心体之知

众生心中本有佛性，但众生如何才能发现这个佛性呢？清凉澄观提出了心中本来具备“知”的能力，此心灵灵不昧，了了常知，因而也叫“灵知之心”。他对顺宗皇帝说：“最高的道就在每个人的心中，心以念念无住为其本性，在这个无住之心中，以不昧的灵知为体。”（见第九十六则）“知”是比佛性更本质的规定性，是心的本体。这个知，含有智慧的意义，也有觉悟能力之意，但又不是这两层意义能涵盖得尽的。关于这个知，荷泽神会和圭峰宗密讨论得更多，尤以圭峰最有代表性，但临济后人大多视这个知为“知见”“知解”而加以抨击。究实而言，“知”和“知见”“知解”是不能完全等同的，“知见”“知解”不是直觉性的，而以凭着语言、文字、理性等去理解禅法，这当然离禅很远，而“知”就其认识的意义而言，却是指直觉性的体悟。就知作智慧这一层意义而言，在六祖惠能处表述为般若智，关于这一点，稍阅《坛经》便可知晓。

自信

一切众生心中都有佛性，且又都以灵知为心的本体，有了此知，大家自然便会发明自性佛性。但是，为什么那么多众生还在生死之间流转不绝，不得成佛？那是因为他们不相信自心有佛性，不相信自己本来就和佛没有差别，平等无二。缺少了这种自信心，如何能成佛？所以最要紧的，是要确立自信，有了自信心，才能进一步自主自强，弘扬主体精神，才能不受人欺骗，自己走自己独特的路，富有创造性地生活，不会人云亦云，跟着别人乱跑。古德一再开示，强调自信心的重要性，指示众生要自信，正是要你坚信自己就是佛。临济义玄批评大家的主要缺点就是不自信，“如今学者不得解脱，毛病出在什么地方？出在不自信。你如果没有自信心，就只好糊里糊涂地被各种境界缠缚，得不到自由”（见第一五七则）。德山宣鉴鼓励大家不要去崇拜别人，要崇拜你自己，“他是大丈夫，我也是大丈夫，谁怕谁呀？凭什么我要吃他的口水？”（见第一五四则）真净克文和尚也批评大家对自信心的缺失，他说：“有的人不相信自己的佛性，只凭着一些别人的错误认识来体会禅，这只会乖背觉性。”（见第三则）

从古德们的叮咛之中，可以看出他们对大众缺少自信这种状况的担忧，唐宋时代是大德辈出，大根器者极多的阶段，情形尚且如此，何况处在如今末法时代的众生（唐宋时代虽也属末法时代，但根性慧利者多，大善知识众），又缺少众多的利根大德，大众的自信心是大大地降低了。工商社会之中，人人受物欲控制，受商业行为控制，许多人感到难以自救自悟，只能求助于外在的力量来拯救，在这样的情形下，净土信仰正好适合了大众的需要。净土宗自唐宋始就很流行了，至明清时更盛。许多有见地的大德早就指出，净土也必须和禅宗融合，才能推动佛法的发展。这一禅净合一的准则，现在仍然适用，求净土者，也不能失去自信。首先要相信自己的力量，首先要有自尊，才会得到尊重。

否认偶像，禅宗讲佛在众生心中，众生都是佛，那么如何看待经教中所推崇的众佛、众菩萨？大德们主张把一切偶像、一切权威、一切以往被视为高于众生的东西，统统扫个干净，统统否定掉。你看大德们说得多么令人痛快，令人兴奋，直到如今都不乏其振聋发聩的力量。

临济义玄说："各位，照我的看法，应该截断报身佛、化身佛的头，那些达到十地境界的菩萨，不过是一些雇工而已。等觉和妙觉菩萨，都是戴着枷锁的罪犯。阿罗汉、辟支佛，都是厕所里的污秽之物。所谓菩提、涅槃境界，不过是系驴子的木桩子。"（见第一五七则）

德山宣鉴说："达磨是老臊胡，十地菩萨是担屎汉子，等觉、妙觉菩萨是破戒的凡夫，菩提、涅槃是系驴子的木桩子，佛经都是些鬼神簿子，是擦脓水的纸。"（见第一五四则）

释迦牟尼佛刚生下来时，曾一手指着天，一手指着地，说道："天上天下，唯我独尊。"云门文偃却说："我当时要是看到了，就一棍子把他打死了喂狗，也好

使后世太平无事。”（见第一四二则）

你德山、临济等敢于否认权威，打倒偶像，后人又应如何对待你们呢？当然是按照这一贯的原则，对临济、德山等大德也不必崇拜，所以洞山晓聪和尚门下的一位僧人对晓聪说：“德山看到学人一进门就行棒，临济看到学人一进门就喝，这些都是装模作样。”（见第一二七则）德山棒、临济喝，这两种接引手段，在丛林中是很著名的，但这也须否定，不必崇拜，这才是禅的精神。

把这些偶像都推倒了，剩下的是什么？只剩下自心了，禅宗强调否认偶像，其宗旨正在于要人斩断一切向外的求索，去除一切执着，反观自心，明心见性。

这一精神在思想界引起的震动却是空前的，可以说导致了一切思想解放运动，从前一切的权威、一切的束缚、一切的禁锢、一切压在人们头上的东西，都可以堂堂正正地推翻，自己也可以抬起头来，挺起胸来，直起膝来，真正做一个大丈夫，大家都平等了，没有等级之分、高下之分、尊卑之分，是谓佛性面前人人平等。这是人的解放，使人们清楚地看到自己作为人的本质。

但是，必须提醒一点的是，能够呵佛骂祖，纵横自在的人，必须是已经悟得自己心性者，真正发现自己与佛无异者，才能真正具有这种自信力和批判的勇气。如果达不到这一点，却也在学呵佛骂祖，就是徒具其表，你也呵，我也骂，不知为何呵，为何骂，成为禅病了。

关于顿悟

众生即佛，佛即众生，又如何来区分众生和佛之间的区别呢？虽说佛与众生平等无二，这是就佛性而言，佛和众生都具有相同性质，但为什么又要说一个众生，说一个佛呢？两者的区别，其实只在薄薄的一层纸了，悟自心佛性者，是为佛；不悟者，是为众生。

瞬间顿悟

禅宗惠能南派与神秀北派的重要区别在于，南宗讲顿悟，北宗重渐修。顿悟是突然间的觉悟，一刹那间就完成了，不历阶段，没有过程。晦堂祖心和尚说："知道了什么是虚妄之物，就要离开它，也不要任何方便法门。离开了虚幻，就是觉悟。这种觉悟没有渐进过程，也没有次第。"（见第十一则）这就是顿悟。

顿悟究竟悟什么？是觉悟自心佛性，因此顿悟是一种内省，是向内的观照，一旦妄念除尽，照着自性，就刹那间觉悟了，而且这一悟，万劫不变，成为永恒。洞山守初和尚说："你如果只记些别人的语言，万一有一天你突然间踏着正脉了，再来反省你从前的所作所为，你还有脸去见你自己的本性吗？”（见第一一三则）所谓踏着正脉，就是发现了自己的本性。在不知不觉之中，你说不定就突然间觉悟了，这只是在一闪念之间就完成了，如大宁道宽所言，“一念相应，刹那万劫”（见第一一二则）。有一闪念和自心佛性相契合了，就是顿悟。临济义玄说得更为详尽：“你一闪念的清净心，就是法身佛；你一闪念的无分别心，就是报身佛；你一闪念的平等无差别之心，就是化身佛。”（见第一五七则）这三种佛都在你自己屋里，一念相应，便能看到。

顿悟是觉悟自心本有佛性，既然这样，大家就不必向外驰求了，不要在你自心之外求什么佛，求什么祖了，心外哪有佛祖可求？心外别无一法，一切都是你自己，是你自心。因此，凡是有向外驰求的心，都要收回来，要回光返照，返本归根，找到自己的落脚处，自己的家园。临济义玄教导说：“你要和佛、祖没有差别，就不要外求。”（见第一五七则）慈明和尚指示学人要知道自己的安身立命之处，“如果知道了安身立命处，你就能到北俱卢洲去喝粥吃饭”（见第一一五则）。这个安身立命处，不就是你自己的心性吗？马祖道一说：“你如果向外驰求，就与你的本性越来越远了。”（见第一四七则）

亲证

你自己的心性，要你自己亲自去发明，虽然禅宗讲可以由大善知识指出你自心的佛性存在，但最终的体证，还是靠你自己，不要指望别人能代替你觉悟，也不要指望别人能解救你。你首先要依靠自己的力量，自证自救，这种自主性，是禅的基本精神之一，用哲学的语言来讲，是主体性。你想求别人帮你吗？归宗智常和尚说："你不要想错了，没有人能替代你的。"（见第六则）有许多人自己没有头脑，老跟着别人转，今天讲这位大德是这么说的，明天讲那位大德是那么说的，全无自己的见解。你别理会别人是怎么说，岩头全豁和尚指示道："你学来那些别人说的话，积存在心中，又有什么用？"（见第二则）不要听那些坐在禅床上的老和尚们说，你需要的是从自己胸襟中流出的真正的感受，别人说的，是别人的，不是你的。罗山道闲和尚指示说："吃别人的言语，分辨谁说的是，谁说的不是，这只会把你原有的优势消磨掉，对你一点好处都没有。"（见第七则）他讲，像那些到处学些别人见解的人，杀他一万个有什么罪过？真是恨铁不成钢啊！

通过亲证，使你真正感受到自心佛性的存在，感到自己与佛无异，这才能对你产生实际的利益，否则有什么好处？

真觉体悟

顿悟体现为一种直觉，这种状态，无法用语言表述出来，无法诉诸文字，同样，要想得到这种顿悟，也不能凭借语言文字。而许多人却不懂得这一点，热衷于用世俗认识活动中感性的或理性的方法，通过语言文字去苦苦探求什么是佛？什么是禅？什么是祖师西来意？作为禅师，总是用一些奇特语言截断学人的这种思路。有僧人问保宁仁勇："什么是佛法大意？"保宁说："大锅里的汤不冷。"（见第三十二则）有僧人问泐潭洪英："什么是佛？"洪英答："眉毛八字分，两眼像流星。"又问："什么是祖师西来意？"保宁说："一棒打出一条痕。"（见第六十八则）有僧人问鼓山神晏："什么是佛法大意？"鼓山说："吐出来。"（见第九十一则）赵州从谂在这一方面也有十分著名的开示，有人问他："什么是祖师西来意？"他说："庭前柏树子。"丛林中视其为公案（见第七十一则）。洞山守初还有"麻三斤"语（见第七十七则）。这些回答，你可以从很多方面去理解，但当时的学人在听到这种回答后，他一时语塞，无话可说，甚至大脑一片空白，有的人往往就是在这种情形下顿悟的。

如果禅师不这样回答，而是留有余地，学人必然会继续问下去，那么，你问个不休，我答个不断，两人都拖泥带水，能有什么结果？沩潭洪英说："问也无穷，答也无尽，问答去来，于道转远。"（见第六十八则）所以大德们要一语截断，一刀斩断你的情丝，不让你留有任何意想的余地，不容拟议，这时候，你只有扪心自问：我问错了？错在哪里？想来想去，忽然在某个时候就顿悟了，有的上根器人则是言下大悟的。

禅门中以意识情见、文字语言为通向觉悟的障碍。鼓山神晏和尚指示说：在你还没有完成顿悟佛性这一大事的时候，"切忌记持语言文句，不要在意识里做活计"（见第一七五则）。他还指出，意为贼，识为浪，如果漂在识浪里，被它淹没，就不得自由。这里的"识"指各种感官的分别性的认识，把握的是认识对象的某一方面的特征。"意"本质上也属一种识，具有把各种感觉知识综合起来的能力。对于理解终极本性来讲，这是远远不够的。语言文字也有其局限性，所以临济义玄说："认名认句，向文字中求，其意度与佛法天地悬隔。"（见第一五七则）

有的时候需要通过方便法门来帮助学人更快地达到

觉悟，方便有多门，归源性无二，语言文字也是一种方便，但它仅是一种方便，不是禅悟本身。有人不知月亮在哪里，你用手一指，他知道了，但手的指示本身，并不是月亮。所以，禅师以语言作方便开示时，学人切不可执着语言，而要体会其意义，并能做到得意而忘言。黄龙慧南特别指出了这一点，他说："你体会了其中的意义，就可以归到家乡，要是执着语言，则离家园越来越远。"（见第三十五则）

实际上，说禅是和亲证的原则相违背的，所以佛眼清远和尚讲："千说万说，不如亲自见一面。"（见第四则）

不过禅师们虽然以语言方便开示，终究是说而无说，因为也没有一法可说，释迦牟尼四十九年说法，其实没有说着一个字，达磨也没有西来东土，住在少室山，惠能也没有住在曹溪。所以德山宣鉴见三圣慧然来参时，便说："我这里没有残羹剩饭给你。"（见第一七二则）以示无一法给人。

无修之修

南宗主张禅在悟而不在修，这个修是渐修，是神秀北宗所提倡的。北宗是讲渐修而悟，南禅则讲无修而悟，这种无修也是一种修，是“无修之修”。

南宗人是反对坐禅的，如果说坐禅能得解脱，那么外道坐禅，怎么不见解脱？要是没有道眼，即智慧之眼，仅靠坐禅有什么好处？玄沙师备和尚说：“不可以说持戒持斋、长坐不卧、意念集中于空、凝神入定便可以入道，这和禅有什么关系？”（见第一六六则）坐禅的目的是去除烦恼，心体蒙受的尘垢必须通过坐禅来一点一点消除，消除得尽了，就得解脱。这是重禅定者的看法。其实，坐禅或不坐禅，都是根据众生不同的根机而设的，坐与不坐，各任机宜，各量习性，只是神秀一系过于执着于渐修，反而不能直显禅宗即心即佛的宗旨，所以南宗人要反对坐禅。而且，北宗人以坐禅来消除烦恼尘垢，却不知烦恼本空，也没有什么可以消除的。

不仅反对坐禅，南宗人还反对行脚。许多人到处参访，来回奔波，忙忙碌碌，反而会误了自己的本分事。德山宣鉴批评那些行脚僧说：“如今末法时代，有许多鬼神成群结队地挨家挨户走，说什么‘我是禅师’。究竟学了多少禅和道？说给我听听。”（见第一五四则）

同样，行脚和不行脚，也是由于各人的根性不同，根性慧利的可以自悟心性，稍差一些的，则要出去求别人指导，如果找不到真正的高手，还得到处找。不过即使是这样的行脚，你自己应该有个定盘星，不然别人骗了你，你也不知道，那就更难超越生死了。所以罗山道闲和尚指示说：“行脚也必须带着眼，不要被这些人罩在里面。”（见第七则）岩头全奯也这样讲：“到各地去行脚，应该带着眼睛才行，不要被别人骗了。”（见第二则）所谓带着眼睛，是说自己本身就要心明眼亮，分得清是非，这样才会不至于白跑，不然的话，跑来跑去，仍是什么都不明白，空过一生，虚度了光阴。

南禅讲无修，因为实在没有什么可以作为修行的对象。如果说以修行去烦恼，烦恼本来是空，实无烦恼可除。如果说以修行去除对万法的执着，万法本来空寂，你还修什么。黄龙慧南和尚说得好：“万法本闲，唯人自闹。闹个什么？”（见第五十九则）如果说通过修行而成佛，佛是什么？所谓佛，就是非佛，云门文偃说：“佛是无法用概念来描述，也无法描绘其相状，所以是‘非’。”（见第三十则）这样的佛是可以通过修行来把握的吗？如果说通过修行来学佛法，学禅法，但佛法、禅法在哪里？法华全举和尚指示说：“释迦没有出世，达磨也没有西来。”（见第二十二则）你如何通过修行来学佛学禅？

所以讲，不必修行，有修也是徒劳，荐福承古和尚说：“剑掉下水中很长时间了，你刻舟做记号也是白费工夫。”（见第六十二则）马祖大师讲：“道不属于修行，如果说可以修成，修成了还会坏的，这样还不是同声闻乘人一样？但是，要是讲不修的话，又同凡夫一样。”（见第一四七则）那么究竟是修还是不修呢？应该修，不然就和凡夫无异，但如何修才能不同声闻乘人？行无修之修。

这种无修之修，可以理解为以无事为修、以平常为修、以自然为修。

无事为修，是讲不起心造作，不用心力安排，只是个无事之人，因为佛法本来就无事。大宁道宽说：“佛法无事，人自迷源。”（见第四十一则）如果能体悟本源，方发觉一切都不用劳碌。所谓佛法本来无事，是讲佛法本来就清楚明白，一切现成，明眼人一眼就能看出来，所以用不着去修行。琅琊慧觉指示众人要“落在无事之乡”，也是讲以无事为修，他说：“往前进一步就死，往后退一步就亡。只要不进不退，就落在无事之乡。”（见第一六七则）德山宣鉴指示说：“你们从早到晚，有什么事可做？不要到处说这说那。”（见第一五四则）

平常为修，是讲保持平常之心就是修了，平常心是道，不用在这个平常心之外另作奇特之处，不要再装模作样，装神弄鬼，这些都和禅没有关系。临济义玄说：

“且要平常，不要装模作样。”“更不要造作，只是平常。你才起心动念，早就错了。”（见第一五七则）他批评有一些人，不识好歹，见神见鬼，指东画西。这些人将来都要在阎王面前吞热铁丸的。

这种平常心，就是大家的自然的日常生活之心，穿衣吃饭，起床睡觉，待人接物，在这些日常生活之中，都可以体会到道，这实际上把禅生活化了。禅是什么？禅就是生活，就是你的日常生活，不要认为禅有什么特别之处。所以，得道之人，其日常生活都是禅意融融的。

自然为修，是讲保持自在的心境就是修行了，其实，自然为修、平常为修、无事为修，并不是有什么严格区分的。什么样的心是自然之心呢？有僧人问赵州从谂：“我刚入丛林，请老师指示。”赵州问：“你喝了粥没有？”僧人答：“喝了。”赵州说：“那你洗钵盂去吧！”僧人因此而大悟（见第十二则）。喝完粥后，自然要去洗钵，有什么奇特之处？之所以要强调自然为修，因为万法都是自然显现。大宁道宽说：“万用自然，不劳心力。”（见第六十五则）万用自然，心亦自然。如何做到自然？岩头全奯说：“要不被万境惑乱，外不放入，内不放出。”（见第二则）

关于境界

顿悟自心佛性之后，众生就进入解脱的境界。

解脱之境，是无得之境，审美之境，自由之境。

无所得

无所得是讲顿悟之后与未悟时相比，自己并未增得一分收获，并没有得到什么，这是因为，一切都是你自己，是你自心，你的所悟，只是觉悟你心中原来所有。换句话说，你没有觉悟时，你心里也没有失去什么，但悟与不悟，无得与无失，境界是截然不同的。德山说："顿悟之人，穿衣吃饭，拉屎撒尿，没有生死可以令你恐怖的，也没有涅槃可得，没有菩提可证，你只是平常一个无事之人，也没有神通变化可得。"（见第一五四则）既是无得，那么，你要是以一个有求有得的功利之心入禅，是不能有禅悟的。

美学之境

解脱的境界，也是美的境界，这种美，可以是自然界中的风物之美，如慧林宗本所说："烟霞生背面，星月绕檐楹。”（见第八十八则）大龙智洪和尚所说：“山花开似锦，涧水湛如蓝。”（见第一九〇则）佛鉴慧勤说：“桃花红，李花白，谁道融融只一色？燕子语，黄鹂鸣，谁道关关只一声？”（见第八十六则）烟霞星月，流水潺潺，鸟语花香。也可以是空灵之美，如晦堂祖心所说：“策杖归山去，长啸一声烟雾深。”（见第一二一则）僧人孤身山中行，烟雾深处传啸声。也可以是苍凉之美，如大沩真如和尚所说：“夜来风色紧，孤客已先寒。”（见第七十一则）也可以是人境和谐之美，石霜楚圆曾这样描绘这种境界：“云在碧嶂中生起，月落寒潭之中。般若台前妙音鸟飞，祝融峰畔娑罗花香。我手握瘦竹，坐在盘陀石上，和五湖四海来的僧人谈玄论微。”（见第六十一则）

自由之境

自由之境是超脱生死，不受一物所拘的境界。临济义玄说：“若得真正见解，就能生死不染，去住自由。”（见第一五七则）具体一点，如同保宁仁勇所言：“要睡时我就睡，要起时我就起。”（见第二十则）自由之人能入能出，任运自在，石霜楚圆说：“顿悟之人可以出此入彼，舍身受身，地狱和天堂，此界和他方，都可以纵横自在，任他浮沉。”（见第十九则）石霜还作《牧牛歌》，歌颂牧童的自由生活，小牛的自在生活。你看牧童多么自在？“牧牛童，实快活，跣足披蓑双角撮，横眠牛上向天歌。”你看小牛多自在？“回面观，平田阔，四方放去休拦遏，八面无拘任意游。”（见第四十八则）

自由是禅宗的最高境界，当然这个自由不是法律上或政治上的概念，它是指精神的自由，是内心的一种开放状态，也可以说代表了一种健全的人格，具有俯视人类生活的高贵气息，也有解救人类苦难的忘我精神。

关于教学方式

教学方式，也常常是诸家宗风的体现，每一宗派都有自己独特的教学方式，甚至每个禅师都应该有自己的教学方式，这种个性特征正是禅的生命力所在。禅宗史上有一些非常著名的教学方式，常为后人引用、模仿，《正法眼藏》中也涉及许多，这里介绍几种。

临济四料拣

是临济义玄接引学人的四种不同方法，根据学人不同根性而设施，“料”是指度量，“拣”是指简别，根据学人的不同根器来施设四种不同的方法：夺人不夺境、夺境不夺人、人境俱夺、人境俱不夺。针对我执重的人，破其我执，而用夺人不夺境法；对法执重的人，破其法执，用夺境不夺人法；对我执和法执都重的人，用人境俱夺法，双破其我法二执；对我法都不执着者，则无执可破，而用人境俱不夺法（见第二〇七则）。

临济四宾主

妙喜和尚在第一则有一段议论，讲到一般来讲，宾则始终为宾，主则始终为主，而琅琊慧觉和法华全举这两位大士相见，则能宾主互换。这里涉及到临济义玄的四宾主接引法。"宾"指参禅者，或不懂禅理者，"主"指禅师，或懂禅理者。四宾主指宾看主、主看宾、主看主、宾看宾。宾看主的情况是指参禅者掌握禅理，而禅师却不懂装懂，装模作样；主看宾则与此相反，禅师懂禅理，而参禅者却不懂装懂；主看主指禅师和参禅者都懂禅理，作家相见；宾看宾则指禅师和参禅者都不懂禅，又互相卖弄。真是一付棺材，两个死汉。罗山道闲和尚讲的："你若野干鸣，我即师子吼；我若野干鸣，你亦师子吼；你若师子吼，我亦师子吼。"（见第七则）本质上也是四主模式，分别相当于主看宾、宾看主、主看主。不过罗山和尚强调的是主宾互换，互为宾主。

临济三玄三要

法华全举和尚开示说：“古人讲过，‘一句话中必须具备三玄，一玄中必须具备三要’。”（见第七十三则）这是讲的临济义玄“三玄三要”的接引方法。义玄说这句话，是要大家明白言语中有权也有实，有照也有用。不过他并没有具体说明哪三玄，哪三要，后人作出过多种解释，可以参见《五家玄旨纂要》和《人天眼目》等著作。

临济喝

丛林中，临济义玄以喝著称，在接引学人时常大喝一声。但他的喝，都有不同的作用，有时一喝如金刚王宝剑，顿时斩断学人情执；有时一喝如蹲在地上的狮子，狮子一吼而震得众生猛醒；有时一喝如探竿影草，试试学人的深浅；有时一喝不作一喝用，没有什么特别意义（见第一八一则）。

一喝之中宾主分，学人必须分得清，在禅师来讲，也不可盲目学临济之喝，要搞清楚在什么情况下该怎么行喝，首山省念警告学人不要“盲喝乱喝”（见第一一八则），就是考虑到了喝的这些丰富意义。

德山棒

德山宣鉴接引学人以施棒著称，德山棒与临济喝在丛林中齐名，他以棒打来使学人顿悟，是比行喝更为激烈的一种方法。雪峰义存问德山：“古人斩蛇是什么意思？”德山举棒就打（见第四十九则），他对学人说，你要是有一句话说得不对，我就要打你（见第一五四则）。以打来截断学人言路，反对说禅说佛。

其实诸家多有施棒者，黄檗希运、临济义玄等都好施棒，不过最著名者当为德山，这早是丛林中公认的。

棒和喝常常是结合使用的，特别在临济门下，棒喝交驰，电闪雷鸣，而有机锋峻烈之誉。

汾阳四句

汾阳善昭以四句接引学人，即接初机句、辨衲僧句、正令行句和定乾坤句（见第八十三则）。接初机句是指禅师接引初学者的方法，应该直截了当，不卖弄机锋。辨衲僧句是指辨别僧人的根性的方法，这通常是运用超出平常情见的奇特语句。正令行句指接引大根器者的方法，大根器者都具有使佛性弘布天下的能力，作为禅师要激励他们发挥这种能力。定乾坤句指一句而能扫除一切情见，安定乾坤。

这些接引方法都是古德的独特风格，大凡成为大德者，都有其特殊的创造和贡献，作为后人，必须懂得这种独特个性，创造自己的特点，在表现手法上，我想应该是趋异，而不是趋同，当然终极目标是一致的。

禅是不立文字，无法用语言来确切描述，我在这里堆出这些露布葛藤来诠解宗杲的禅意，在明眼人看来，都是障碍禅道的，不免窃笑。其实，我并没有写出一个字。

参考书目

1.《大慧普觉禅师宗门武库》 宋·道谦编 《中国佛教思想资料选编》第三卷第一册，中华书局一九八七年版。

2.《大慧普觉禅师语录》 宋·蕴闻编 《大正藏》第四十七卷。

3.《圆悟佛果禅师语录》 宋·绍隆等编 《大正藏》第四十七卷。

4.《佛果圆悟禅师碧岩录》《大正藏》第四十八卷。

5.《人天眼目》 宋·智昭集 《大正藏》第四十八卷。

6.《永嘉证道歌》 唐·玄觉撰 《大正藏》第四十八卷。

7.《景德传灯录》 宋·道原纂 《大正藏》第

五十一卷。

8.《续传灯录》《大正藏》第五十一卷。

9.《五灯会元》 宋·普济著　中华书局一九八四年版。

10.《古尊宿语录》 宋·赜藏主集　中华书局一九九四年版。

11.《大明高僧传》 明·如惺撰 《高僧传合集》上海古籍出版社一九九一年版。

12.《答顺宗心要法门》（附宗密注）《华严经略策》（五种同本）金陵刻经处刊刻。

13.《佛光大辞典》 慈怡主编　书目文献出版社据佛光出版社一九八九年六月第五版影印。

14.《佛教大辞典》 吴汝钧编著　商务印书馆国际有限公司一九九四年版。

15.《禅宗大词典》 袁宾主编　湖北人民出版社一九九四年版。

16.《释氏疑年录》 陈垣撰　中华书局一九八八年版。

出版后记

星云大师说："我童年出家的栖霞寺里面，有一座庄严的藏经楼，楼上收藏佛经，楼下是法堂，平常如同圣地一般，戒备森严，不准亲近一步。后来好不容易有机缘进到藏经楼，见到那些经书，大都是木刻本，既没有分段也没有标点，有如天书，当然我是看不懂的。"大师忧心《大藏经》卷帙浩繁，又藏于深山宝刹，平常百姓只能望藏兴叹；藏海无边，文辞古朴，亦让人望文却步。在大师倡导主持下，集合两岸近百位学者，经五年之努力，终于编修了这部多层次、多角度、全面反映佛教文化的白话精华大藏经——《中国佛教经典宝藏》，将佛教深睿的奥义妙法通俗地再现今世，为现代人提供学佛求法的方便途径。

完整地引进《中国佛教经典宝藏》是我们的夙愿，

三年来，我们组织了简体字版的编审委员会，编订了详细精当的《编辑手册》，吸收了近二十年来佛学研究的新成果，对整套丛书重新编审编校。需要说明的是此次出版将丛书名更改为《中国佛学经典宝藏》。

佛曰：一旦起心动念，也就有了因果。三年的不懈努力，终于功德圆满。一百三十二册，精校精勘，美轮美奂。翰墨书香，融入经藏智慧；典雅庄严，裹沁着玄妙法门。我们相信，大师与经藏的智慧一定能普应于世，济助众生。

东方出版社